Schalk · Das moderne Drama

Axel Schalk
Das moderne Drama

Philipp Reclam. jun. Stuttgart

Mit 13 Abbildungen

Für Berna

Universal-Bibliothek Nr. 17648
Alle Rechte vorbehalten
© 2004 Philipp Reclam jun. GmbH & Co., Stuttgart
Gesamtherstellung: Reclam, Ditzingen. Printed in Germany 2004
RECLAM und UNIVERSAL-BIBLIOTHEK sind eingetragene Marken
der Philipp Reclam jun. GmbH & Co., Stuttgart
ISBN 3-15-017648-4

www.reclam.de

Inhalt

Einleitung 7

Im Gefängnis der Neurosen – Das psychologische
oder Charakterdrama 20
   Theater als Illusion 20
   Unsichtbare Gesichter: Harold Pinter 23
   Nebelsüchte: Eugene O'Neill 28
   Angry young men: John Osborne 35
   Bourgeoisie der Wölfe: Edward Albee 41
   Bürgerliche Abgesänge: Botho Strauß 46
   Innenwelten 52

Die große Frage – Formen der politischen
Dramatik 54
   Welt als Abstraktion: Bertolt Brecht 54
   Welt der Dachböden: Max Frisch 64
   Welt als Pogrom: Arthur Miller 68
   Welt als Irrenhaus I: Peter Weiss 74
   Welt als Irrenhaus II: Friedrich Dürrenmatt . . . 88
   Welt als Schlachthaus I: Edward Bond 101
   Welt als Schlachthaus II: Sarah Kane 110
   Welt der Schuldigen: Rolf Hochhuth 114

Verkehrung der Empirie – Die Erfahrung
des Absurden 126
   Welterfahrung anders 126
   Vollkommenes Nichts: Eugène Ionesco I 129
   Kasperletheater: Alfred Jarry 134
   Herrschaftsritual: Witold Gombrowicz 140

Anti-Ismen: George Tabori 147
Totales Theater 152
Sprechen als Sprachverlust: Eugène Ionesco II . . 154
Sprechen als Schweigen: Samuel Beckett I 159
Sprechen als Wiederholungszwang:
   Thomas Bernhard 164
Sprachwelten I 174

Keiner weiß, wohin es geht – Experimentelle
Formen der Dramatik 177
  Geräusche: Samuel Beckett II 177
  Anti-Grammatik: Georg Kaiser und
    Reinhard Göring 180
  Verständigungszweifel: Luigi Pirandello 185
  Sprechfolterung: Peter Handke 194
  Sprachgeflechte: Elfriede Jelinek 200
  Stimmen: Heiner Müller 205
  Montage: Lothar Trolle 212
  Sprachkrieg: Werner Schwab 220
  Sprachwelten II 226

Schlussüberlegungen 228

Literaturhinweise 233
Register 251

Zum Autor 255

Einleitung

Kaum ein Gebiet ist so materialreich wie die literarische Moderne. Man mag sie als ein begrifflich schwer zu bestimmendes Phantom fassen. Theorien oder Raster helfen hier kaum weiter, zu komplex und vielschichtig sind die Formen und Spielarten im interdependenten internationalen Prozess der modernen Literatur. Eine eindeutige Begriffsbestimmung, was das Drama der Moderne denn sei, kann folglich nicht geleistet werden; sie ist weder Ausgangs- noch Zielpunkt der folgenden Darstellung.

Mannigfaltigkeit und Stiluneinheitlichkeit kennzeichnen die Dramatik des letzten Jahrhunderts. Bestenfalls das Problembewusstsein zu schärfen für die Tendenzen des modernen Dramas kann das Anliegen dieser Arbeit sein. Die (einzugestehende) Unvollständigkeit ist folglich unvermeidbare Begleiterscheinung auf der Suche nach einem Überblick über Theaterstücke, die im 20. Jahrhundert geschrieben wurden, wenn er denn überhaupt zu leisten ist. Ernst Wendt betont in seinem Werk *Moderne Dramaturgie* in diesem Zusammenhang:

> Eine Dramaturgie des Theaters zwischen 1950 und heute sollte geschrieben werden. Ein Unternehmen, das sich im Laufe der Arbeit als unmöglich und sinnlos erwies. Denn: aus der buchhalterischen Bestandsaufnahme einer pluralistischen Situation läßt sich nichts lernen.[1]

Margret Dietrichs umfangreicher Versuch aus den sechziger Jahren über *Das moderne Drama* bietet eine solche Übersicht an. Sie weist aber kaum detaillierte Einzelanalysen auf und entwickelt lediglich einen lexikalisch aufsum-

---

1 Wendt, *Moderne Dramaturgie*, S. 7.

mierenden Charakter. Zumindest aber wird in ihrem theaterhistorischen Ansatz deutlich, dass das moderne Drama ein internationales Phänomen ist. Wendt folgend, sind darüber hinaus gängige Schubladen oder bündig-eindimensionale Kategorien bei der Betrachtung des modernen Dramas wenig hilfreich. »Absurdes Theater« versus »episches Theater«, »Dokumentardrama« oder »Volksstück« – jede Klassifizierung bleibt nur eine heuristische, eine vorläufige, schlimmstenfalls eine dogmatische, die Beziehungen, Widersprüche, Ähnlichkeiten oder Unvereinbarkeiten in unzulässiger Verkürzung auf einen Begriff bringen will.

Peter Szondis viel diskutierte Bestimmung, was das moderne Drama ausmache, ist folglich kaum haltbar, geht sie doch für den Zeitraum von 1880 bis 1950 davon aus, dass sich das Drama in einer Krisensituation befinde. Er spricht von »seiner heutigen Verhinderung«[2]. Der zwischenmenschliche Dialog bestimme die »Absolutheit« des Dramas, und die Ablösung von allem »Äußerlichen« (15) kennzeichne die Gattung. Hier wird die ›klassische‹ Form, ein Ideal, das tatsächlich niemals Verbindlichkeit hatte, zum bestimmenden Merkmal aller Dramatik transzendiert, als ob die dogmatisch so umrissene Gattung nichts außer sich selbst kenne. Aus der Negation im Bezug zum Drama der Weimarer Klassik und seiner poetischen Bedingungen wird das moderne Drama erläutert. Das ›Drama‹ wird hier als identisch mit ›dramatisch‹ verstanden. Es sei formal in die Krise geraten, zumal etwa in Ibsens Dramaturgie lediglich die »Konstruktionsart« (24) des aus der Antike bekannten analytischen Dramas instrumentalisiert würde. Bei Sophokles dagegen habe der tragische Stoff die analytische Form, die etwa die Vorgeschichte des Ödipus aufrollt, erzwungen. Auch die bei August Strindberg zu beobachtende Stationentechnik sei ein Krisensymptom, zumal statt eines Helden ein ›zentrales Ich‹ die Handlung

---

2 Szondi, *Theorie des modernen Dramas*, S. 13.

lediglich formal zusammenhalte. Bei aller theoretischen Brillanz konstruiert Szondi lediglich ein idealtypisches Drama, ein Phantom, das es so nie gab. Das moderne Drama wird in seinen vermeintlichen Defiziten an tradierten Formen, einem alten Menschenbild oder Tragikbegriff gemessen.

Gerade ein solcher normativer Begriff ist bezüglich der dramatischen Moderne problematisch, in der die Gattungen episch, lyrisch, dramatisch kaum mehr bestimmbar oder unterscheidbar sind, ja sich in einer Auflösungssituation befinden. Aus diesem Grund lehnt Mario Andreotti einen Gattungspurismus[3] oder normative Verengungen bezüglich des modernen Dramas ab. Dennoch steckt er in dem Dilemma, dass er in seinem strukturalistisch-semiotischen Modell bei allem Problembewusstsein dem Gegenstand ein differenziert entwickeltes Begriffssystem überstülpt, ein Strukturprinzip aufzeigt. Das moderne Drama wird bei ihm als ein durch Brecht begründetes gestisches, montageartiges Spiel verstanden, das die unverwechselbar einmalige Figur zu einer kollektiven verändert und damit ihren repräsentativen Charakter unterstreicht.

Walter Hinck folgt in seinem Ansatz einem literarhistorischen Modell, in dem das moderne Drama – der Autor untersucht nur deutschsprachige Stücke – gegen das ›bürgerliche‹ Drama, das an »Geschichte und Individuum«[4] interessiert war, abgegrenzt wird. Das moderne Drama, das für den Autor 1910 beginnt, sei Kasimir Edschmid folgend eines »ohne gewohnte Psychologie« (20). Entgegen Gotthold Ephraim Lessing, der im 33. und 34. Stück der *Hamburgischen Dramaturgie* die psychologische Glaubwürdigkeit des gestalteten Charakters einforderte, ist Hinck zufolge allen Strömungen dieser »antibürgerlichen Dramatik« gemein, dass sie »an den psychologischen Problemen

---

3 Vgl. Andreotti, *Traditionelles und modernes Drama*, S. 53.
4 Hinck, *Das moderne Drama*, S. 14.

des Individuums wenig interessiert« (20) seien. Lessings Individualitätsgedanke, der im 18. Jahrhundert die psychologische, widerspruchsfreie Bündigkeit der Charaktere als die Dramatik bestimmendes Moment forderte, entfaltete das antifeudale bürgerliche Theater. Die Position des unverwechselbaren Einzelnen wird mit dem literarischen Expressionismus konterkariert. Dieser These Hincks ist, wie in der Folge zu belegen sein wird, kaum zu widersprechen. Doch wieder zeigt sich bei der Bestimmung, was die dramatische Moderne ausmacht, die Crux: In vielen Fällen stellt sich der Sachverhalt anders dar. Das psychologische Drama ist durchaus, wenn auch nicht so wie bei Lessings Helden, ein zentrales Moment der Theatermoderne.

Auch Erika Fischer-Lichte argumentiert in diese Richtung; mit Ibsen setzte die Kritik an der bürgerlichen Familie als dem Ort der Entfaltung des Einzelnen ein. Anders als in Lessings Theater, etwa in *Emilia Galotti* (1772), wo die Familie als die Heimstatt des autonomen Individuums, des Menschen mit seinen naturgegebenen Möglichkeiten verstanden wird, erscheint die Keimzelle der bürgerlichen Gesellschaft hier als Ort der Unterdrückung und der Lebenslügen, die gerade die Selbstverwirklichung etwa einer *Nora* (1879) verhindere: Der »Mythos von der großen Persönlichkeit«[5], die das bürgerliche Theater propagierte, wird in seinen Grundfesten erschüttert. So konzediert auch Fischer-Lichte, dass Henrik Ibsen durchaus »an die Tradition eines bürgerlichen Theaters [...], wie Aufklärung und Sturm und Drang sie begründet haben« (89), anschließt; gerade der Norweger Ibsen untersucht deren gültige Normen und Werte, welchen Lessing oder Diderot ein öffentliches Forum gaben, wenn er ihre Verlogenheit aufdeckt.

Wenn man jedoch das Drama als ausdrücklich für die Bühne geschriebene Kunstform begreift, dann muss folg-

---

[5] Fischer-Lichte, *Geschichte des Dramas*, S. 127.

lich ein Moment an Zeitgenossenschaft auch bei Lessing nachweisbar sein, das sich im Augenblick seiner Aufführung manifestiert. Insofern ist auch das moderne Drama nur wieder ein theoretisches Konstrukt, das gegen ein anderes, etwa das bürgerliche Theater, abgegrenzt wird.

Wie sehr solche Raster unser ästhetisches Urteilsvermögen bestimmen, sei an Lessings Stück kurz angedeutet: Man mag historisch die *Galotti* als urgründiges bürgerliches Trauerspiel betrachten, das die Familie wie beschrieben propagiert. Doch kann der Vorgang, dass der eigene Vater die Tochter tötet, durchaus schon als Kritik autoritärer Strukturen und Verkehrsformen bürgerlicher Existenz gelesen werden. Die Illusionswirkung der ›vorbildhaften‹ Helden kann nicht eindimensional verstanden werden, Odoardo ist keineswegs der »›reine‹ Kämpe bürgerlicher Sittlichkeit« oder die Emilia nur »Märtyrerin«.[6] Sicher liegt ein zentraler Unterschied in der allgemein gesprochen alten und modernen Dramatik darin, dass der Begriff der Figur sich verändert. Doch ihre szenische Funktion ist schon bei Lessing nicht anders angelegt als im modernen psychologischen Drama: Mag Lessings Marinelli auch durch eine intelligente Intrige den Ablauf der Handlung des Stücks initiieren, die Figuren werden doch wie im modernen Drama von der Situation bestimmt, die sie als Reagierende zeigt. Abgrenzungen historischer Theaterformen wie dem bürgerlichen Trauerspiel oder moderner Formen von Dramaturgie müssen mithin immer problematisch erscheinen.

Darüber hinaus stellt sich generell die Frage, ob ein historisch chronologischer Zugriff den hier behandelten Phänomenen gerecht werden kann. Wird nicht durch die Darstellung einer zeitlichen Abfolge eine Linie konstruiert, die gerade der Disparatheit des modernen Dramas unzuträglich ist? Man mag das moderne Drama inhaltlich, struktu-

---

6 Rochow, *Das bürgerliche Trauerspiel*, S. 125.

rell, historisch oder von seinen ästhetischen Aspekten her beschreiben, auf den Begriff oder wie bei Andreotti auf vermeintliche Typologien lässt es sich nicht bringen. So ereignet sich zeitgleich mit dem so bezeichneten naturalistischen Drama, dessen prononciertester Vertreter Gerhart Hauptmann (*Die Weber*, 1892) war, in Frankreich mit Alfred Jarrys *Ubu Rex* (1896) die Theaterrevolution. Hier wird die Urgestalt des so genannten ›Theaters des Absurden‹ geboren. Dies ist zweifellos eine Zäsur, die den Beginn einer literarischen Moderne markieren könnte, wenngleich das Stück, das provozieren und verstören wollte, seine Breitenwirkung erst später entfalten konnte. Auch wird mit Père Ubu eine nachvollziehbare, glaubwürdige Psychologie im Drama vollständig eliminiert. Doch darüber hinaus wird in diesem klassischen Fall der Theatermoderne das Element der Handlung neu definiert: Diese hat keinerlei Motivation und Wahrscheinlichkeit mehr, die es bei Lessing oder Ibsen noch gab; ein von der Aufklärung herrührendes rationales Weltbild wird in seinem Kern erschüttert – und damit einhergehend alle dramatisch-traditionelle Kausalität.

Gustav Freytags Modell gliederte das Drama idealtypisch noch in Exposition, Steigerung, Höhepunkt, Verzögerung und Katastrophe und umriss damit die Struktur des Konfliktdramas. Bei Jarry steht dieses poetologische Modell des Dramas mit »pyramidalem Bau«,[7] mit steigender und fallender Handlung völlig zur Disposition. Hier mag ein zentrales Moment der modernen Dramatik liegen, in der die Antinomie von Spiel und Gegenspiel persifliert wird. Francois Bondy umreißt die radikalste Infragestellung gültiger dramatischer Konventionen als »Durchbrechung einer dem Publikum vertrauten Form [...] der Konversation«.[8] Margret Dietrich dagegen setzt

---

7 Freytag, *Technik des Dramas*, S. 102.
8 Bondy, »Von Ubu zu Behringer«, in: Mainusch, *Europäische Komödie*, S. 255.

wie Fischer-Lichte die Zäsur an die Jahrhundertwende mit Henrik Ibsens Neubegründung des psychologischen Dramas. Ob aber, bei aller zugestandenen Wirkungsmächtigkeit, in Ibsens »neuer Kunst der Menschengestaltung«[9] das moderne Drama seinen Ursprung hat, mag füglich bezweifelt werden.

Provokation und Verstörung von Sehgewohnheiten ist ein zentrales Element der modernen Dramaturgie. Dies gilt auch für mehr traditionelle Schreibhaltungen, die in der Regel, mögen sie auch noch so kalkuliert als *well made play* entwickelt sein, negative Bilder einer zerfallenen Weltordnung und verbindlicher Wertesysteme zeigen. George Steiner spricht in diesem Zusammenhang vom Tod der Tragödie im Sinne Shakespeares.

Eine inhaltliche Bestimmung, was das moderne Drama ausmache, lässt sich bei Franz-Norbert Mennemeier lesen: »Antiillusionismus«,[10] nicht nur formal von der Spieltechnik her, präge den Gegenstand, die Darstellung einer Welt, die vom Nihilismus eines Friedrich Nietzsche bestimmt ist. Die Selbstentwertung herkömmlicher ethischer Normen der »Religion, Moral, Metaphysik« wird zum großen Thema des Dramas. Diese Methode der Zerstörung der Illusion des schönen Scheins, die schon im Drama Tiecks zu beobachten ist, folgt dem Ziel der kompromisslosen »Entlarvung von Akteuren, Vorgängen, Ideen« (11). Der Zuschauer soll begreifen, dass er in der gleichen Ausgangssituation ist wie die, die im Augenblick der Aufführung vor ihm spielen.

Auch Mennemeier scheut sich zu Recht, einen eindeutigen zeitlichen Beginn der dramatischen Moderne zu fixieren. Beginnt das neue Drama mit Ibsen, Strindberg oder schon bei Georg Büchner? Schon im *Woyzeck* (1879 im Nachlass entdeckt), der nicht umsonst immer wieder in

---

9 Dietrich, *Das moderne Drama*, S. 16.
10 Mennemeier, *Das moderne Drama des Auslands*, S. 15.

den aktuellen Spielplänen der Theater auftaucht, lässt sich ein schonungsloser Antiillusionismus erleben, wenn der Held zum gequälten Objekt seiner Umwelt degradiert wird. Der Arzt, der im Zuge eines ›wissenschaftlichen‹ Experiments Woyzeck unaufhörlich Erbsen essen lässt und mit dem Büchner schon im 19. Jahrhundert ein naturwissenschaftliches Weltbild hinterfragt, könnte durchaus im Ensemble eines modern zu bezeichnenden Schauspiels seine Rolle spielen. Der Autor nimmt hier den mit Menschen experimentierenden Arzt aus Hans Henny Jahnns Atomdrama *Die Trümmer des Gewissens* (1959) in seiner völligen Negation vorweg. Einer das Geschehen bestimmenden Identität beraubt, entlädt sich der Druck aus Woyzecks begrenzten Handlungsmöglichkeiten im Mord an Marie. Schon an dieser Stelle lässt sich ein zentrales Merkmal der Moderne beobachten; die Einzelszene, die im offenen Drama für sich stehen kann, bedarf keiner entwickelten Handlung mehr. Der Augenblick, die Momentaufnahme wird zur wesentlichen Kategorie, die den Helden des Geschehens demontiert. Szenen und Figuren werden wie im experimentellen Drama austauschbar, die Abfolge des Stücks ist variabel.

Bei seinen Interpretationen setzt Mennemeier den historischen Schnitt bei Luigi Pirandello, der einen neuartigen, aggressiven Begriff von Bühnenspiel entwickelt. Wie zu zeigen sein wird, heißt hier Desillusionismus, dass Bühnenschein und Bühnensein für den Zuschauer ununterscheidbar werden. Die Zerstörung der ›vierten Wand‹, die auch Brecht anstrebte, ist Zielrichtung der Dramaturgie. Deutlich wird das Spiel als reines Spiel entlarvt. Es zeigt sich also, dass in diesem völlig unepischen Schauspielertheater bereits Brechts zentrale Forderung – die Aufbrechung des kulinarischen Theaters des passiven, erlebenden Zuschauens –, freilich unter anderen ästhetischen Vorzeichen, erfüllt wird. Hier liegt ein Problem, das für die Moderne nicht untypisch sein dürfte; die Bewe-

Georg Büchner, *Woyzeck*. 6. Osteuropäisch-deutsches Theaterfestival »UNIDRAM '99«, Lindenpark, Stahnsdorferstraße
Agora-Theater, St. Vith (Belgien), 1999. Regie: Marcel Cremer
Foto: Inès Heinen, St. Vith

gungen und Programme, die Zielrichtungen und Ästhetiken überschneiden sich. So finden sich die antiillusionistischen Strukturen nicht nur in einer die dramatische Form zerstörenden Avantgarde, vielmehr auch in konservativen Beispielen moderner Dramatik.

Volker Klotz hat bei seiner Bestandsaufnahme, was die dramatische Moderne ausmache, darauf hingewiesen, dass der »Wirklichkeitssektor«[11] der Stücke ein anderer sei als bei Lessings einfachen Stückfabeln. Die einsträngige Kontinuität von Zeit und Raum wird aufgesprengt. So werden in Friedrich Dürrenmatts *Die Ehe des Herrn Mississippi* (1950) verschiedene Vorgänge gleichzeitig dargestellt, wie in der futuristischen Malerei. Die noch von Lessing eingeforderte Unterscheidung von bildender und poetischer Kunst ist somit aufgehoben. Simultaneität von raumzeitlich unterschiedlich angesiedelten Vorgängen wird in Szene gesetzt, wie in Ferdinand Bruckners historischem Schauspiel *Elisabeth von England* (1930). Gleichzeitig sieht der Zuschauer den Hof Philipps II. und den der Elisabeth. Hier realisiert sich ein gänzlich neuer Begriff von dramatischer Spannung. Totalitäten werden aufgezeigt, Innenwelten transparent. In Klotz' Worten »soll nicht nur das Konzertieren der einzelnen *personae dramatis*, sondern das Netz der biologischen, politischen und gesellschaftlichen Gründe und Bedingungen« (40) szenisch offengelegt werden. Hier wirkt ein neues, komplexeres Bild von Realitätsaneignung, wenn auch nach Klotz das Primat des Dialogs in der Moderne unangetastet bleibe.

Was also ist das moderne Drama? In der folgenden Untersuchung geht es nicht um eine chronologische Darstellung der Dramatik des letzten Jahrhunderts. Vielmehr steht die inhaltliche Darstellung der Stücke mit ihren übergreifenden Motiven und Themen im Vordergrund. Angelegt ist ein Kaleidoskop von symptomatischen Aus-

---

11 Klotz, »Sprechtheater mit epischen Zügen«, in: *Akzente* 1 (1956), S. 39f.

schnitten, das repräsentative Fälle von keineswegs zu kanonisierenden Autoren unterschiedlicher Nationalliteraturen untersucht. Dem modernen Drama ist, so die These, nicht beizukommen, wenn Stücke einer einzigen Nationalliteratur zur Diskussion gestellt werden. Wie überhaupt eine Literaturgeschichtsschreibung für das zwanzigste Jahrhundert, die nur das Konstrukt einer Nationalliteratur erzeugt, ein missverständliches, eindimensionales Bild ergeben muss. Zeitliche und räumliche Grenzziehungen sind in diesem Versuch demzufolge nicht beabsichtigt. Die Strömungen beeinflussen sich gegenseitig, über nationale Grenzen hinweg. Dies dokumentiert eindringlich die absurde Spielart der modernen Dramaturgie, hatte sie doch und hat sie doch auch auf den deutschen Bühnen bis heute eine immense Wirkung. Wolfgang Hildesheimers Persiflage von Schillers *Maria Stuart*, *Mary Stuart* (1970), in der das Theater »zur Stätte eines symbolischen Zeremoniells«[12] wird, ist ohne die Vorbilder Camus, Gombrowicz oder Ionesco nicht denkbar. Auch in diesem Stück, das nur noch rituell die Vorbereitung der Hinrichtung der Titelfigur simuliert, herrscht die Gleichberechtigung von Requisiten und Figuren, die totale Gleichzeitigkeit. Ähnlich wie bei Ernst Wendt, der die Dramatiker Edward Bond und Jean Genet, Samuel Beckett und Heiner Müller, Eugène Ionesco und Peter Handke, Harold Pinter und Franz Xaver Kroetz, schließlich Peter Weiss und Armand Gatti unter inhaltlichen Aspekten vergleichend gegenüberstellt, geht es hier also darum, vergleichbare Ansätze in Thematik und Struktur des vorliegenden Materials verschiedener Autoren unterschiedlicher Nationalität auszuarbeiten. Mögliche Lesarten konkreter Texte sollen angeboten werden, um dem Leser in der Vielfalt eine erste generelle Orientierung zu ermöglichen. Im Zentrum der Untersuchung steht der jeweilige Beispielfall, der für an-

---

12 Hildesheimer, »Über das absurde Theater«, in: *Theaterstücke*, S. 174.

dere Werke seine Gültigkeit erweisen soll. Nicht von Begriffen, abstrakten Definitionen oder gar theoretischen Konstrukten soll ausgegangen werden, vielmehr stehen die Texte selbst im Vordergrund.[13] Des Weiteren soll erörtert werden, welchem Weltbild Autoren völlig unterschiedlicher Schulen und Traditionen bei ihren Antworten auf die Probleme der modernen Welt verpflichtet sind.

Die vier großen Strömungen, die hier vorgestellt werden, bilden nur vier repräsentative Querschnitte aus dem kaum überschaubaren Feld der modernen, womöglich inzwischen historisch gewordenen Dramaturgie. Die notwendige Auswahl folgt einem subjektiven Erkenntnisinteresse, sie orientiert sich aber auch an der ästhetischen Qualität des jeweiligen Stücks. Diesbezüglich lassen sich in der Sichtung der disparaten Theaterentwürfe der Moderne vier Linien herausstellen: die moderne Variante des von Lessing herrührenden Charakterdramas; die politisch-soziale Dramatik, die nach der Möglichkeit und Unmöglichkeit der Veränderung der Verhältnisse fragt; die absurde Schule; schließlich das Theaterexperiment, dessen ästhetisches Verfahren die dramatische Form als solche mehr oder minder hinterfragt. Diese vier Linien sind lediglich als rückwirkend konstruierte, provisorische Hilfsmittel zu verstehen, ohne für sie den Anspruch auf Exklusivität zu erheben. Ein chronologischer Zugriff verbietet sich deshalb, weil die literarische Moderne als offenes Phänomen in sich gleichzeitiger Konstellationen betrachtet werden kann. Das Vorher und das Nachher spielen darin keine

---

[13] Anders als in der Architektur lässt sich hier kein konziser Begriff, der etwa Moderne von Postmoderne scheidet, entwickeln. Eine begrifflich theoretische Moderne-Debatte ist schon deshalb nicht Gegenstand der Diskussion, da diese für die Stückeschreiber selbst kaum von Interesse ist. Werden etwa in der Soziologie Fortschrittsmodelle entworfen, so geschieht dies hier nicht. Das moderne Drama formuliert in der Regel die kritische Negation herrschender Verhältnisse. (Zur Moderne-Debatte vgl. die einschlägigen Artikel in: Schnell, *Metzler Lexikon. Kultur der Gegenwart*.)

Rolle. Als Anfangspunkt für die Dramatik der Moderne wird hier Alfred Jarrys *Ubu*-Zyklus gewählt wegen der Radikalität des Bruchs mit Verbindlichkeiten traditioneller Dramenformen. Zudem liegt der Zeitpunkt, 1896, strategisch günstig: Im Vorgriff auf die Jahrhundertwende zeichnet sich im Bewusstsein der Zeitgenossen das Gefühl einer anstehenden Epochenwende deutlich ab. In der Tat setzen alle hier genannten Linien in der Zeit zwischen 1890 und 1914 ein, auch wenn sie zum Teil erst nach der Katastrophe des Ersten Weltkrieges als definitiv das Zeitbewusstsein Prägende hervortraten.[14]

Methodisch und von der Gliederung her – dies liegt an der Vielschichtigkeit des behandelten Gegenstands – lässt sich die Erörterung formaler Aspekte von den inhaltlich interpretatorischen Fragen bei der Interpretation differierender Dramaturgien nicht konzise scheiden. Es bleibt festzustellen, dass es Überschneidungen und Gleichzeitigkeiten gibt, dass etwa manche der hier einer politisch sozialen Dramatik zugeordneten Stücke, wie etwa Arthur Millers *Hexenjagd*, auch Züge des psychologischen Dramas tragen.

---

14 Dies gilt z. B. für die so genannten Theater-Expressionisten: Walter Hasenclever beispielsweise wäre der Linie des psychologischen Charakterdramas zuzuordnen; Ernst Toller hingegen der der politisch-sozialen Dramatik; Oskar Kokoschka wiederum der des Absurdismus und schließlich Georg Kaiser der Linie experimenteller Dramatik. Ob es jedoch zwischen diesen Autoren ein verbindendes, als expressionistisch zu bezeichnendes Moment gäbe, sei dahingestellt.

Im Gefängnis der Neurosen – Das psychologische oder Charakterdrama

> »In den Knochen gibt es Mark ... Das Mark in den Knochen: das ist unser Ziel«
>
> *Edward Albee*

Theater als Illusion

Die erste überlieferte Dramenpoetik hat bis heute ihren theoretischen Bestand. Aristoteles' antike Bestimmung, was ein Drama sei, begreift den szenisch-theatralischen Text durch die Nachahmung (Mimesis) von Wirklichkeit und Handlung (bühnenpraktischer Ablauf). Diese Grundbedingungen gelten für alle Dramatik, also für die Bühne geschriebene Texte. Im antiken Drama allerdings spielte man mit Masken unter freiem Himmel in einer Arenabühne. Im 17. Jahrhundert bildete sich die Tradition der Guckkastenbühne heraus, das Illusionstheater, welches sich theoretisch im (missbräuchlichen) Rückgriff auf das antike Theater legitimieren wollte. Eine Dramatik, die so operiert, erzeugt die völlige Illusion einer eigenständigen, vorgespielten Welt; sie errichtet gleichsam eine vierte Wand auf der Bühne, die die fiktive Theaterwelt vom sie betrachtenden Zuschauer scheidet. Sie wird durch Rede und Gegenrede, durch den Dialog strukturiert. Die Erzählfunktion, die Instanz eines Erzählers ist hier ausgeschaltet. Das Drama wird zu einem rein »sprachlogischen« Ort, wie Käte Hamburger[1] konstatiert, wodurch die Handlung erst technisch aufgewertet wird. Die in der epischen oder Romankunst erzeugte bloße Vorstellung wird dabei zum sinnlichen Vorgang, der die transitorische Wahrnehmung der Theaterbesucher erlaubt.

---

1 Hamburger, *Die Logik der Dichtung*, S. 158.

Peter Szondi spricht in diesem Zusammenhang von der Absolutheit des Dramas und weist diese als sein bestimmendes Merkmal aus: Die »Alleinherrschaft des Dialogs«,[2] der zwischenmenschliche Bezüge herstellt und sich aus diesen ergibt, mache das Wesen aller dramatischen Kunst aus. Dabei ist die Trennung von Publikum und Drama eine vollkommene. Hier vollzieht sich im Drama das objektive Bühnengeschehen als konflikthafte Interaktion zwischen den Figuren, die moderne Welt wird durch das Individuum repräsentiert. In Szondis Worten wird der eigentliche Ort des Dramas das »Zwischen« (14), eine intersubjektive Sphäre. Die hermetische Kunstwelt, die Szondi beschreibt, rührt vom klassischen Drama und seiner Guckkastenbühnensituation her; sie wurde immer wieder von modernen Dramatikern ästhetisch vehement in Frage gestellt. Neben Brecht, der das epische, antiillusionistische Theater durchsetzte, erfindet Thornton Wilder in *Unsere kleine Stadt* (1938) einen Spielleiter, der das Geschehen kommentiert. Die nach wie vor durch das ›klassische‹[3], in Akte gegliederte Schauspiel bestimmten Sehgewohnheiten des Theaterbesuchers werden im modernen Drama immer wieder durch beispielsweise absurde Szenarien konterkariert.

Doch auch im modernen Drama lässt sich durchgängig das traditionelle Modell des dialogischen Spiels in einer eigenständigen Welt beobachten, das historisch durch die naturalistische, psychologische Dramatik Henrik Ibsens (*Gespenster*, 1881; *Nora. Ein Puppenheim*, 1879), August Strindbergs (*Der Vater*, 1888) oder Arthur Schnitzlers (*Reigen*, 1900) geprägt wurde. In Szondis zutreffenden Worten liegt hier die »Wahrheit« des Stücks in der »Innerlichkeit« (29). Solche Stücke, die Realismus suggerieren

---

2 Szondi, *Theorie des modernen Dramas*, S. 15.
3 ›Klassisches‹ Drama mag hier und im Folgenden als heuristisch-metaphorischer Begriff verstanden werden, der idealtypisch eine geschlossene, vorgespielte Kunstwelt auf der Bühne etabliert.

und konzise Psychologien entfalten, seien hier allgemein als dialogische Dramen oder auch als *well made plays* klassifiziert. In ihnen sind Handlung und Dialog identisch, die Spielzeit und die gespielte Zeit kongruent. Charaktere unterschiedlicher Couleur treten auf, der Konflikt zwischen den Handlungsträgern wird zur bestimmenden Größe der Stücke. Wie im ›klassischen‹ Drama bleibt der gliedernde Akt, die Szene und der Auftritt das konzeptionelle Gerüst des Stücks, wenn reale Konflikte spiegelbildlich dargestellt werden. Menschen aus Fleisch und Blut treten auf, die ihre Interessen und Bedürfnisse formulieren und austragen, wobei das Stück auf die Finalspannung, sein Ende, die erwartete Lösung der Lage hin geschrieben ist.

Die dramatische Figur und ihre Befindlichkeit steht so im Vordergrund, wobei in der Moderne der innere Konflikt sich widersprechender moralischer Ansprüche oder Interessen den äußeren Konflikt sich bekämpfender Parteien deutlich ablöst. So steht die Titelfigur in Jean Anouilhs *Antigone* (1946) in der inneren Spannung zwischen dem sittlichen Gebot, den aufständischen Bruder zu begraben, und dem Verbot des Begräbnisses durch den Diktator Kreon.

Haltungen, die die Handlung folgerichtig vorantreiben, stehen zur Diskussion, wie in Anouilhs *Der arme Bitos oder Das Diner der Köpfe* (1965). Bitos, ein Provinzstaatsanwalt, wird von einem reichen Adeligen zu einem Diner eingeladen; man veranstaltet ein beliebtes Gesellschaftsspiel, eine historische Szene soll nachgestellt werden. Bitos, den die anderen ob seiner *law-and-order*-Einstellung durch eine Intrige demütigen möchten, gibt den Robespierre und identifiziert sich, kalter, blutloser Moralist, der er ist, zunehmend mit dem unmenschlichen Gerechtigkeitsfanatiker, den er spielt. Der Machtmensch steht auf der Bühne, und gleichzeitig wird in den Dialogen seine Vorgeschichte deutlich. Bitos' Verhalten resultiert daraus, dass er ein vom Leben Betrogener, zu kurz Gekommener ist. So bestimmt sich das Konversationsstück – also das Drama, das durch den Dialog strukturiert ist – oder *well made play* durch seine genaue Kausalität, in der die Haltungen und Psychologien – in der Moderne insbesondere die neurotischen Deformationen – der Protagonisten nachvollziehbar werden.

Unsichtbare Gesichter: Harold Pinter

Der englische Dramatiker Harold Pinter stellt im Zusammenhang mit einer psychologischen Dramatik programmatisch fest:

> Ich betrachte mich als einen altmodischen Schriftsteller. Ich liebe es, Charaktere zu schaffen und eine Situation bis ans Ende auszuwerten. Ich schreibe ganz visuell – das kann ich sagen. Ich beobachte die unsichtbaren Gesichter ganz genau. Die Charaktere nehmen eine physische Form an. Ich beobachte die Gesichter so genau ich es kann. Und die Körper.[4]

Die Formulierung der »unsichtbaren Gesichter« markiert deutlich das Interesse des Dramatikers: In seinem Dreipersonenstück *Der Hausmeister* (1960) wird die psychologische Dimension von Verhaltensmustern in ihren Tiefenschichten vorgestellt, wenngleich das Stück auch deutlich absurd-verfremdende Züge trägt.

Aston, ein Halluzinierender, aus einer Nervenklinik Entlassener, hat den verbitterten Davies in einer Kneipe aufgegriffen. Der im Schlaf Sprechende, der in seinem Rassenfanatismus Ausländer – »Polen, Griechen, Schwarze«[5] – hasst, soll »Caretaker« in ihrem alten, verfallenen

---

4 Zit. nach: Esslin, *Harold Pinter*, S. 36 f.
5 Pinter, *Der Hausmeister*, S. 8.

Haus werden. Er versucht Aston gegen seinen hochintelligenten Bruder Mick auszuspielen. Unterwürfig und dreist, bösartig und opportunistisch-bieder will Davies in seiner Ambivalenz diese Heimstatt halten. Seine Papiere seien einem Bekannten hinterlegt; obsessiv findet er immer wieder ›Begründungen‹, sie nicht herbeizuschaffen. Lebenslügen und Selbsttäuschungen bestimmen die Figuren. Micks größenwahnsinnige Baupläne werden ebenso wenig Realität wie Astons einfacher Plan, einen Schuppen zu bauen.

Vergleichbar mit Anouilh, lassen sich hier Züge des Boulevardtheaters beobachten. Eine Dreiecksgeschichte bildet den Handlungskern, der allerdings in der genauen Konstruktion auch eine soziale Dimension, die Welt der Unterprivilegierten, mitthematisiert. Die Grundkonstellation der drei Personen – typisch für Harold Pinter (*Betrogen*, 1978) –, die unterschiedliche Interessen haben, transportiert mit den psychologischen Porträts auch Bilder einer verallgemeinerbaren gesellschaftlichen Lage.

Harold Pinter, dessen Stücke zum festen Bestandteil der Bühnen gehören, entwirft ein dramaturgisches Modell, das immer wieder inhaltlich die Situation des Eindringens in Szene setzt. Scheinbare Idyllen in einem Innenraum werden durch das Auftreten von Figuren, die von außen kommen, bedroht. Dies gilt in besonderer Weise für sein erstes abendfüllendes Stück *Die Geburtstagsfeier* (1958).

Eine zunächst völlig alltäglich wirkende Situation in einem Wohnzimmer wird dargestellt, wenn sich das gealterte Ehepaar Meg und Petey an einem gewöhnlichen Sommermorgen über Zeitungsnachrichten und das Wetter unterhält. Der einzige Gast in ihrer schäbigen Strandpension, Stanley, schläft noch. Der pinterschen Konstellation folgend, dass die Außenwelt in die abgeschlossene Zimmerwelt einbricht, beziehen zwei neue Gäste – der geschwätzige Jude Goldberg und der wortkarge Ire McCann – ein Zimmer in der Pension. Der Grund ihres Besuches und wer die beiden tatsächlich sind, bleibt im Dunkeln. Auf ihr Drängen hin findet eine bizarre Geburtstagsfeier statt. Stanley, das Geburtstagskind, wird bei einem Blinde-Kuh-Spiel seiner Brille beraubt und gerät in den Zustand völliger Hysterie. Goldberg und McCann nehmen Stan in ein Kreuzverhör und schaffen ihn schließlich in einem großen schwarzen Wagen fort.

> MCCANN: Du hast dich festgefahren.
> GOLDBERG: Du siehst blutarm aus.
> MCCANN: Rheumatisch.
> GOLDBERG: Kurzsichtig.
> MCCANN: Epileptisch.
> GOLDBERG: Du bist am Überschnappen.
> MCCANN: Du bist eine lahme Ente.
> GOLDBERG: Aber wir können dich retten.
> MCCANN: Vor einem schlimmeren Schicksal.[6]

Wohin die beiden Stanley bringen und warum, wird nicht aufgeklärt. Am Schluss wiederholt sich die Anfangsszene: Petey liest Zeitung, und Meg, die von der nächtlichen Geburtstagsfeier angetan ist, wartet auf den noch schlafenden Gast.

Das szenische Ambiente und die vordergründig alltäglich ablaufenden Handlungssequenzen – eine Pension im Ort, es kommen Gäste, man führt Konversation, sie reisen wieder ab – werden vom Autor bewusst als struktureller Rahmen eingesetzt, der vorgeblich zugespitzten Realismus mimen soll. Durch die szenischen Orte und auch die Dialogtechnik schließt Pinter an die naturalistische Dramatik an. Er stellt fest:

> Ich gehe bei meinen Stücken von der Vorstellung einer Situation aus und von einem Figurenpaar, das in diese

---

[6] Pinter, *Die Geburtstagsfeier*, S. 67.

Situation verwickelt ist. Und diese Leute bleiben für mich immer wirklich; wenn sie es nicht wären, könnte ich kein Stück über sie schreiben.[7]

Das Stück operiert mit den realistisch alltäglichen Sprachmustern völlig konkret und folgt damit ästhetisch deutlich der Linie des Konversationsstücks. Doch die eingebauten Störmomente, dass beispielsweise undeutlich bleibt, wer die Eindringlinge tatsächlich sind und welche höheren Interessen sie vertreten, erzeugen Irritationen. Sie sprengen den realistischen Rahmen auf und wollen eine Dramatik hinterfragen, die, wie im Naturalismus, bündige Erklärungsmodelle der Welt auf die Bühne stellt. Autoren wie Henrik Ibsen suggerierten in ihren Stücken, dass sie wüssten, was die objektive Realität sei und wie die Psychologien der Handlungsträger angelegt wären. Ihrer Schlüssigkeit widerspricht Harold Pinter. So etwa bleibt in dem Stück ebenso undeutlich, was tatsächlich in der Nacht der Feier zwischen Lulu und Goldberg vorgefallen ist, ob die Verführung wirklich sexueller Art war, wie es den Anschein hat. Es ist die projektive Vorstellungswelt der Kleinbourgeoisie, wie ihre sozialen Ängste, die der Autor thematisiert, indem er in seinem Gesellschaftsporträt die Eindeutigkeit von Charakteren auflöst. Hinter der kleinbürgerlichen Fassade dieser Bühnenwelt verbirgt sich das Unheimliche, das Rätselhafte, das Undurchschaubare der menschlichen Psychologien, die auch deutlich absurde Züge tragen. Gesellschaft und damit die Einzelpsychologien der Protagonisten sind hier von unbestimmten Mächten und einer unheimlichen Atmosphäre bestimmt. Tatsächlich erfährt der Zuschauer in dieser schwarzen Komödie nicht, wohin Stanley gebracht wird und warum. Die Eindringlinge Goldberg und McCann behaupten, dass sie aus dem armen Stanley ›einen neuen Menschen‹ (68) ma-

---

7 Zit. nach: Esslin, *Das Theater des Absurden*, S. 225.

chen würden. Wie aber ist dieser Mensch nun beschaffen? Wahrscheinlich hat er die gleiche Befindlichkeit wie vor seiner Deportation: Er ist unbestimmt.

Nach Pinter ist ganz anders als in den Stücken Hauptmanns, Ibsens, Tschechows oder Schnitzlers das Begreifen einer objektiven Realität ausgeschlossen. Die Welt der unsichtbaren Gesichter, wie anfangs zitiert, kann daher immer nur eine subjektiv erfahrbare sein, in der die Ängste – ganz wie im absurden Theater bei Ionesco – zur szenischen Realität werden. In seinem Einakter *Der stumme Diener* (1957) spielt denn auch der so bezeichnete Küchenfahrstuhl, ein Requisit, eine wichtige szenische Rolle im Geschehen. Diese Dramaturgie des *well made play*, mag sie auch situativ noch so konkret sein, ist daher auch von Franz Kafka oder Samuel Beckett beeinflusst. Beckett reduziert sein Personal auf animalisierte Figuren, Pinter dagegen zeichnet noch Individuen, die allerdings im psychologischen Versteckspiel menschliche Existenz als widersprüchlich und undurchschaubar metaphorisieren. Es erfolgt keine Demontage des Subjekts, wie so oft im modernen Drama, vielmehr hat dieses ein jeweils individuelles Geheimnis. Das Subjekt ist ein in seiner Identität beschädigtes, so lautet Harold Pinters erbarmungslose Idee der *conditio humana*. Vor allem in seinem 1975 uraufgeführten Stück *Niemandsland*, das viel konturierter als die hier erörterten Stücke boulevardeske Züge trägt, zeichnet Pinter das Weltbild eines eisigen, stummen Niemandslands. Die beiden Säufer, die gealterten Schriftsteller Hirst und Spooner, sind gefangen in einem hilflosen, in sich kreisenden, nicht enden wollenden Dialog. Existenz und Psychologie werden in diesen dramaturgischen Koordinaten zum erkenntnistheoretischen Problem, in der der Zuschauer den Vorgängen Deutung zuweisen muss. So wird bei Pinter die Tradition des dramatischen Naturalismus zur Schablone. Zwar werden Psychologien, welche die Handlung vorantreiben, entwickelt, doch scheut sich der

Autor vor eindeutigen Erklärungen und sperrt sich dagegen, Handlungsbegründungen und Folgerichtigkeit in den Stücken zu entwickeln. In *Die Geburtstagsfeier* wird zumindest ein Kreislauf der Langeweile entfaltet, und dadurch, dass der sinnlose Anfang des Stücks identisch mit seinem Ende ist, moderne Existenz als sinnleere Wiederholung des ewig Gleichen verstanden. Diese gut gebauten Stücke bieten keine eindeutigen Erklärungen an, wie denn der moderne Mensch und seine Psychologie sei. Sie leben aus der Genauigkeit und der wirkungsvollen Insistenz der ästhetischen Formung. Dramaturgisch erzeugen die hier geschilderten szenischen Irritationen die Spannung der Stücke.

Nebelsüchte: Eugene O'Neill

Wie Pinters *Hausmeister* ist auch Eugene O'Neills Drama *Eines langen Tages Reise in die Nacht* (1940) zu einem Welterfolg auf dem Theater geworden. Hier mögen die klassischen Regeln der Wahrscheinlichkeit, Nachvollziehbarkeit und die genaue Psychologisierung der Figuren eine Rolle gespielt haben, die dem bürgerlichen Publikum ein Wiedererkennungs- und Identifikationsmoment ermöglicht. Das Stück muss als idealtypisches geschlossenes Drama, wie Volker Klotz es klassifizierte,[8] betrachtet werden. Der dramatische Vorgang ist hier auf die denkbar knappste Raum-, Zeit- und Geschehnisspanne zentriert. Es spielt an einem Sommertag – morgens, mittags, abends und nachts – in einem Raum.

Mutter und Vater plaudern im alltäglichen Konversationston nach dem Frühstück, die beiden Söhne im Hinter-

---

8 Er spricht von einem »Ausschnitt aus einem pragmatisch, zeitlich und räumlich [...] Komplexeren«, der den »Ausschnitt als Ganzes, Gerundetes« erscheinen lässt. In: Klotz, *Geschlossene und offene Formen im Drama*, S. 216.

grund lachen schallend; die scheinhafte Normalität und Harmonie einer Familiensituation wird als Spielvoraussetzung disponiert. Vater Tyrone, Schauspieler und Grundstücksspekulant, ist durch seinen Geiz charakterisiert, der im gedehnten Dialogfluss des langen Stücks zunehmend deutlicher wird. Die Mutter Mary, morphiumsüchtig – erst nach und nach wird ihre Krankheit deutlich –, ist durch ihre Nervosität gekennzeichnet. Trotz aller Wachsamkeit von Vater James und den Söhnen, Jamie und Edmund, zieht sich Mary, die sich über das Misstrauen der anderen beklagt, zurück. Der Gang nach oben bedeutet, wie sich in der langsam entwickelnden Geschichte herausstellt, den Rückfall in die Sucht. Dieser Vorgang löst den schwelenden Konflikt im psychologischen Geflecht, in dem jeder an den anderen gerät, aus. Mit dem zweiten Akt werden die gegenseitigen Schuldzuweisungen schärfer. Nur mit Andeutungen wird die tatsächliche Lage der Familie in den Dialogen entwickelt. Langsam formt sich die Vorgeschichte. Tyrone hat sich dem Whiskey überlassen. Mary, die sich seit der Heirat völlig isoliert hat, fühlt sich nicht heimisch und verdrängt alle bitteren Wahrheiten. Jamie, ein Müßiggänger und wie sein Vater Trinker, scheiterte am Broadway, nachdem er auf Druck des Vaters ebenfalls Schauspieler wurde. Er ist mittellos in den Schoß der Familie zurückgekehrt. Auch Edmund, eine Nietzsche lesende Künstlernatur, hat sich beruflich nicht durchsetzen können und kam krank zurück. Er leidet an Schwindsucht, für Mary eine harmlose Erkältung, und auch er säuft. Am Ende des zweiten Akts gehen alle außer Haus, Mary zur Apotheke, um neuen Stoff zu holen, die Männer zum Arzt, um Edmunds Therapie zu besprechen. Im dritten Akt sehen wir die ehemalige Klosterschülerin Mary betend und sich zu ihrer Sucht bekennend. Vater und Sohn kehren angetrunken zurück. Dramaturgisch ist, so O'Neills Kunstgriff, nun die prekäre Situation vollends deutlich geworden, wenn in gesteigertem Rhythmus immer heftiger

Schuldzuweisung auf hysterische Anklage folgt und parallel dazu die Süchte der nunmehr offen Verzweifelten Herr der Situation werden. Die dialektische Dramaturgie lässt aber auch den regierenden Hass in liebende Nähe umschlagen. O'Neill operiert inhaltlich in einer ausgefeilten Wechselbewegung, in der man sich voneinander entfernt, um sich wieder anzunähern und umgekehrt. In einer Szene beidseitiger Liebeserklärungen, die Klischees der Hollywoodfilme reproduzieren, könnte der Vorhang fallen; doch der Autor spitzt die Situation weiter zu. Die in schönen Erinnerungen schwelgende Mary, die in ihrer Gestik zunehmend apathische Rauschsyndrome zeigt, entfernt sich mehr und mehr von der beklemmenden, engen Realität des einen Tages, der die gesamte Familiengeschichte aufrollt. Die Szenerie steigert sich wie im klassischen Drama dahingehend, dass nun die Wahrheiten auch deutlich und brutal ausgesprochen werden. Im mitternächtlichen vierten Akt eskaliert das Geschehen, O'Neill dreht die Dialogspirale immer stärker an. Erst jetzt, als Vater und Sohn miteinander trinken und diskutieren – man hört die Schritte der Mutter von oben –, taucht zum ersten Mal der Begriff Morphium auf. In ihrer Auseinandersetzung wird der Geiz des Vaters thematisiert, soll doch der kranke Edmund in ein billiges, staatliches Sanatorium eingewiesen werden. Auch Tyrone macht seine Haltung deutlich, ist er doch, von Existenzängsten geprägt, aus ärmlichen Verhältnissen aufgestiegen. Künstlerisch wäre er gerne als Shakespeare-Schauspieler erfolgreich geworden, doch das Geld, das er mit einer Boulevard-Rolle verdiente, hat ihn zum Verräter seiner eigenen Ideale werden lassen. Jamie kommt – wie Vater und Bruder völlig betrunken – aus einem Bordell zurück, und der Autor lässt auch die Hassliebe der beiden Brüder in einem bis zur Gewalttätigkeit gehenden Dialog sich entfalten. Am Ende erscheint Mary in vollkommener geistiger Umnachtung, nicht mehr fähig, auch nur noch einen ihrer Nächsten wahrzunehmen.

Nebelsüchte: Eugene O'Neill

Am Gipfelpunkt des Konflikts fällt abrupt der Vorhang. Von klassischer Harmonisierung und Lösung der potenzierten Konflikte kann nicht mehr die Rede sein. Die Modernität Eugene O'Neills liegt gerade darin, dass an dieser Stelle, als die Auseinandersetzungen auf dem Höhepunkt sind, die Auswegslosigkeit unausweichlich und das völlige Scheitern aller Figuren deutlich wird, das Stück endet. Die bürgerliche Gesellschaft, hier die des Jahres 1912, erscheint trotz der sprachlich differenzierten, ausgefeilten Dialoge im Zustand der völligen Negation.

Schon der Titel legt die zentrale Deutung des Stücks nahe. Der eine Tag, der in der klassisch zu nennenden Tragödie endet, ist symptomatisch für die gesamte grässliche Identität der Protagonisten. Die Reise des einen Tages führt in die Nacht, in die gänzliche Zerstörung aller Hoffnungen. Sie symbolisiert den Abgrund, die völlige Zerbrochenheit der Subjekte.

> Keiner von uns kann dafür, was das Leben aus ihm gemacht hat. Alles geschieht mit uns, bevor wir es recht bemerken. Wenn es einmal geschehen ist, werden wir weitergetrieben. Zum Schluß steht alles zwischen einem, wie man ist und wie man sein möchte, und unser wahres Selbst haben wir für immer verloren.[9]

In dieser Gesellschaft – hart geht O'Neill mit der amerikanischen Gegenwart ins Gericht – kann man nur scheitern. Erfüllte, nicht entfremdete Lebenspraxis bleibt ausgeschlossen. Hier hat O'Neill einen zutiefst modernen Schuldbegriff entwickelt und damit die klassische Tragödie verändert. Nicht der Einzelne bestimmt sein Schicksal und wird schuldig, sondern die ihn umgebenden Verhältnisse. Selbst die Künstlerexistenz bietet keine Gewähr für ein erfülltes, harmonisches Leben. Nicht umsonst hat der hoch-

---

9 O'Neill, *Eines langen Tages Reise in die Nacht*, S. 44.

begabte Tyrone aus Kommerzgründen sein künstlerisches Ethos verraten. Und auch Edmund, der Gedichte schreibt – zynischerweise hat Jamie ihn in die literarische Welt eingeführt – und einem anderen Kunstideal als der Vater folgt, leidet an Schwindsucht! Er betrachtet sich als »Fremder«, »nirgends zu Hause, ohne wirkliche Sehnsucht und ohne wahre Berufung, wurzellos und immer leicht in den Tod verliebt« (119). Wenn sich beide betrunken gegenübersitzen, entlädt sich die Hasstirade Tyrones gegen die neue Literatur, mit der die Jüngeren sich identifizieren. Hier spiegelt sich der Konflikt zweier entgegengesetzter Weltauffassungen und Lebenseinstellungen vor dem Hintergrund des Vater-Sohn-Generationskonflikts wider.

> TYRONE: [...] Wenn du nur niederknien würdest und beten. Wenn du Gott leugnest, leugnest du den gesunden Menschenverstand. [...] Wo du nur deinen merkwürdigen Literaturgeschmack her hast – deine ganze verrückte Bibliothek! *(Er zeigt auf das schmale Bücherregal im Hintergrund.)* Voltaire, Rousseau, Schopenhauer, Nietzsche, Ibsen: Atheisten, Verrückte und Wahnsinnige! Und deine Dichter! Dieser Dowson und dieser Baudelaire und Swinburne und Oscar Wilde und Whitman und Poe! Zuhälter und Degenerierte! Ha! Wo ich drei gute Ausgaben von Shakespeare da habe. *(Er weist auf das große Bücherregal hin.)* Da könntest du lesen.
> EDMUND *(provozierend)*: Er soll auch gesoffen haben.
> TYRONE: Das ist gelogen! [...] Sein Verstand wurde nicht verseucht von Schmutz und krankhaften Ideen. Du kannst ihn nicht mit dem Pack vergleichen, das bei dir da steht. *(Er zeigt wieder auf das schmale Bücherregal.)* Dein im Schmutz wühlender Zola! Und dein Dante Gabriel Rossetti, der süchtig war. *(Er zuckt zusammen und sieht schuldbewußt aus.)* (102 f.)

Nietzsches *Also sprach Zarathustra*, in dem Gott vom Prediger für tot erklärt wird, hat in der Haltung der Söhne sein Sprachrohr. Besonders Jamie vertritt einen harten, zynischen Nihilismus, der die Sinn- und Zwecklosigkeit anprangert. Die Abgrundstimmung eines Baudelaire und dessen Dunkelheit wird in der Fin-de-Siècle-Haltung der Söhne sichtbar. Und auch dieses neue Weltgefühl, das historisch die Jahrhundertwende bestimmte, wird von O'Neill problematisiert. Die Söhne als durch die Verhältnisse verhinderte Intellektuelle sind krank und mittellos. Auch wenn man der neuen Kunst anhängt, bedeutet dies keineswegs eine emanzipatorische Rettung. Existenz, die hier generell zur Diskussion steht, ist unter diesen Bedingungen identisch mit Sucht und Verfall, bis hinein in die kreatürliche Körperlichkeit. Leere und Einsamkeit befällt alle.

Das Einzige, was im Stück geschieht, geschieht im Gespräch. Indirekt, in Rede und Gegenrede, entfaltet O'Neill die Charaktere seiner Deformierten. Jeder setzt sich mit jedem auseinander, Klarheit oder wirklich zwingende Begründungen für die Verhaltensmuster und Befindlichkeiten gibt es nicht – außer dass keiner mit dem anderen zurechtkommt. Die Spannung im Stück wird gerade durch die lediglich andeutende Indirektheit des Autors erzeugt, die den Zuschauer in das Geschehen hineinzieht. So wird gleichermaßen schon im Titel diese Struktur der Verrätselung vorweggenommen. Der symbolische Titel »Nacht« bezieht sich auch auf eine Form von Dramatik, die mit Anspielungen und Andeutungen operiert: In der Nachtwelt sind Liebe und Hass identisch. O'Neill lässt über die Technik der perspektivischen Darstellung seiner Figuren den Zuschauer ein Mosaik vom jeweiligen Charakter zusammensetzen, das es nicht erlaubt, den einen oder anderen zu verurteilen. Keine Figur ist wirklich charakterlos oder gut, keine Wahrheit gilt. Um mit Nietzsche zu sprechen, befinden sich die Figuren im Areal jenseits von gut und böse. Jeder stellt sich als dramatisches Ich selbst dar, sein Leiden und seine Verzweiflung; und darüber hinaus wird jeder wieder vom jeweilig anderen charakterisiert. In seinem Verfahren der Sukzession wird das gesamte Umfeld, die Vorgeschichte, die Bedingungen, die die Menschen zu dem, was sie sind, gemacht haben, aufgerollt. Die minutiöse Darstellung der individualpsychologischen Tiefendimensionen, die auch bei Tennessee Williams (*Die Katze auf dem heißen Blechdach*, 1955) zu beobachten ist, erzeugt erst das Gesamtbild gesellschaftlicher Inhumanität, in der die Leistungsträger, wie Tyrone, nur darauf bedacht sind, ihren wirtschaftlichen Schnitt zu machen. So wird auch eine vehemente Systemkritik am amerikanischen Kapitalismus in Szene gesetzt. Der Autor entwickelt ein Gesellschaftsbild, in dem das menschliche Lebensgefühl von Einsamkeit und Verlorenheit geprägt ist.

In diesem Zusammenhang spielt der Ort am Meer eine ebenso metaphorische Rolle, die die erst langsam deutlicher werdende Unsicherheit der Situation verstärkt. Das Nebelhorn, das die Protagonisten auch schlaflos macht, der Nebel, von dem sie reden, verbildlicht die szenische Gesamtsituation. Mit sich neigendem Tag und zunehmender Nacht wird der Nebel dichter. Entsprechend nehmen auch die Sucht Marys, ihre geistige Umnebelung wie die Trunkenheit der Männer zu. Um Mitternacht, bei vollem Nebel, ist es um alle geschehen. Das räumliche Umfeld, der Nebel, spiegelt die innere Verfassung der Figuren, die konkrete Situation wider.

MARY: [...] Ich liebe Nebel direkt. [...] Er versteckt dich vor der Welt und die Welt vor dir. Man hat das Gefühl, daß alles anders ist und nichts so, wie es sonst war. Keiner kann einen mehr finden oder einem etwas anhaben. (72)

Die Geschlossenheit dieses großen Dramas der modernen Literatur ist so auch durch die Sprachbilder erzeugt. Ebenso operiert der Autor mit einer kalkulierten Namenssymbolik. Mary heißt nicht umsonst so, betet sie doch in ihrer Halluzination zur Jungfrau Maria und fällt am Ende ob ihrer verleugneten Religiosität in einen Wahn. Die Suche nach Hoffnung und verlorenem Sinn klingt bei allen Figuren nur noch an, sie bleibt jedoch obsolet.

Von nicht unerheblicher Bedeutung ist, dass sowohl Eugene O'Neill als auch Tennessee Williams wie Harold Pinter neben der konzisen psychologischen Dimension den sozialen Zusammenhang nicht außer Acht lassen. Es geht nicht um privatistische, individuelle Verstrickungen, vielmehr wird das Totalbild einer morbiden Sozietät am Einzelfall gezeigt.

Angry young men: John Osborne

John Osborne konnte mit seinem Erstling *Blick zurück im Zorn* (1955) einen ähnlichen internationalen Erfolg erzielen wie Tennessee Williams. Handwerklich versiert, gehört der junge Engländer in die gleiche Tradition des so bezeichneten *well made play*, des genau kalkulierten Stücks, wie der Amerikaner; beide trachten danach, nicht die Einzelpsychologie eines Subjekts auszubreiten oder gar zu lösen. Vielmehr sollen kollektive gesellschaftliche Zustände als Spannungsbogen entwickelt werden, das Zusammenspiel gesellschaftlicher Wesen und ihr Unbehagen an den Verhältnissen. Osborne stellt bezüglich der Stücke seines Vorbildes Williams, etwa *Endstation Sehnsucht* (1947), fest:

> Jeder ernst zu nehmende englische Dramatiker ist ihnen verpflichtet. [...] Sie sind ein Frontalangriff auf das Heer der Gefühls-Snobs, die da glauben, Auflehnung sei or-

dinär [...]; sie sind ein Frontalangriff auf das Heer von Feinschmeckern, die zu einer Trennung von Sein und Schein vorstoßen möchten – wo doch Sein und Schein schon vor Jahren auseinandergefallen sind [...].[10]

Kompromisslose Gesellschaftskritik wird programmatisch von dem *angry young man* eingefordert, und gerade die handwerklich versierte Dramatik soll das Leben der Subjekte so hässlich darstellen, wie wir es kennen, als »Lärm und Streit des Lebens« (99), disharmonisch und grell. Die Methode des Theaters habe die kollektiven Deformationen, die verlogenen Konventionen schonungslos auf die Bühne zu setzen: »Ein Neurotiker« sei »nicht weniger« für das moderne Drama »tauglich als ein Zuschauerraum voll ›normaler‹ Leute. [...] Wer sich darüber beklagt, daß Leute [...] neurotisch sind, wendet sich gegen die Methode des Theaters« (100).

In einer schäbigen Mansardenwohnung einer englischen Stadt sitzen der mittellose Jimmy Porter und sein Mitbewohner Cliff Lewis vertieft in die Zeitungslektüre. Jimmy, der die Universität verlassen hat, betreibt einen Bonbonladen, den er von der Mutter seines Freundes Hugh übernommen hat. Alison, Jimmys Frau, bügelt; sie stammt, anders als die beiden Freunde, aus der Oberschicht. Gegen den Willen ihrer Eltern hat sie den aggressiven, unzufriedenen jungen Mann geheiratet. Schnell kommt es zum Streit, provoziert durch den harschen Zynismus Jimmys, den Alison alltäglich ertragen muss. Sie sei kleinmütig, engherzig, lieblos und lethargisch. Gnadenlos verurteilt er die Verhältnisse, aus denen sie stammt, ihre bürgerlichen Eltern, ihren Bruder Nigel, ein erfolgreicher Offizier, der ins Parlament möchte. Die Szene mündet in einen Kampf der Männer, bei dem Alison verletzt wird. Unter Tränen erzählt sie Cliff, dass sie schwanger sei, mit Liebe möchte

---

10 Zit. nach Melchinger, *Drama zwischen Shaw und Brecht*, S. 99.

sie aber nichts mehr zu tun haben. Die Schauspielerin Helena besucht ihre Jugendfreundin Alison. Hier, im zweiten Akt, wird die Vorgeschichte der Ehe weiter aufgerollt: Schon am Anfang lebten sie in einem ärmlichen Zimmer bei Jimmys Freund Hugh, und auf Partys im Oberschichtmilieu fielen die beiden anarchistischen Freunde durch ihre provokante Art auf. Daran hat sich nichts geändert. Während Jimmy angriffslustig Trompete spielt, trägt die sensible Alison den »Alpdruck«[11] ihrer Beziehung vor, woraufhin Helena Alisons Vater telegrafiert, dass er sie aus dem Elend heraushole. Wieder spitzt der nach einem »Schlachtfest« (56) lechzende Jimmy die Situation zu, diesmal wird Helena Opfer seiner Aggressivität. Jimmy erzählt, dass er dabei war, als sein aus dem spanischen Bürgerkrieg zurückgekehrter Vater starb. Helena, die mit Alison das »Schlachtfeld«, die »Hölle« (62f.) räumt und zur Kirche geht, kann ihre Freundin überzeugen, den Mann zu verlassen. Derweil erfährt Jimmy, dass Hughs Mutter mit einen Schlaganfall im Krankenhaus in London liegt. Entgegen seiner eindringlichen Bitte verweigert Alison ihm den gemeinsamen Besuch; er bricht allein auf. Alisons Vater, der vierzig Jahre als Colonel in Indien gedient hat, holt am nächsten Abend seine Tochter ab. Der aus London zurückkehrende Jimmy sieht nur noch Alisons Abreise. Helena erzählt ihm von der Schwangerschaft Alisons, und weil Jimmy kalt reagiert, schlägt sie ihm wütend ins Gesicht; im gleichen Augenblick küsst sie ihn leidenschaftlich. Im dritten Akt wiederholt sich die Situation der ersten Szene, nur steht jetzt Helena am Bügeltisch. Die Lage ist nun entspannt, man spielt gemeinsam einen Sketch, den der künstlerisch ambitionierte Jimmy erdacht hat. Cliff eröffnet seine Entscheidung, die Dreierkonstellation zu verlassen. Der lebenshungrige Jimmy will ebenfalls mit der Geliebten neu

---

11 Osborne, *Blick zurück im Zorn*, S. 44.

anfangen. Plötzlich tritt die von einer Fehlgeburt gezeichnete Alison wieder in die Szene. In einem Handlungsumschlag beschließt Helena zu gehen, glaubt sie doch, sie hätte Alison verletzt. Zum Schluss mit Alison allein zurückgeblieben, hofft Jimmy, es könne alles wieder gut werden und sie hätten eine Perspektive.

In *Blick zurück im Zorn* stellt der Autor das Lebensgefühl einer frustrierten jungen Generation in den sechziger Jahren dar, das sich auch in der frühen Popkultur und im Rock 'n' Roll niederschlug. Dramenhistorisch schließt der junge Osborne zweifellos an den Expressionismus, an Stücke wie Walter Hasenclevers *Der Sohn* (1916) oder Arnolt Bronnens *Vatermord* (1920) an, jene Dramen, die den Generationskonflikt zum Mittelpunkt des Geschehens machen. Jedoch werden bei Osborne die autoritären Väter, gegen die die Söhne revoltieren, nicht mehr als Ursache allen Übels angeklagt. Bekämpfenswert ist für Jimmy die Gesellschaft, die, in Patriotismus erstarrt, die Menschen in Klassen aufteilt und Verzweiflung, Einsamkeit und Zorn zurücklässt. Jimmy steht aber nicht für eine politische Programmatik; er weiß, dass auch die Linke ihn im Falle der Revolution »an die Wand stellen« (37) würde. Im Kern spiegeln seine Hasstiraden seine Sehnsucht nach Geborgenheit, ja sogar Liebe wider. Dramaturgisch zeigt sich dies an den für das Stück typischen Umschlägen, wenn er seine Frau zuerst quält, um dann doch, wie am Ende des ersten Akts, immer wieder lebendige Nähe, Glück und Liebe einzufordern. Resigniert sagt er: »Alle fliehen sie – vor der Qual, lebendig zu sein. Oder vor der Liebe.« (94) Bei aller, auch künstlerischer, Exzentrik, bei allem gesellschaftlichen Ekel: Jimmy ist von der tiefen Sehnsucht nach einer besseren Welt, nach »Loyalität« (43) erfüllt.

Das Stück ist von einer Ambivalenz zwischen Liebe/Freundschaft und extremem Hass bestimmt. Die Protagonisten befinden sich gleichsam in einem Gefängnis ihrer psychischen Situation. Dies wird durch die kalkulierte Dramaturgie der Wiederholungen entwickelt, durch die Struktur der plötzlichen Umschläge. Alle drei Akte der konzisen Konstruktion spielen immer sonntags, und der Situationsrahmen bleibt ebenso zwanghaft immer der gleiche, wenn auch die Figuren ihren Platz wechseln. Alison geht und kommt zurück, Helena erscheint und verschwindet abrupt. An zentraler, das gesamte Stück charakterisierender Stelle führt sie, die an moralische Kategorien wie »Gut und Böse« (90) glaubt, aus: »Ich habe noch nie in meinem Leben so viele Seelen sich entblößen sehen wie hier.« (73) Wie bei O'Neill geht es hier darum, die Innenwelten und Prägungen deformierter Existenzen transparent zu machen. Die Darstellung von Bedingungen und Voraussetzungen, *warum* jemand so ist, wie er ist, und nicht nur *wie* jemand ist, sind Grundanliegen des Autors. Jimmy oder Alisons Vater, beide sind Beschädigte der herrschenden Verhältnisse. Der aus Indien zurückgekehrte Colonel leidet, weil sich die Gesellschaft entgegen seinem traditionellen Weltbild verändert hat; Jimmy dagegen leidet, weil sich die Gesellschaft nicht in seinem Sinne verändert: »Vernunft und Fortschritt, die alte Firma, ist im Begriff Pleite zu machen.« (57) Von zentraler Bedeutung ist in diesem Zusammenhang, dass beide Figuren durch ihre Erinnerungen verbittert sind. Für Jimmy ist es der Tod seines politisch aktiven Vaters, der ihn »zornig« (60) macht. Dieser Vorgang wiederholt sich in der Gegenwart durch das Sterben von Hughs Mutter, die ihm ihren Laden geschenkt hat. Der Colonel dagegen stellt bei seinem Rückblick bedauernd fest, dass die kolonialen Verhältnisse in Indien aus seiner Sicht harmonisch und geordnet waren, für ihn als Vertreter der konservativen Oberschicht ist alles genauso »aus« (70) wie für Jimmy.

Jimmy wird für John Osborne das Sprachrohr seiner vehementen Kritik an einer Gesellschaft, in der unentfremdete Nähe unmöglich ist. Als Tabubruch wird eine komplizierte, ambivalente Ehe zum Thema gemacht, in der auch ganz »konventionell« (72) geprägte Menschen, wie die empfindliche Alison, sich unbehaglich fühlen. Emotionalität, der Treibriemen des Stücks, hat hier einen zutiefst irrationalen Charakter. Bei allem Hass, den Jimmy in der toten Welt und in der Enge der Klassengegensätze ausspricht, die Charaktere sind doch differenziert in ihrer Widersprüchlichkeit gezeichnet. Helena verliebt sich in den Mann, der sie demütigt, und geht trotzdem; Jimmy hofft am Schluss auf eine Zukunft mit einer Frau, die viel angepasster als er denkt und empfindet. Bei aller Härte der Verletzungen und Konflikte, des Kommens und Gehens, der zornigen Erinnerungen bezeichnet John Osborne indirekt den Wunsch nach Lebenslust und Humanität, nach Verstehen und Menschlichkeit. Sein Jimmy Porter ist keineswegs ein Zerrbild oder ein brutaler Charakter, er ist wie alle anderen schlicht und ergreifend ein Gefangener der Situation und seiner Psychologie. Seine Revolte ist Reflex, und deutlich stellt sich Jimmy auch als eine hilf- und haltlose Existenz dar, die nichts weiter als Mensch sein möchte. Im Vergleich zu O'Neill gibt es zwar auch die von Jimmy angeheizte Mechanik von Diffamierungen und Streitereien, doch die Sehnsucht nach Menschlichkeit scheint immer wieder durch. Während O'Neills große schwarze Familientragödie am Gipfelpunkt des Konflikts endet, ist die Situation hier bei weitem nicht so verzweifelt. Dies zeigt der offene, wenn auch höchst verhalten Hoffnung anschlagende Schluss – denn »ringsum liegen schreckliche Fallen aus Stahl« (97).

John Osborne, Harold Pinter oder Eugene O'Neill – allen drei Dramatikern ist gemein, dass sie die konzise entwickelten Psychologien ihrer Figuren in ihren Bedingungen und Voraussetzungen verdeutlichen. Der Zuschauer erlebt mehr oder minder deformierte, an den Verhältnissen zerbrochene Existenzen. Als modern können diese Stücke insofern betrachtet werden, als die Figuren in einem Vakuum stecken; verbindliche Ordnungskategorien sind ihnen abhanden gekommen. Orientierungen haben sie nicht mehr, außer sich selbst, wie der Exzentriker Jimmy Porter, der zuweilen einen hysterischen »Kult des Bizarren«[12] entfacht. Sie sind auf sich selbst zurückgeworfen, ein gültiger, anerkannter Wertekanon für ihre Verhaltensmuster existiert nicht mehr, ihre Substanz ist erschöpft. Charaktere sind diese Figuren dennoch, wenn auch anders als im klassischen Drama; sie markieren die modernen Vertreter der völligen Desorientierung, des Wertezerfalls.

Bourgeoisie der Wölfe: Edward Albee

Noch schärfer als O'Neill oder Osborne konturiert Edward Albee sein Vierpersonenstück *Wer hat Angst vor Virginia Woolf?* (1962). Die für das moderne Drama spezifische Negation wird situativ auf die Spitze getrieben. Hier ist eine Party bereits vorüber, und es ist spät nachts. Nun beginnt ein zweites Gelage, und die Trunkenheit der Figuren steigert sich in einen unerträglichen Exzess der Streitereien und Diffamierungen. Die haltlos zerrüttete Ehe des College-Professors George und seiner Frau Martha, eine völlige Zerwürfnissituation, bildet den Inhalt des Stücks. Ein junges Ehepaar, Nick und Putzi – im Originaltext »Honey« – geraten in diesen Ehekrieg. Wie bei Osborne herrscht von Beginn an kalte Aggressivität, wenn Martha ihren Mann im ersten Teil »Gesellschaftsspiele« als beruflichen und sexuellen Versager demütigt. Wird bei O'Neill noch durch die indirekten Verweise die haltlose Situation der Familie kontinuierlich entwickelt, so ist in dieser Sonntagnacht im Hause der Eheleute keinerlei Entwicklung mehr zu beobachten, die unerträgliche Lage ist in einer völ-

---

12 Mennemeier, *Das moderne Drama des Auslands*, S. 161.

lig fixierten Situation freigesetzt. Bei Osborne erlebt der Zuschauer drei Sonntage und eine Entwicklung, in der am Ende zumindest noch Wünsche anklingen; Albees entsetzliche Nacht zeigt den einen Sonntag, der offensichtlich für alle anderen Sonntage steht und immer wiederkehrt. George greift den jüngeren Nick, einen Biologen, wegen seiner vermeintlichen Experimente an – bereits in den sechziger Jahren weist Albee auf die naturwissenschaftliche Frage der Gentechnik hin. Vergleichbar mit Osbornes Themen – Krieg, Religion oder die Kritik am so genannten *American way of life* – steht in diesem Handlungsstrang ein für die naturwissenschaftliche Moderne grundsätzliches Thema zur Debatte. Gesellschaftlicher Erfolg und Nichterfolg – zentrale amerikanische Wertmaßstäbe werden von Albee verächtlich durchleuchtet. Martha treibt die Demütigung so weit, dass sie im zweiten Teil »Walpurgisnacht« im eigenen Hause ihren Mann ganz offen mit Nick, dem Prototypen des beruflich konformistischen Aufsteigers, betrügt. Putzi, das grotesk-gesichtslose Abziehbild eines Bürgermädchens, das sich Schwangerschaften einbildet, muss sich dauernd erbrechen. Sie steht für das naive Wohlstandsmädchen, die biedere, blonde *trophy-woman*, die wegen ihres Vermögens geheiratet wurde. Zynischerweise, so Albees Konstruktion, ist ihr Geld scheffelnder Vater ein Geistlicher. Im dritten Teil »Austreibung« wird in der dominanten Situation des alltäglichen Kriegsrituals Martha, »like other Mommies [...] an apotheosis of consumerism«,[13] und ihre Lebenslüge zum Gegenstand der Angriffe. Ihre Neurose ist der eingebildete Sohn, den George vor dem anderen Paar genüsslich sterben lässt.

MARTHA *(stürzt sich auf George, aber ohne Erfolg)*: Das darfst du nicht! *(Nick springt auf, packt Martha und hält ihre Arme auf ihrem Rücken fest.)*

---

13 Baxandall, *The Theatre of Edward Albee*, S. 91.

Bourgeoisie der Wölfe: Edward Albee 43

Edward Albee, *Wer hat Angst vor Virginia Woolf?*
Szenenfoto aus der Verfilmung von Mike Nichols (USA 1966)
mit George Segal, Richard Burton, Sandy Dennis und
Elisabeth Taylor (v. l. n. r.)

Ich laß dich nicht machen, was du
willst, du Schwein! Lassen Sie mich
los!
GEORGE *(während Nick sie noch immer hält, direkt in Marthas Gesicht)*: Ich glaube, du begreifst nicht, was vorgefallen ist, Martha. Ich habe nichts damit zu tun. Nimm dich jetzt zusammen. Unser Sohn ist tot! Geht dir das nicht in den Kopf?
MARTHA: Du kannst nicht machen, was du
willst! [...] Lassen Sie mich los!
GEORGE: Hör zu, Martha. Hör mir genau zu: wir haben ein Telegramm erhalten: Ein Autounfall, er ist tot. Peng! ... einfach so. Was sagst du jetzt?

MARTHA *(ein Schrei, der schließlich in klagendem Stöhnen endet)*: Nei-ei-ei-ei-einnn ...
GEORGE *(zu Nick)*: Lassen Sie sie los. *(Martha fällt zu Boden und verharrt in einer hockenden Stellung.)* Sie wird sich schon wieder erholen. [...]
MARTHA: Du darfst ihn nicht töten! Du darfst ihn nicht einfach sterben lassen! [...] Du hast kein Recht dazu! [...]
GEORGE *(plötzlich angewidert)*: Du kennst die Spielregeln, Martha! Himmelherrgott, du kennst die Spielregeln! [...] Ich kann ihn jederzeit töten, wenn ich will, Martha. [...]
MARTHA: Er ist unser Kind!
GEORGE: Und ich hab ihn getötet!
MARTHA: Nein!
GEORGE: Doch![14]

Die permanente Eskalation der Quälereien bildet die dramatische Mikrostruktur, die die Verdrängungen der Figuren transparent macht und eine Situation zeigt, die nach dem Willen des Autors so unerträglich wie möglich sein soll. Immer wieder explodiert die Situation. Am Ende, nachdem George leise das Kinderlied »Wer hat Angst vor Virginia Woolf« gesungen hat, herrscht Stille. Aus dem Gefängnis der selbsterzeugten Brutalitäten gibt es kein Entrinnen. Dieses Lied, das auch den Titel des Stücks ausmacht, persifliert nicht nur das populäre Kinderlied »Wer hat Angst vorm bösen Wolf«, vielmehr schlägt er Albees Thema der freudschen ödipalen Angst des Mannes vor der starken Frau an. Martha muss als monströse Matriarchin gesehen werden, und insofern ist hier Albees Kritik an deformierten gesellschaftlichen Verkehrsformen auf die Spitze getrieben. Im Kampf der Geschlechter wird das fiktive Kind, das nur in ihrer Einbildung existiert, vom Mann er-

---

14 Albee, *Wer hat Angst vor Virginia Woolf?*, S. 97 f.

mordet. Albees antigesellschaftliche Position wird auch durch den englischen Begriff »woolf« angelegt. Das bedeutet nicht nur ›Wolf‹, im Slang heißt es ›Schürzen-‹, oder ›Mitgiftjäger‹. Mithin wird hier eine gesamtgesellschaftliche Haltung, die auf Egoismus und dem eigenen Vorteil basiert, denunziert.

Wie Martin Esslin zu Recht feststellt, sind die Namen Martha und George nicht rein zufällig gewählt.[15] Allegorisch versteckt sich dahinter eine Anspielung auf den einstigen US-amerikanischen Präsidenten George Washington und seine Frau. Dadurch erhält das Stück eine wenn auch indirekte historische Verweisfunktion, die zugleich den Mythos des *American dream* von Aufstieg und Erfolg entzaubert. Diese verzerrte Dimension der historischen Spiegelung symbolisiert auf allerhöchster Ebene den archaischen Streit der Geschlechter.

Aufschlussreich für die Deutung des Stücks ist auch der Raum, instrumentalisiert er doch das Klischee des Boulevardtheaters. Der enge Raum, der hier den *American dream* ohne jegliche Aussicht auf Änderung in Frage stellt, kann als klassisches Modell der Theatermoderne betrachtet werden. Zu denken ist an Jean Genet, in dessen *Balkon* (1957) ein Bordell zum Spielort wird, Arnold Wesker (*Die Küche*, 1961), Jean-Paul Sartre (*Bei geschlossenen Türen*, 1944) oder T. S. Eliot (*Die Cocktail-Party*, 1949), die die engen Räume gleichsam symbolisch für ausweglose Situationen auch sozialer Art etablieren. Sartres Hotelsalon wird ausdrücklich als Hölle benannt. Der eine Raum, in dem gespielt wird, spiegelt das Psychogramm seiner Bewohner wider. Albees erfolgreiches Stück ist eine einzige Klimax, die dramenhistorisch an die Ehedramen Strindbergs anschließt. Die Desillusion der Wohlstandsgesellschaft und ihrer Eliten – Marthas Vater ist der Leiter des Colleges – ist eine vollendete. Die Darstellung der

---

15 Vgl. Esslin, *Das Theater des Absurden*, S. 248.

neurotischen Befindlichkeit meint die gesamtgesellschaftlichen Verhältnisse, heißt es doch bei Albee im ersten Akt ausdrücklich »Gesellschaftsspiele«.

Einfache Typologien kommen, wie ausgeführt, dem modernen Drama schwerlich bei; doch Albees makabere, nächtliche Spiele zeigen eine strukturelle Veränderung, die tatsächlich die von Freytag beschriebene pyramidale Form, die das Geschehen deutlich auf einen Höhepunkt hin zentriert, in Frage stellt. Reinhold Grimm sprach von der Kreisstruktur[16] des modernen Dramas. Diese lässt sich bei Albee festmachen: Gleichsam endlos dreht sich das Geschehen, das keine Entwicklung hat, um einen dominanten Mittelpunkt, um nur ein Motiv, um den unaufhörlichen Streit des Paares. Bei O'Neill dagegen lässt sich noch insofern eine fortschreitende Handlung beobachten, als zunehmend das Innenleben der Figuren transparent wird; hier kann man von einer inneren Handlung sprechen. Albees Stück hat wie das O'Neills tatsächlich kein Ende, diese Zerwürfnissituation ist beliebig fortsetz-, variier- und wiederholbar. Mag der Zuschauer, der die Spannung ertragen muss, auf die Lösung des inneren Konflikts hoffen, sie wird ihm nicht gewährt.

Bürgerliche Abgesänge: Botho Strauß

Epigonale dramatische Formen, die an Albee anschließen, lassen sich auch im modernen Drama des deutschsprachigen Raums beobachten. In Martin Walsers *Die Zimmerschlacht. Übungsstück für ein Ehepaar* (1962/63) wird Albees Modell zur reinen Schablone. Und Botho Strauß, wenngleich der russischen Tschechowtradition verpflichtet, gehört zu diesem Typus von Dramatiker, der bodenlo-

---

16 Vgl. Grimm, »Drama im Übergang«, in: Grimm, *Essays zur deutschen Literatur*.

se Beliebigkeit statt Analyse in Szene setzt. Er findet kein erklärendes Warum bei den Befindlichkeitsporträts seiner Figuren und ihrer Psychologie, diese Frage ist für ihn nicht mehr von Interesse. Spiel, anders als bei Albee, hat einen postmodernen, rein simulatorischen Charakter, es findet als solches statt und erklärt nichts. Generell kann für die Dramatik der Bundesrepublik Deutschland festgestellt werden, dass offenbar eine konfliktarme Gesellschaft kaum förderlich für ihre dramatische Kunst war. Botho Strauß' Theater, das sich auch aus der Erfahrung der gescheiterten Studentenrevolte der sechziger Jahre speist, mag als ein großes Stillstandbild der gesellschaftlichen Befindlichkeit des deutschen Wohlstandsbürgers betrachtet werden. Reproduktion, Variation und Wiederholung bekannter Muster lassen sich beobachten, wenn Welt bei Strauß zunehmend als Innenwelt dargestellt wird und die Figuren im Zustand der zwanghaften Innenschau gezeigt werden. Wie der Österreicher Peter Handke argumentiert Strauß gegen die rationale Erklärbarkeit der Welt – etwa aus ihren sozio-ökonomischen Bedingungen.

Ralf Schnell stellt in seiner deutschen Literaturgeschichte nach 1945 zutreffend fest, dass Strauß vertraute Sprach- und Dramenmuster lediglich reproduziert und eine geschichts- und identitätslose Spätzeitwelt der völligen Desorientierung der Subjekte versinnlicht.[17] Dennoch interessiert sich Strauß – und dies belegt seine deutliche Verwandtschaft zu den vorher behandelten Beispielen – für eine Realität möglicher Innenwelten, eine der wahnhaften Einbildungen, eine Welt hinter der glitzernden bürgerlichen Fassade der ›tatsächlichen‹ empirischen Realität. Der dramatische Dialog funktioniert als monomanische Selbstbespiegelung der Figuren. So wird Lotte aus Lennep, die Hauptfigur des Stationendramas *Groß und Klein* (1977), zunehmend aus realen gesellschaftlichen Zu-

17 Vgl. Schnell, *Geschichte der deutschsprachigen Literatur*, S. 484.

sammenhängen herausgelöst. Sie befindet sich auf der permanenten Flucht vor sich selbst in einer gänzlich beziehungslosen Realität, wenn ihre Handlungsmotivationen völlig verrätselt werden.

In seinem Essay »Versuch, ästhetische und politische Ereignisse zusammenzudenken. Neues Theater 1967–1970« (1970) stellt der Autor fest, dass das »Irresein« zur gewöhnlichen Metapher des Befindens des Subjekts »überhaupt« geworden sei. Die Kräfte der unentfremdeten Phantasie seien in der Gesellschaft interniert, und die Vernunft habe nichts weiter als eine deformierte »Unterdrückungsherrschaft«[18] geschaffen. Strauß formuliert eine Ästhetik des Verlustes und Selbstverlustes, Schreiben wird zum Selbstgespräch. Er steht damit deutlich im Kontext der Theorie des französischen Philosophen Michel Foucault, denn Wirklichkeit wird hier als Wahn erfahrbar. Dies führt zu einer Suada der Künstlichkeit auf der Bühne, wie in seinem ersten Stück mit dem programmatischen Titel *Die Hypochonder* (1971), in dem jeder, auf sich selbst und seine Einbildungen fixiert, am anderen vorbeispricht und agiert. Hier hat Strauß bereits sein zentrales Thema gefunden: die herrschende Entfremdung im real gesellschaftlichen Vakuum. Jakob stellt fest:

Es ist ein tödlich falsches Leben, das unsereins verbringt. Und man weiß es auch. Aber dieses Bescheid wissen, dieses haarspalterische Besserwissen ist dem Falschleben selbst schon so zugehörig, dass es darin als sanfte, unentbehrliche Qual mitlebt. Wie wenn wir, im Schlaf gefangen, träumen, dass wir träumen.[19]

Theodor W. Adornos Satz aus den *Minima Moralia*, dass es kein richtiges Leben im falschen gibt, findet hier

---

18 Strauß, *Versuch, ästhetische und politische Ereignisse zusammenzudenken*, S. 73.
19 Strauß, *Dramen* 1, S. 56.

seinen Niederschlag. Die Welt wird als eine von Surrogaten verstanden, in der lediglich die Wunschvorstellungen ihr Sprachrohr finden und eine entwickelte Eloquenz der Formulierungen vorherrscht. Den Durchbruch auf der Bühne konnte der bekannteste Autor des zeitgenössischen Dramas der Bundesrepublik mit *Trilogie des Wiedersehens* (1976) erreichen. Am Beispiel des modernen Kunstbetriebs entfaltet Strauß seine Dramatik der mentalen Selbstentblößung, die im Zeichen von Melancholie und Resignation steht.

Siebzehn durchschnittliche Figuren treffen sich vor der Eröffnung einer Vernissage, sie kommen und gehen, finden und verlieren sich, sie reden. Beiläufiges, Marginales wird verhandelt, zerbrochene Beziehungen, das drohende Verbot der Ausstellung durch den Kunstvereinsvorsitzenden Kiepert. Kein Held steht im Mittelpunkt, vielmehr die marode, einzig selbstreflexive Kommunikation, das sensible Beziehungsgeflecht des Figurenensembles, in dem auch das Reden zum reinen Surrogat verkommt. Die Kunst hat in diesem Drama über Kunst keinen tatsächlichen Stellenwert mehr, sie wird zur kompensatorischen Ersatzfunktion der wartenden Besucher: »Unsere einzige Hoffnung: der gleiche Lauf der Wiederholung.«[20] Frustrierte, wie der Schriftsteller Peter, Orientierungslose, ja Gelangweilte und nur die Leere ausfüllende Vertreter des Bürgertums, Arzt, Drogist oder Verkaufsleiter treffen sich in einer sterilen Welt. Ein Drucker will dauernd die Geschichte eines Krimis, den er gelesen hat, erzählen. Dies gelingt ihm nicht, er glaubt zu erkennen, dass die neue Maschine, an der er arbeitet, sein Gedächtnis zerstört habe. Einer kämpft mit einem halben Brötchen, von dem die Soße tropft. Hier herrscht die Realität des neurotischen Charakters, diese wird aber kaum transparent, zumal die Scheidung von Wahn oder Realität nicht deutlich

---

20 Strauß, *Trilogie des Wiedersehens*, S. 120.

zum Ausdruck kommt. Zu erleben ist immer nur die Perspektive des Sprechenden, nur auf seine Selbstdarstellung kann sich der Zuschauer beziehen. Von Objektivierung keine Spur. Bei O'Neill herrschte noch der Relativismus der Perspektiven, wenn Vorgeschichten wie auch bei Osborne rekonstruierbar und überprüfbar sind; bei Strauß dagegen dominiert die reine Privatheit. So wird in der *Trilogie* die Ich-Dramatik nur noch als scheinhaftes Spiel simuliert; Charaktere gibt es nicht mehr, wenn die von den Figuren imaginierten Ansprüche und Bedürfnisse im abgeschirmten Raum der geschlossenen Gesellschaft ins Leere laufen. Hypochondrisch eingebildet oder bühnenwirklich sind die Leiden, die in den kurzen Bildern der Auf- und Abtritte angezeigt werden. In Strauß' ›mentalem Theater‹,[21] wie er es selbst umschreibt, spielt zwar der unverwechselbare Augenblick der Begegnung als typisches Moment der literarischen Moderne eine wichtige strukturelle Rolle, wenn sich der Kunstverein trifft, doch diese inszenierte Flüchtigkeit, die in ihrem Kern die völlige Isolation der Protagonisten aufweist, hat, trotz aller sprachlichen Eloquenz der Figuren, kaum Tiefgang. Bei Pinter oder O'Neill kann der Zuschauer Distanz herstellen, zumal die Bühnenverhältnisse objektivierbar sind. Bei Strauß dagegen überwiegt die Realität der Einbildungen in den szenischen Epiphanien, deren Eigenleben für die Stücke bestimmend ist.

Strauß' Erfolg mag bis hin zu seinem Stück über die deutsche Wiedervereinigung *Schlußchor* (1990) darin liegen, dass er wenig Reibungsfläche mit dem Publikum erzeugte, was reine Affirmation des unreflektierten Wiedererkennens ermöglichte. Schnell stellt zu Recht fest, dass die reine Abbildung des unbehaglichen Befindens, die szenische Repetition der herrschenden Entfremdung drama-

---

21 Strauß, *Versuch, ästhetische und politische Ereignisse zusammenzudenken*, S. 72.

Botho Strauß, *Groß und Klein*
Schaubühne am Halleschen Ufer, Berlin, 1978. Regie: Peter Stein
Foto: Ruth Walz, Berlin

tisch nicht transzendiert wird. Offensichtlich gibt es in dieser Dramatik das falsche Leben im falschen, wenn die insistenten Ansprüche der Vernissagebesucher die dauernd formulierte Verlusterfahrung vorgeblich als innere Substanz, als Kunstprozess repräsentieren. Kontrollierbar und nachvollziehbar ist in dieser epigonalen Dramatik einer Endgesellschaft wenig. Nicht umsonst häuft der Bildungsbürger Strauß Literaturzitat auf Anspielung und schafft somit ein Theater einer sich selbst bespiegelnden, gebildeten, hermetischen *Ingroup*. Es heißt, womöglich unfreiwillig selbstkritisch, in *Trilogie des Wiedersehens*:

> MARTIN: Sie haben ja nun unsere kleine Gesellschaft kennengelernt. Alberne Leute, nicht wahr? Es ist im Grunde kein Vergnügen mit immer alberner werdenden Freunden zu verkehren. [...] Nur Albernheit erlaubt uns noch –
> FRANZ: Wir selbst zu sein.   (121)

Innenwelten

Die in diesem Kapitel behandelten Stücke wurden als *well made plays*, als gut gebaute Stücke charakterisiert, sie gehen in der Konversation, im Dialog auf. Sie sind gekennzeichnet durch die genaue, kalkulierte Konstruktion, dies macht ihre Bühnentauglichkeit aus. Sie funktionieren als realistische Abbilder der Wirklichkeit, zeigen konkrete Beispielsituationen, wenn es um die Darstellung von Verhaltensmustern und Vorgängen geht. Diese Form von Konversationsstücken lebt genuin von der Lebensmimesis, in der sich der Zuschauer wiedererkennen mag. Die Gesellschaftsproblematik steht im kleinen Ausschnitt – etwa der Familie – szenisch zur Diskussion. Identitätsfragen stehen im psychologischen Drama im Vordergrund, Verhaltensmuster der Protagonisten sollen durchleuchtet und in ihren Bedingungen transparent werden. Nicht umsonst charakterisiert Arnold Wesker in *Die Küche* (1961) detailliert alle seine Figuren zu Beginn des Stücks. Das *well made play* schließt am deutlichsten durch die strukturelle Vorherrschaft des Dialogs und die gliedernde Szene an die dramatische Tradition an, wenngleich die Charaktere durch ihre Deformationen, durch das bei allen herrschende Defizit bestimmt sind. Lotte in Strauß' *Groß und Klein* steigt in den Stationen, die sie von einem marokkanischen Hotel bis in das Wartezimmer eines Internisten führt, immer weiter ab; statt Haltepunkten oder Orientierungen herrscht ein zunehmendes Vakuum der Isolation, die Negation. Jeder Schritt, den sie tut, kommt ihr als der falsche vor. ›Wahnsinn‹ ist der leitmotivische Begriff ihres Weges, der sie immer mehr von sich selbst entfernt. Lösungen oder Harmonisierungen von Konflikten gibt es nicht. Bei Strauß ist sogar der Konflikt scheinhaft, der nur noch ein allgemein herrschendes Vakuum versinnbildlicht, der Selbstverlust wird zum Thema. Diese Form von Dramatik, die das Innenleben der Protagonisten zum Thema hat, wird durch die differenziert entwickelte Figur den ästhetischen Bedingungen des Theaters am ehesten gerecht.

Die große Frage – Formen der politischen Dramatik

> »Freilich tragen wir Weisheit vor, aber nicht Weisheit dieses Zeitalters und der Großen dieser Welt, welche zu Nichts werden.«
>
> *Karl Kraus*

Welt als Abstraktion: Bertolt Brecht

Als der Dramatiker Bertolt Brecht 1954 für eine neue Ausgabe seine ersten Stücke durchsah und erwog, sein frühes Revolutionsstück *Trommeln in der Nacht* (1919/20) zu unterdrücken – einen »kleinen Scheiterhaufen zu errichten«[1] –, kam er zu folgendem Fazit, das den Kern seiner grundsätzlich politischen Dramatik indirekt charakterisiert:

> Die Technik der Verfremdung stand mir noch nicht zur Verfügung. [...] Das Stück *Baal* mag denen, die nicht gelernt haben, dialektisch zu denken, allerhand Schwierigkeiten bereiten. Sie werden darin kaum etwas anderes als die Verherrlichung nackter Ichsucht erblicken. (241)

Nicht dass der Dichter zwei Jahre vor seinem Tod seine vormarxistischen Stücke verwirft, doch scheinen sie ihm zu sehr durch das vom literarischen Expressionismus geprägte »O-Mensch«-Pathos der Revolutionsdramatik jener Jahre, von Ernst Toller, Georg Kaiser oder Ludwig Rubiner geprägt. Die Stücke erscheinen dem Autor, dessen klassische Dramen wie *Mutter Courage und ihre Kin-*

---

1 Brecht, »Bei Durchsicht meiner ersten Stücke«, in: Berliner/Frankfurter Ausg., Bd. 23, S. 240.

der (1939), *Leben des Galilei* (Fassung letzter Hand 1955/56) oder *Herr Puntila und sein Knecht Matti* (1940), unter dem Begriff ›episches Theater‹ subsumiert, breiteste Wirkung in der Moderne hatten, in ihrem politischen Gehalt zu inkonsequent.

Die Individualisierung des bürgerlichen Illusionstheaters, des Spiels und Gegenspiels ausgestalteter Charaktere, wird durch die brechtsche dialektische Dramatik, die das marxistische System ästhetisierte, vollends in Frage gestellt. Dies revolutionierte das Theater und Drama, denen eine Systematik unterlegt wird, die zudem in Anmerkungen und Schriften eine ausgefeilte Theorie anbietet und die Welt als solche verstehbar und veränderbar gestalten möchte.

Brecht, so problematisch auch ein generalisierendes Statement bezüglich seines umfangreichen dramatischen Werks erscheint, muss als Autor betrachtet werden, der auf die verstehende Ratio des Zuschauers setzt. Gefühl, Sinnlichkeit und Genuss – nur der Genuss des Begreifens wird befürwortet – und auch der Zufall spielen in dieser kalkulierten Dramaturgie keine Rolle mehr. Statt Illusion des Spiels, Darstellung einer eigenständigen Kunstwelt mit Charakteren, soll verfremdendes, zeigendes Theater, das abstrahiert und sich selbst als Spiel denunziert, in Szene gesetzt werden. Insofern hat der Dichter auch das Verhältnis von Bühne und Parkett stilbildend für die moderne Dramatik neu definiert: Die vierte, Illusion suggerierende Wand fällt im epischen Theater, und ein neues Verständnis vom Zuschauer setzt sich durch. Dieser wird von der rezipierenden Passivität hin zum Aktiven und Handelnden gedacht. Dennoch aber hält auch der große Dialektiker Bertolt Brecht insofern am aristotelischen Drama fest, als es in Form der beispielhaften Fabel, auf die es Brecht im Grundsatz ankommt, anders als etwa im experimentellen Drama, immer eine konzise Handlung als Grundstruktur der Stücke gibt. Brecht ist also insofern ein Traditionalist, als er bei der geschlossenen Form, mag sie noch so parabolisch entwickelt sein, bleibt.

Die Abstraktion mit Hilfe einer konstruierten, zuweilen historisierten Fabel (*Mutter Courage*) macht ein Prinzip seiner Dramaturgie aus. Das Parabelstück setzt, dem Rationalisten Brecht folgend, Welt und Vernunft gleich. Das Verfremdungsverfahren soll die Abstraktion, die modellhafte Darstellung der Welt, ästhetisch realisieren. Brecht hat den für seine Dramatik typischen so genannten »V-Effekt«, den Verfremdungseffekt, mehrfach in seinen Schriften definiert. Im Kern hat das gestische, zeigende Theater mit der Verfremdung das Ziel, Gewohntes als Ungewöhnliches, Selbstverständliches als Befremdliches darzustellen und das Herrschende als zu Veränderndes zu demaskieren. Dem Zuschauer soll hierbei die identifikationsauslösende »Einfühlung«[2] in die Figur oder das gezeigte Geschehen zerbrochen werden. Es heißt bei Brecht, wenn er das epische gegen das dramatische Theater abgrenzt, dass der Mensch im alten Drama als bekannt vorausgesetzt werde«, in der epischen Form des Theaters hingegen »Gegenstand der Untersuchung«[3] sei. Von daher betrachtet, folgt das Drama Brechts deutlich einem politischen Veränderungsimpuls, der den Kapitalismus als urgründige Voraussetzung allen Übels brandmarkt und abgeschafft sehen möchte. In einer von Brechts zentralen theoretischen Schriften, »Kleines Organon für das Theater«, heißt es im Abschnitt 42 und 43:

> Die Spielweise [...] beruht auf dem ›Verfremdungseffekt‹ (V-Effekt). Eine verfremdende Abbildung ist eine solche, die den Gegenstand zwar erkennen, ihn aber doch zugleich fremd erscheinen läßt. Das antike und mittelalterliche Drama verfremdete seine Figuren mit

---

2 Brecht, »Kleines Organon für das Theater«, in: Berliner/Frankfurter Ausg., Bd. 23, S. 83.
3 Zit. nach Staehle, *Theorie des Dramas*, S. 72.

Menschen- und Tiermasken [...]. Die Effekte verhinderten zweifellos die Einfühlung, jedoch beruhte diese Technik [...] auf hypnotisch suggestiver Grundlage [...]. Die gesellschaftlichen Zwecke dieser alten Effekte waren von den unsern völlig verschieden. Die alten V-Effekte entziehen das Abgebildete dem Eingriff des Zuschauers gänzlich, machen es zu etwas Unabänderlichem [...]. Die neuen Verfremdungen sollten nur den gesellschaftlich beeinflußbaren Vorgängen den Stempel des Vertrauten wegnehmen, der sie heute vor dem Eingriff bewahrt. (81)

Der Bruch mit dem von Aristoteles charakterisierten mimetischen Illusionstheater ist bei Brecht, der über die Verfremdung eine Distanzierung und Abstraktion bewirken möchte, unwiderruflich. Allerdings – dies kann hier nicht weiter vertieft werden – muss die Frage bleiben, ob nicht auch in der brechtschen ›wissenschaftlichen‹ Dramatik, die die Identifikation des Zuschauers mit dem dramatischen Helden bewusst beseitigen will, noch Züge der von ihm so vehement bekämpften bürgerlichen Dramatik bleiben. Immerhin steht deutlich anders als etwa bei Ionesco noch der ›Held‹ im Mittelpunkt des Stücks. Da ist es naheliegend, dass bei aller Negativität und im Sinne des Autors objektivierenden Exemplarität, in der die Figuren gezeichnet sind, doch die Courage oder der Galilei das Behagen an der Figur mittransportieren. Der Richter Azdak hat in *Der Kaukasische Kreidekreis* (1944) ob seiner List auch menschliche Züge. Der trinkende Puntila kann keineswegs als eine reine ›objektive‹ Figur betrachtet werden, die lediglich, wie Brecht theoretisch gerne möchte, als Funktionsträger in der Handlung, die bei Brecht immer nur ein an das mittelalterliche Theater erinnernder Bilderbogen ist, auftritt. Das Festhalten an der Figur, wenngleich diese nicht wie im psychologischen Drama klassisch angelegt ist, deutet darauf hin, dass Brechts Bruch mit der

Tradition keineswegs so radikal war, wie es immer wieder in der Brecht-Forschung vorausgesetzt wurde.

Gleichwohl ist der klassische brechtsche Stil von einer kausal in autonomen Einzelszenen verknüpften Handlung insofern ein Bruch mit der Tradition, als die Technik der Verfremdung das klassische Drama deutlich konterkariert. Die von Gustav Freytag beschriebene Abfolge von Exposition, Steigerung, Höhepunkt, Verzögerung hin zur Katastrophe, die für das von Brecht so bezeichnete ›bürgerliche Theater‹ gilt, wird hier formal deutlich zerschlagen.

Das Drama *Der gute Mensch von Sezuan* (1941) kann als grundsätzlichste Äußerung Brechts betrachtet werden. War im *Galilei* die Frage des Verhältnisses des Wissenschaftlers zur Macht Brechts Thema und wird in der *Courage* der Krieg und das Verdienen am Leiden szenisch erörtert – beides zweifellos große Fragen –, so wird im *Sezuan*-Stück die generelle Frage von gut und böse in der von ökonomischen Zwängen regierten Welt thematisiert. Henning Rischbieter führt zu Recht aus: »Einfacher, geradliniger kann kein Theaterstück sein Thema vorweisen. Wie kann man gut sein in einer schlechten Welt?«[4] Gleichermaßen naiv und grundlegend wird von Brecht eine Fragestellung erörtert, die jedes Subjekt sowohl philosophisch wie gesellschaftlich ganz real bewegt. Es geht um eine »menschliche Grundsituation der antagonistischen Gesellschaft«,[5] die der Autor in der ihm spezifischen Weise – als Modell für soziales Verhalten – entwickelt. Es geht um eine Dramaturgie, die modellhaft auch die Ursachen und Bedingungen von Verhaltensweisen transparent gestalten möchte.

Drei Götter treten auf und wollen herausfinden, ob in der Welt noch ein guter Mensch zu finden ist. Brecht arbeitet in seinem klassischen Stück über die parabelhafte

---

4 Rischbieter, *Bertolt Brecht*, S. 35.
5 Mittenzwei, *Das Leben des Bertolt Brecht*, Bd. 1, S. 664.

Historisierung. Das Stück spielt in der chinesischen Provinz Sezuan. Im Gleichnis, im Kostüm einer dem Zuschauer fremd erscheinenden Welt, wird die große Frage, ob die Welt so, wie sie ist, bleiben könne, in Szene gesetzt. Der Wasserverkäufer Wang führt sie in das Haus der Hure Shen Te; nicht bei den Reichen, sondern bei den Armen finden die Götter Aufnahme. Sie schenken diesem guten Menschen 1000 Silberdollar, womit sich die redliche Shen Te einen Tabakladen kauft. Der Laden wird zum Ort, wo sich die Abgerissenen und Deklassierten einnisten, und schließlich droht derjenigen, die sich gut verhält, der Ruin. Die Hausbesitzerin will ihre Miete haben und der Schreiner die Einrichtung bezahlt sehen. Shen Te, die ein Jahr mit keinem Mann mehr etwas anfangen wollte, verliebt sich in den stellungslosen Flieger Sun. Auch er versucht sie auszunutzen, indem er sie zur Heirat überredet, braucht er doch 500 Silberdollar zur Bestechung für eine mögliche Fliegeranstellung in Peking. Zur Lösung ihrer ausweglosen Lage – gibt sie doch ihr Hab und Gut in Form von Reis und Geld an die Armen und ist sogar bereit, ihren Laden zu verkaufen, um Sun die Summe zu geben – verdoppelt sie sich. Sie erfindet ihren fiktiven Vetter Shui Ta, einen harten, insofern vernünftig denkenden Mann, der nur geschäftsmäßig operiert. Zu guter Letzt platzt die Hochzeit, und die schwangere Shen Te weiß sich nur noch dadurch zu retten, dass sie ihre Rolle vollends Shui Ta überlässt. Aus dem Tabakladen wird eine Tabakfabrik, in der alle, die zuvor Shen Tes Güte ausgenutzt haben, arbeiten, um ihr täglich Brot zu verdienen. Und Sun, der Flieger, ist zum eisernen Geschäftsführer in dem harten ausbeuterischen Unternehmen aufgestiegen. Der Betrug wird offenbar, denn im Ort vermissen alle Shen Te, die für ihre selbstlose Güte keine Gegenleistungen verlangte. In einer Gerichtsszene wird Shui Ta wegen des Verschwindens seiner Cousine des Mordes angeklagt. Im antiken Verfahren des *Deus ex Machina* treten die Götter am Schluss in Erscheinung, sie übernehmen die Richterrolle. Das Stück endet offen, wenn Shen Te die Notwendigkeit ihrer Doppelrolle anklagend offenbart:

> SHEN TE: Ja, ich bin es. Shui Ta und Shen Te, ich bin beides.
> Euer einstiger Befehl
> Gut zu sein und doch zu leben
> Zerriß mich wie ein Blitz in zwei Hälften. Ich
> Weiß nicht, wie es kam: gut sein zu andern
> Und zu mir konnte ich nicht zugleich.
> Andern und mir zu helfen, war mir zu schwer.
> Ach, eure Welt ist schwierig! Zu viel Not, zu viel
> Verzweiflung! [...] Etwas muß falsch sein an eurer Welt.[6]

In seinem epischen Verfahren verfolgt der Autor zwei strukturelle Linien; einerseits zeigt die Handlung, dass jede Figur von jeder ökonomisch abhängig ist – dies gilt auch für die Liebe zwischen Shen Te und Sun. Insofern setzt Brecht ein radikales Modell, das in diesem kleinen Welttheater den Kapitalismus kritisiert. Andererseits treten die Götter in den die Handlungsfolge unterbrechenden Zwischenszenen auf und formulieren ihre Forderung, dass der Mensch trotz der Verhältnisse gut zu sein habe. Ihr Ziel, einen guten Menschen zu finden, einen, der die christlichen Gebote hält, wird durch dieses Verfahren fundamental in Frage gestellt.

Zweifellos hat Brecht auch eine Persiflage auf Goethes *Faust* geschrieben, wenn er zwar die abendländisch christliche Philosophie nicht in Frage stellt, aber die Unmöglichkeit, gut zu sein und zu überleben, hier modellhaft gestaltet. Die Allmächtigkeit der Götter, also des Glaubens, wird

---

6 Brecht, *Der gute Mensch von Sezuan*, in: Berliner/Frankfurter Ausg., Bd. 6, S. 275.

Welt als Abstraktion: Bertolt Brecht 61

Bertolt Brecht, *Leben des Galilei*. Coronet-Theatre,
Beverly Hills, 1947. Regie: Joseph Losey und Bertolt Brecht
Mit Genehmigung des Bertolt-Brecht-Archivs,
Stiftung Archiv der AdK, Berlin

hinterfragt, aber immer bezogen auf die herrschenden Missstände in der Welt. Shen Te figuriert als Handlungsträger das Bewusstsein, das lediglich die kleine Lösung will. Die große Lösung aber, dass die Verhältnisse verändert werden müssen, wird durch ihr Verhalten nicht erreicht. Das Publikum selbst soll sich für die richtige Lösung des Problems entscheiden, die ihm freilich von Brecht ideologisch suggeriert wird. Im berühmten Schlussepilog heißt es:

Verehrtes Publikum, jetzt kein Verdruß:
Wir wissen wohl, das ist kein rechter Schluß. [...]
Der Vorhang zu und alle Fragen offen.
Dabei sind wir doch auf Sie angewiesen [...].
Was könnt die Lösung sein?

> Wir konnten keine finden, nicht einmal für Geld.
> Soll es ein andrer Mensch sein? Oder eine andre Welt?
> Vielleicht nur andere Götter? Oder keine? [...]
> Verehrtes Publikum, los, such dir selbst den Schluß!
>
> (278f.)

Abrupt hört das Stück auf. Die verfremdende Unterbrechung soll dem Zuschauer, wie Walter Benjamin sagt, ermöglichen, die Zustände in der Welt zu begreifen und politisch aktiv zu handeln.[7] Wie ausgeführt, bekommt der Zuschauer in dieser Form politischen Theaters eine aktive autonome Rolle; er wird an der Handlung beteiligt und soll in der Praxis, so Brechts didaktisch belehrende Haltung, seine Konsequenzen ziehen.

Was ist episches Theater? In diesem Verfahren wird dem Publikum hier immer wieder von Shen Te ihre Geschichte kommentierend erzählt. Der V-Effekt ist in diesem Stück von Brecht *in extenso* entwickelt worden. Die gespaltene Figur markiert generell den Widerspruch jedes Menschen zwischen Glücksverlangen und ökonomischen Zwängen. Und von entscheidender Bedeutung für diese Form politischer Dramatik muss angesehen werden, dass Brecht diesen Antagonismus nicht psychologisch, sondern funktional gestaltet. Reinhold Grimm konstatiert in diesem Zusammenhang, dass der Autor über diese Form der Verfremdung, dass eine Figur in die Rolle einer anderen schlüpft, nicht nur den Kern seines »Menschen- und Weltbilds« darstellt, sondern dass ihm auch die stärkste Umsetzung seines dialektischen Theaters gelungen ist. Hier wird konsequent der Schauspieler, wie Brecht gefordert hat, zum Demonstrant einer Haltung; das politische Theater operiert im »Grundgestus des Zeigens«.[8]

---

[7] Vgl. Benjamin, »Was ist episches Theater?«, in: Buck, *Zu Bertolt Brecht*, S. 18f.
[8] Grimm, »Bertolt Brecht: ›Der gute Mensch von Sezuan‹«, in: Ebd., S. 164.

Die Frage bleibt, ob die Parabel als beispielhafte Formung des Weltgeschehens tatsächlich eine komplexe, moderne Welt abbilden kann, ob sie differenziert genug ist, um die Realität zu treffen. Brecht kann zumindest insofern als konservativer Dramatiker verstanden werden, als er an die Instanz der Vernunft appelliert und glaubt. Sein abstraktes Stück trägt den Charakter der Überzeitlichkeit. Die Parabel konstruiert ein bündiges, nachvollziehbares Modell in einer modernen Welt jenseits der Verbindlichkeiten. Im *Sezuan*-Stück ist die Welt der Ausbeutung eine konstruierte Kunstwelt, der jegliche Konkretion fehlt. Direktes, in die Situation eingreifendes politisches Handeln wird nicht angelegt. Es zeigt sich das Problem, ob das Prinzip der verfremdenden Fabel, das Modellstück, tatsächlich politisches Handeln initiieren kann. Zu überlegen bleibt, wie es mit der Übertragbarkeit der Fabel steht: Kennzeichnet die abstrakte szenische Situation tatsächlich die Situation des Zuschauers, der nach Brecht zum Handeln aufgerufen werden soll?

Jean-Paul Sartre geht in seinem Stück *Die schmutzigen Hände* (1948) den umgekehrten Weg, stellt er doch einen politischen Konflikt direkt dar. Hugo, ein junger Parteimann, steht vor der Frage, ob er ein Attentat auf den Parteiführer, der den politischen Kompromiss mit dem System anstrebt, begehen soll. In dieser Grundsituation wird der Zuschauer mit tatsächlich möglichen Handlungs- und Entscheidungsoptionen konfrontiert, wenn er auf der Bühne das Geflecht von Schwierigkeiten erlebt. In Sartres Stück ist die Linke keineswegs, wie Brecht suggerieren möchte, eine geeinte Bewegung, vielmehr eine, in der konkrete Debatten über politische Verhaltensmuster geführt werden. Ist Brechts Modell ideologisch in sich völlig geschlossen, so thematisiert Sartre das Problem des politischen Eingriffs realistisch, handlungspragmatisch. So stellt sich die Frage, ob Brecht bei seinem allgemeinen Postulat der zwingenden Veränderung der Welt nicht in der Falle der Abstraktion steckt. Zugespitzt formuliert, stehen in diesen Modellen des politischen Dramas deutlich zwei ästhetische Grundsatzhaltungen gegenüber: die politische Parabel und existenzielles politisches Handeln. Brechts Abstraktion versus Sartres Konkretion; was scheint eher tauglich, die weltlichen Missstände darzustellen und zur Veränderung anzuleiten?

Welt der Dachböden: Max Frisch

Max Frisch nennt sein Drama *Biedermann und die Brandstifter* (1958) im Untertitel ›Ein Lehrstück ohne Lehre‹. Spielt der Autor einerseits auf die von Bertolt Brecht entwickelte Form des Lehrstücks an, in dem der Zuschauer aktiv sein und aus den zur Diskussion gestellten Haltungen der Figuren für sich selbst und sein Handeln Konsequenzen ziehen soll, so wird andererseits Brechts Modell hinterfragt. Frisch misstraut, so scheinbar offen Brechts Stück am Schluss auch angelegt ist, dem Modell der Erkenntnis stiftenden Parabel. Er lässt sich nicht in ein modellhaftes System einbinden, die Fixierung auf einen Klassenstandpunkt liegt ihm fern. Frisch stellt die Frage nach Systemänderung – von Brecht so vehement propagiert – nicht, sondern arbeitet indirekter, genereller und bleibt unideologisch. Frischs Titelfigur Herr Biedermann lernt aus der szenischen Situation – opportunistisch-naiv, wie ihn der Autor zeigt – nichts.

Während die Häuser der Stadt in Flammen aufgehen, praktiziert Biedermann verlogene »Menschlichkeit«,[9] scheinbare christliche Nächstenliebe. Nicht nur, dass er die ihm suspekt erscheinenden Personen, den Ringer Schmitz und den Kellner Eisenring, in seinem Hause aufnimmt, er selbst ist derjenige, der ihnen die Streichhölzer

---

9 Frisch, *Biedermann und die Brandstifter*, S. 11.

zum Brandanschlag auf sein Haus reicht. Der Fabrikant Gottlieb Biedermann sitzt zu Beginn des Stücks in seiner Stube – Frisch konzentriert die Handlung auf zwei Orte, das Wohnzimmer und den feuergefährlichen Dachstuhl – und empört sich über die in der Stadt grassierenden Brandstiftungen. Der subaltern sich gebärdende Ringer Josef Schmitz dringt in die biedere Idylle des Heims ein. Er erhält in dem einfach gebauten Stück durch die ihm eigene Verschlagenheit Obdach im Hause des Unternehmers. Sosehr sich die Titelfigur auch sträubt, seine Spießermentalität gepaart mit schlechtem Gewissen, einen Angestellten entlassen zu haben, erliegt den Schmeicheleien des scheinbaren Bittstellers. Auch in der Folge, als der Spießgeselle, der Kellner Eisenring, sich auf dem Dachboden einnistet und Benzinfässer dorthin verbracht werden, kommt Herr Biedermann trotz seines kleinbürgerlichen Sicherheitsdenkens nicht zur Einsicht. Zum eingreifenden Handeln, um die bevorstehende Katastrophe abzuwenden, ist es nun zu spät.

Frisch hat insofern parabolisch ein politisches Drama geschrieben, als hier in einer eingängig grundsätzlichen Bildlichkeit mit bewusst einfachen Sprachbildern die Gefahr totalitärer Gewalt, wie des Nationalsozialismus, reflektierbar gestaltet wird. Das Bild der Feuersbrunst aber markiert gerade auf Grund seiner im besten Sinne banalen Deutlichkeit die politische Gefahr, die von opportunistischem Verhalten ausgehen kann. Mag sie auch noch so sichtbar werden, der Biedermann-Typus, das Bild des Kleinbürgers schlechthin, handelt nicht.

> Sinnlos ist viel, und nichts
> Sinnloser als diese Geschichte:
> Die nämlich, einmal entfacht,
> Tötete viele, ach, aber nicht alle
> Und änderte gar nichts. (85)

So lautet das Fazit des Chors der Feuerwehrleute, nachdem die Feuersbrunst ausgebrochen ist. Im antiken Versmaß sprechend und Sophokles parodierend, warnt der Chor den Biedermann im Laufe des Stücks immer wieder. Frischs Stück über den Konformismus liegt, anders als in Brechts Dramaturgie, jegliche ideologische Argumentation fern. Die politische Schärfe des Dramas liegt darin, dass der Autor ein so konkretes wie allgemeingültiges Stück konzipiert hat, dass gleichsam auf jede politische Situation, wenn die Gefahr terroristischer oder anderer Gewalt droht, übertragbar ist. Jegliche vordergründige politische Eingrenzung bleibt bei Frisch aus. *Der* Biedermann und die Folgen seiner Haltung, seiner Handlungen und Nicht-Handlungen werden in Szene gesetzt. »Diese Geschichte«, wie der Chor das Geschehen subsumiert, kann als die Geschichte der gescheiterten Aufklärung, die in den Nationalsozialismus mündete, verstanden werden. Sie kann als die Geschichte des Bürgertums überhaupt begriffen werden. Die Frage, die Max Frisch in den fünfziger Jahren aufwirft, ist die, ob das biedermännische Verhalten nicht generell in die Katastrophe führt. Insofern sei die These erlaubt, dass Frischs Parabel durch den Grad an allgemeingültiger Übertragbarkeit und unparteilich-unideologischer Schärfe politischer daherkommt als die Stücke Bertolt Brechts.

Wieder lässt sich zeigen, dass kategoriale Festlegungen bezüglich der Dramatik des letzten Jahrhunderts immer problematisch sein müssen. Wenn bei Eugène Ionesco, diesem prononcierten Vertreter des so genannten Theaters des Absurden, die Requisiten zu zentraler szenischer Bedeutung gelangen, so operiert auch der Schweizer Dramatiker in seiner szenischen Grundsituation in absurder Überspitzung, wenn etwa die Benzinfässer auf den Dachboden gebracht werden. Mag sein, dass »diese Geschichte« das Verhängnis der modernen Weltgeschichte überhaupt versinnlichen möchte. Max Frisch selbst führt in seinem zwanzig Jahre später geschriebenen Text »Wer sind die Brandstifter?« aus:

> 20 Jahre nach der Uraufführung auf derselben Bühne: – das feuergefährliche Benzin auf dem Dachboden, das unser Gottlieb Biedermann zwar riecht und das ihn ängstigt und das er als Haarwasser deklariert, hat sich inzwischen vermehrt: es reicht für einen Weltbrand. Was soll da noch zum Lachen sein? Auch fürchte ich, der brave Chor redet noch immer vergeblich.[10]

Nach dieser trefflichen Selbstinterpretation hat der Autor ein zeitloses politisches Stück entwickelt. Unübersehbar ist aber in Frischs Stück ein weiterer deutlicher Bezug zu Bertolt Brechts dialektischer Dramatik. Herr Biedermann zeigt sich in seinen eigenen Angelegenheiten als kalter nüchterner Rechner: Er entließ seinen langjährigen Mitarbeiter Knechtling und weist dessen Witwe skrupellos von der Tür, sie möge sich an die Rechtsabteilung seines Hauses wenden. Ähnlich wie Brechts Mutter Courage, die alle ihre Söhne im Krieg, an dem sie verdient, verliert, will auch Herr Biedermann seinen Schnitt machen. Immer auf eigenen Vorteil bedacht, sieht der Protagonist aber wie die Courage die tatsächliche Gefahr nicht, will sie nicht sehen, verdrängt sie. Die große und die kleine Frage, zwischen der der Dialektiker Brecht in seinen belehrenden Stücken unterschied, auch diese zentrale Thematik trägt Max Frischs Drama. Wenn der aufgestiegene Unternehmer mit berechnendem Kalkül auf die Vernünftigkeit und Logik seiner Handlungen im Unternehmen und zu Hause verweist und auf sein Recht als freier Bürger pocht, so fehlt ihm doch jegliche analytische, politische Vernunft und Weitsichtigkeit, um die tatsächliche, objektive Lage, die ihn bedroht, zu durchschauen; immer-

---

10 Frisch, »Wer sind die Brandstifter?«, in: Schmitz, *Materialien*, S. 74.

hin kann der Dachboden des Hauses die Welt als solche metaphorisieren. Gerade weil sie – bewusst oder unbewusst – in der großen Frage an sich ausgeschlossen bleibt, ist die Vernunft letztlich zum Scheitern verurteilt. Diese demaskiert sich in Frischs Drama als reine Unvernunft, die schließlich selbst den Untergang herbeiführt. In seiner Auseinandersetzung mit dem Chor führt Biedermann aus:

> Meine Herren, ich bin ein freier Bürger. Ich kann denken, was ich will. Was sollen diese Fragen? Ich habe das Recht, meine Herrn, überhaupt nichts zu denken – ganz abgesehen davon, meine Herrn: Was unter meinem Dach geschieht – ich muß schon sagen, schließlich und endlich bin ich der Hauseigentümer! (46)

Hier hat der Herr Biedermann völlig Recht; seine Logik, die das bürgerliche Besitzstandsdenken herausstreicht, führt aber, wenn es um die große Frage geht, zur denkbar unlogischsten und unvernünftigsten Konsequenz – beispielsweise zum Aufstieg der Herren Hitler oder Stalin oder auch ›nur‹ zum Brand eines Dachstuhls. Max Frisch hat durchaus im Sinne Brechts eine breit deutbare Modellsituation szenisch hergestellt, in der allerdings anders als in der brechtschen Dramaturgie jegliche Klassensoziologie oder erzieherische Agitationsmomente eliminiert sind. Gesellschaftliche Veränderung, wie Brecht sie in seinem Modell über szenisches Spiel durchsetzen wollte, klingt zwar bei Frisch an, doch ihm geht es stärker um die Darstellung eines verhängnisvollen Status Quo.

Welt als Pogrom: Arthur Miller

Arthur Millers *The Crucible* (*Hexenjagd*, 1953) verlegt die Handlung in das Massachusetts des Jahres 1692. Das historische Ambiente trachtet danach, wie im historischen oder ›Geschichtsdrama‹, Gegenwart abzubilden. Das *in medias res* beginnende Stück kann als die dramatische Reaktion auf die amerikanischen McCarthy-Ausschüsse gelten, die in den USA der Zeit nach dem Zweiten Weltkrieg zu einem gesellschaftlichen Klima einer hysterischen Kommunistenverfolgung führten. »In der Stadt redet man von Hexerei«,[11] heißt es zu Beginn des Stücks.

Arthur Millers Drama ist insofern ein Modellstück, als sich die radikale Gesellschaftskritik des Klimas in den USA der Endvierziger – auch der exilierte Bertolt Brecht wurde vor den Ausschuss geladen – im historischen Hexenwahn camoufliert und damit auch einen grundsätzlichen und übertragbaren Charakter annimmt. Darüber hinaus hat Millers Klassiker der politischen Dramatik nach dem Attentat vom 11. September 2001, als islamistische Terroristen das World Trade Center mit Flugzeugen in Schutt und Asche legten, und dem darauf folgenden politischen Klima eine bestechende Aktualität behalten. Miller schreibt ein Schlüsselstück, in dem die Mechanismen und Ursachen von Pogromstimmung überhaupt thematisiert werden. Nach dem Diktum Franz Norbert Mennemeiers brandmarkt das polemische Stück »den totalitären Hang einer durch plumpe Mystifikation beherrschten Gesellschaft«.[12]

In dem konventionell in zwei Akten verfassten Drama liegt zu Beginn Betty, die Tochter des Pastors Parris, krank im Bett. Der betende Pastor hat die jungen Dorfmädchen nachts im Walde beim harmlosen Tanz unter der Anleitung der abergläubischen Negersklavin Tituba überrascht. Abigale, die die Kranke besucht, sagt: »Es war nur Spaß, Onkel.« (9) Gleich in der ersten Szene wird der schwelende Konflikt deutlich: Der im Dorf unbeliebte Parris muss um seinen »Ruf« (10) und seine Position in der puritanischen Stadt Salem fürchten, denn schließlich war auch seine eige-

---

11 Miller, *Hexenjagd*, S. 17.
12 Mennemeier, *Das moderne Drama des Auslands*, S. 97.

ne Tochter beim Waldtanz mit dabei. So herrscht von Beginn des Stücks an ein Klima allgemeiner Angst und Hysterie im Dorf; wer in den Verdacht der Hexerei gerät, wird ausgepeitscht. Durch den Schock, erwischt zu sein, geraten die jungen Mädchen in einen hysterischen Wahn. In der Folge, die Dynamik des Stücks steigernd, wird in der verklemmt miefigen Atmosphäre das nächtliche Geschehen zum dörflichen Verhängnis aufgebauscht und die Herrschaft des Bösen heraufbeschworen. So wird den jungen Mädchen das Bekenntnis abgerungen, sie seien tatsächlich vom Teufel besessen. Eine geistige Untersuchungskommission wird eingerichtet, und Hunderte von harmlosen Bürgerinnen der Stadt werden als Hexen angeklagt.

Das Stück verklammert private Motive der Denunzianten – diese klagen aus höchst unlauteren Gründen an – mit dem zur Debatte stehenden Politikum. Die Dramaturgie läuft auf den Hexenprozess zu. In diesem Text über religiösen Fanatismus, in dem als provozierendes Detail eine Farbige als Ursache des Übels szenisch gesetzt wird, bezichtigt z. B. die verdorbene Abigale, die Nichte des Stadtpfarrers Parris, die Frau ihres Herrn John Proctor der Hexerei. Denn die begehrende Abigale, die mit Proctor Ehebruch begangen hat, will ihn ganz für sich allein. Zeichnet Miller die jungen Mädchen noch zu Beginn des Stückes als schwärmerisch-romantisch naiv, so werden sich diese in dem Umfeld der Hetze zunehmend ihrer dämonischen Macht bewusst. Solcherlei Dramaturgie der Umschläge kennzeichnet die Struktur dieses Werkes. Schließlich treffen sich Hunderte von harmlosen Bürgern der Stadt Salem im Gefängnis; etliche werden aufgehängt, ohne dass tatsächliche Beweise zu ihrer Verurteilung aufgefunden werden. Am Ende verurteilt der Ausschuss auch John Proctor zum Tode, er habe mit Satan den Pakt geschlossen und muss seiner Frau Elizabeth zum Galgen folgen.

Institutionalisierte Religiosität, die den neurotischen Wahn benutzt und fördert, wird von Miller in ihren Mechanismen entlarvt. Der gläubige, standhafte John Proctor steht in dem keineswegs antireligiösen Stück für die Tugend der Zivilcourage. Vor die Alternative gestellt, ein den Hexenwahn bezeugendes ›Geständnis‹ abzulegen, bleibt er bei der Wahrhaftigkeit und der Solidarität mit den unschuldig Verurteilten und widerruft nicht. Proctor steht für tatsächlichen Glauben und wird zum Helden des Stücks. Miller hat in den letzten Dialogen, in denen der Opportunist und religiöse Fanatiker, der Ankläger Hale, der Proctor zum Geständnis treiben will, ein Plädoyer für Ethik und Gewissensfreiheit gehalten.

PARRIS: Proctor! Proctor!
HALE: Mann, Sie werden hängen, Sie können das nicht tun!
PROCTOR *(geht langsam zu Elizabeth hinüber, nimmt ihre Hände für einen Augenblick, einfach, mit Würde)*: Bitte Gott, daß er mir dafür gnädig sei. [...] Zeige keine Tränen. Zeige ihnen ein Herz aus Stein, und besiege sie damit.
REBECCA: Fürchte Dich nicht. Ein anderes Gericht erwartet uns.
DANFORTH: [...] Hängt sie hoch über die Stadt. Wer um diese weint, weint um Verbrecher. [...]
HALE: Frau Proctor, bitten Sie ihn, flehen Sie ihn an! *(Trommelwirbel. Elizabeth weicht Hales Blick aus. Hale geht bis zum Eingang.)* Es ist Stolz. Es ist Eitelkeit! Helfen Sie ihm – was nützt ihm sein Tod? Soll der Staub ihn lobpreisen? *(Er kniet.)* Sollen die Würmer seine Wahrheit verkünden? Gehen Sie zu ihm, nehmen Sie ihm sein falsches Ehrgefühl.
ELIZABETH *(fest, mit einem bitteren Triumph in der Stimme)*: Jetzt hat er seine Würde. Verhüte Gott, daß ich ihm sie nehme.
(Der Trommelwirbel schwillt an. Nach drei Sekunden fällt der Vorhang.) (119f.)

Arthur Miller, der selbst als gesellschaftskritischer Autor unter dem McCarthyismus zu leiden hatte, brandmarkt die Irrationalität jeglicher politischer und ideologischer Verfolgung. Wenn sein Stück auch einem deutlichen, konkreten Naturalismus und der konzisen Psychologisierung verpflichtet ist – anders als die abstrahierende brechtsche Dramaturgie –, so bleibt es doch durch das Mittel der Historisierung – wie das von Max Frisch – übertragbar. Im Kern stellt sein Drama einen hohen moralischen Anspruch, in dem Lüge und Wahrheit, Charakterlosigkeit und Anstand zum Movens des Stückes werden. John Proctors radikale Unbeugsamkeit angesichts des Galgens lässt sich als Plädoyer für Demokratie, Menschenwürde und Freiheit lesen. Umgekehrt versinnbildlicht das Werk, das insofern unliterarisch operiert, als es wenig poetische Sprachbilder entwickelt, die Gefährdungen der demokratischen Gemeinschaft durch neurotischen Wahn, Intoleranz, Fanatismus, Fundamentalismus und Bigotterie. Gezeigt wird, wie das hohe Gut des demokratischen Rechtsstaats durch seine eigenen Prinzipien zerstört werden kann. Der Citoyen degeneriert zum Bourgeois, der mit Hilfe der Rechtsprechung das Recht beugt. Und in diesem Zusammenhang erlebt der zentrale Inhalt seine ästhetische Formung, die eine konsequente Inhalt-Form-Kohärenz erzeugt: Die Verhörsituation trägt die Dialoge, und einmal mehr zeigt sich die Theatertauglichkeit dieser schon in Kleists *Der zerbrochne Krug* (1808) entwickelten Dramaturgie. Einzig der Dialog von Frage und Antwort, das Verhör, stiftet szenische Anschaulichkeit und erzeugt die permanent gesteigerte Spannung.

Nicht von ungefähr bekennt sich der Dichter 1956, gestützt auf die Tradition des antiken Theaters, des genuin öffentlich-gesellschaftlichen Dramas der Polis und ihrer Problemlagen, zum von ihm so charakterisierten »sozialen Drama«:

Welt als Pogrom: Arthur Miller

Die Zweideutigkeit, die dem Begriff ›soziale Dramen‹ anhaftet, würde einen Griechen verwundert haben. Ihm war ein für öffentliche Aufführungen geschaffenes Drama ganz selbstverständlich ›sozial‹. Ein Bühnenstück ließ sich für ihn definieren als eine dramatische Betrachtungsweise über die Frage, in welcher Art Menschen eigentlich leben sollen. Aber in unseren Tagen des extremen Individualismus muß sogar dieser Satz deutlicher bestimmt werden. Wenn wir sagen, ›wie Menschen eigentlich leben sollten‹, sind wir geneigt, an Psychotherapie zu denken, daran, daß wir uns selbst, jeder einzelne für sich, von neurotischen Zwangsvorstellungen und zerstörerischen Komplexen befreien, daß wir lernen, wie wir leben sollten, um dadurch Glückseligkeit zu erlangen. [...]
Das soziale Drama ist das Drama des totalen Menschen. Für mich ist es nur nebenbei eine Analyse gegen die Gesellschaft. [...] ›Wie sollen wir leben?‹ [...] diese Frage geht in ihrem griechischen, in ihrem besten und humansten Sinne über das Private hinaus.
Das soziale Drama dieser Generation hat mehr zu leisten, als nur die soziale Lage zu analysieren und gegen ihre Unvollkommenheit zu protestieren. Es muß sich in das Wesen des Menschen versenken, um seine wahren Bedürfnisse zu entdecken. Der neue soziale Dramatiker [...] muß auch wissen, wie unnütz es wäre, das psychologische Leben eines Menschen isoliert zu behandeln – denn das würde die Tragödie für immer unmöglich machen.[13]

Arthur Miller bekennt sich – dies zeigt auch der Schluss von *Hexenjagd* – traditionell zur Tragödie. Sie sei nach wie vor die adäquate Form der Weltmimesis. Er stellt die ›große Frage‹, was Theater bewirken kann, wenn die Menschen,

---

13 Zit. nach Melchinger, *Drama zwischen Shaw und Brecht*, S. 95 f.

nachdem der Vorhang gefallen ist, auseinander gehen. Das Politische seines Schauspiels *Hexenjagd* und auch seines Erfolgstückes *Der Tod eines Handlungsreisenden* (1949) liegt also in der schwierigen Frage, auf Basis welcher ethischer Normen Menschen miteinander umgehen sollen. Drama wird – und hier liegt der politische Kern – als ein öffentlicher Vorgang verstanden, in dem die Psychologisierung immer den gesellschaftlichen Hintergrund mitreflektieren muss. In *Hexenjagd* steht der psychotische dörfliche Mikrokosmos paradigmatisch für die allgemeingesellschaftliche Lage. Die jungen naiven Mädchen werden durch das herrschende Klima so weit in ihrer Psychologie deformiert, bis sie schließlich Mittäterinnen sind. Insofern muss Arthur Miller als traditioneller Dramatiker gesehen werden, als einer, der im besten Sinne für Humanität und Menschenwürde, für den Menschen als entwickeltes, freies, unentfremdetes Wesen plädiert. Avantgardistische Formenspiele im Sinne eines Ernst Jandl oder Peter Handke liegen diesem Sozialkritiker gänzlich fern. Traditionalist bleibt Miller deshalb, weil er sich auf den Ursprung des europäischen Dramas in der griechischen Antike bezieht. Lebt die moderne Literatur in der Regel aus der Negation, so geht Arthur Miller einen anderen Weg, indem traditionelle Werte, wie hier dargestellt, durchaus behauptet werden.

Welt als Irrenhaus I: Peter Weiss

Das ›Geschichtsdrama‹ gehört, empirisch betrachtet, zu den Dramenformen, die literarhistorisch am häufigsten zu beobachten sind. Ob das Friedrich Schillers, William Shakespeares oder Christian Dietrich Grabbes, ob es einer aristotelischen, epischen oder naturalistischen Dramaturgie folgt, konstitutiv bleibt bei der Aneignung von Geschichte im Drama, dass es immer die jeweilige Gegenwart meint. Darüber hinaus hat es einen in die Zukunft verweisenden

Charakter. Walter Hinck sieht im so genannten Geschichtsdrama den idealtypischen Dreischritt zwischen Vergangenheit, Gegenwart und einer möglichen Zukunft.[14] Über den Vorteil historischen Materials für die Dramentektonik lässt sich feststellen: Historische Daten ersparen dem Autor die Suche nach einer sonst das Drama konstituierenden Fabel. Bertolt Brecht hat immer gerne historische Stoffe adaptiert. Szenische Situationen bedürfen nicht der Exposition, zumal Bekanntes beim geschulten Rezipienten vorausgesetzt werden kann. Der Ablauf des Geschehens wird durch historische Eckdaten bestimmt, und umgekehrt instrumentalisiert das Drama diese Vorgaben für seine Botschaft. Das so genannte Geschichtsdrama lebt somit aus der Dialektik von historisierter Fabel und poetischer Wahrheit. In Friedrich Hebbels Worten wird im Theaterstück, das die historische Quelle benutzt, am »partikularen Ereignis eine generelle Einsicht«[15] demonstriert.

Peter Weiss hat mit seinem Drama *Die Verfolgung und Ermordung Jean Paul Marats dargestellt durch die Schauspielgruppe des Hospizes zu Charenton unter Anleitung des Herrn de Sade* (1964) – so der anregend vieldeutige Titel – eines der prononciertesten Beispiele von politischer Dramatik vorgelegt. Die Französische Revolution, ein wesentliches Thema nicht nur der modernen Dramatik – zu denken ist hier an Georg Büchners *Dantons Tod* (1835) –, in Sonderheit die Schreckensherrschaft, wird zum Thema. Zudem steht dieses politische Drama an einem ästhetischen Schnittpunkt unserer hier dargestellten Linien der modernen Dramaturgie. Steht einerseits die ideologische Debatte zwischen dem Agitator Jean-Paul Marat und dem masochistischen Hedonisten de Sade zur Diskussion, so lassen sich andererseits bei Peter Weiss Züge des artaudschen Theaters der Grausamkeit beobachten. Jegliche na-

---

14 Vgl. Hinck, *Geschichte als Schauspiel*, S. 14.
15 Hebbel, *Werke* 1, S. 322f.

turalistische Psychologie, wie Antonin Artaud in seinen Schriften fordert, ist in Peter Weiss' Drama ausgeblendet, vielmehr wird dramatische Existenz als imaginär gestaltet.

Jean Genet prägt den Satz: »La révolte est un jeu, chaque révolté joue. Et il aime son jeu.«[16] Die Revolution als Spiel im Spiel – dieses Verfahren hat, wenn es um die Französische Revolution geht, in der Theatermoderne Geschichte geschrieben. Schein und Sein, Realität und Wahn werden im historisch-politischen Szenario ununterscheidbar. Schon Arthur Schnitzler hat 1899 in seinem Stück *Der grüne Kakadu* verkommene Schauspieler in einer Schenke am Abend des 14. Juli 1789 Revolution und Mord *spielen* lassen. An diesem Abend, als die Bastille gestürmt wurde, findet eine Theatervorstellung in einer Kneipe statt – ein Lokal ist gleichzeitig ein Theater. Tragik und Komik vermischen sich, die groteske Übertreibung im Spiel schlägt in Entsetzen um. Taschendiebe greifen nach den Geldbörsen der Gäste, Dirnen treten im bodenlosen Verwirrspiel auf. Am Ende schließlich wird ein Adliger erstochen. Haben dies die Revolutionäre getan, oder gehört die Tat zum Schauspiel in der Schenke? Die Konstruktion Schnitzlers gibt keine klare Antwort auf das Verhältnis von Realität und Fiktion im Stück. Ob der Herzog tatsächlich ein Opfer des Szenarios ist oder ob hier nur Theaterblut geflossen ist, der Zuschauer wird im Dunkeln gelassen. Einer der Darsteller führt aus:

> Sein ... spielen ..., kennen sie den Unterschied so genau [...]. Und was ich hier so eigentümlich finde, ist, daß alle scheinbaren Unterschiede sozusagen aufgehoben sind. Wirklichkeit geht in Spiel über – Spiel in Wirklichkeit [...].[17]

---

16 Genet, *Le Balcon*, S. 106.
17 Schnitzler, *Der grüne Kakadu*, S. 140 f.

Schnitzlers für diese Form politischer Dramatik beispielhaftes Weltbild folgt der Position des völligen Identifikationsverlustes. Der Spielcharakter des Einakters degradiert die Figuren zu Marionetten der Szene, in der jegliche Überprüfbarkeit ausgehebelt wird. Es heißt lediglich am Schluss, dass der Spaß zu Ende sei. Der einmalige Fall des Helden des traditionellen Geschichtsdramas ist somit erledigt. Und schon in Georg Büchners Revolutionsdrama *Dantons Tod* sieht das Auditorium, wenn sich der Vorhang zu Beginn des Stücks hebt, einen Spieltisch, der ihm zeichenhaft signalisiert, dass der Akt der Weltgeschichte, der nun beginnt und sich Revolution nennt, offensichtlich etwas mit ›Spiel‹ zu tun hat, in dem die Figuren von den Ereignissen, die sie nicht lenken können, überrollt werden. Im Welttheater bezeichnet Büchner die Handelnden als »Narren« und »Puppen«. Danton stellt in diesem Revolutionsdrama – man möchte sagen programmatisch – fest: »Puppen sind wir, von unbekannten Gewalten am Draht gezogen; nichts, nichts wir selbst!«[18] Historische Existenz, die, wie ausgeführt, die gesellschaftliche Gegenwart des Dramatikers meint, wird in diesen Beispielen politischer Dramatik als Puppen- oder Marionettendasein gedeutet. In Luigi Pirandellos Worten gesprochen, definiert sich hier Existenz durch Maskenhaftigkeit.

Peter Weiss steht mit seinem Stück deutlich in dieser Tradition einer Dramatik des Spiels im Spiel. Schon der programmatische Titel deutet darauf, dass der historische Vorgang von einer Theatergruppe des Irrenhauses von Charenton gespielt werden soll. Gestaltet wird eine Dramatik der permanenten Brechungen, die über das Verfahren des Spiels im Spiel im Spiel – ein Theater steht auf der Bühne, gespielte Verrückte spielen unter de Sades Regie Marats Ermordung – ein historisches Spektakel entfaltet. Peter Weiss hat in einem Gespräch über sein Stück nach

---

18 Büchner, *Dantons Tod*, S. 45.

der Uraufführung am Berliner Schiller-Theater am 29. April 1964 seine Konstruktion folgendermaßen beschrieben:

> [...] der Hauptvorhang geht auf, und man blickt in dieses Milieu hinein, das ja aufgebautes Theater im Theater ist, für uns aber eine Wirklichkeit vorstellen soll. In dieser Wirklichkeit spielt sich dann das Spiel im Spiel ab, so daß von vornherein offen gezeigt wird: es ist Theater, wir spielen Ihnen eine Wirklichkeit vor, und in dieser Wirklichkeit wird Theater im Theater gespielt.[19]

Was versteht Peter Weiss hier unter Wirklichkeit? Die abgebildete, vermeintlich historische Wirklichkeit ist durch diese Konstruktion reine Fiktion, ein Phantasiegebilde, das sich unter Umständen im Kopf des Herrn de Sade, der alles ersonnen hat, abspielen könnte. Auch die Zeitverhältnisse im Stück verschärfen die fiktionale Ebene durch eine dreifache Brechung; der Augenblick der Aufführung soll das Ereignis vom 13. Juli 1793 darstellen, die Ermordung Marats durch Charlotte Corday. Der Zeitpunkt der Aufführung des Stücks im Stück, »ersonnen und instruiert«[20] von de Sade, wäre der 13. Juli 1808.

Nach dieser kurzen Introduktion
ist schon im Gang unsere Produktion
und sie sehen heute am dreizehnten Juli
achtzehnhundertundacht
wie vor fünfzehn Jahren die immerwährende Nacht
für jenen dort in der Wanne begann [...]. (17)

Begleitet von Orchestermusik, treten zu Beginn die Mitwirkenden im Badesaal der Heilanstalt auf, und der

---

19 Weiss, »Gespräch mit Dieter Stér«, in: Braun, *Materialien zu Peter Weiss' Marat/Sade*, S. 95.
20 Weiss, *Die Verfolgung und Ermordung Jean Paul Marats ...*, S. 12.

Welt als Irrenhaus I: Peter Weiss

Peter Weiss, *Marat/Sade*. Royal Company
im Aldwych Theatre, London, 1964. Regie: Peter Brook

Direktor der Anstalt, Coulmier, kündigt im gereimten Prolog das folgende Spektakel, das »zur Erbauung« (12) der Kranken und zu ihrer Heilung nützlich sein soll, an. Ein Ausrufer kommentiert, dem brechtschen epischen Verfahren folgend, das Bild: Links befindet sich der hautkranke Marat in der Wanne; er wäre ein Patient, an Paranoia erkrankt, und wir sehen die Corday, eine Somnambule, die unter Depressionen leidet. Wieder wird durch diese Exposition der historische Gehalt des Werks relativiert und noch einmal der Spielcharakter des Szenarios herausgestrichen. Das Verfahren des Peter Weiss wird so durch ein genuines Merkmal der modernen Dramatik untermauert: Die Darsteller werden zu Marionetten des Ansagers, zumal dieser sie jeweils zum Auftritt auffordert. Nicht die Figur handelt und befördert das Unternehmen, vielmehr sind die Darsteller als verpuppte Existenzen Objekte der Situation, die rein mechanisch handeln. Wir erfahren, dass Herr Jacques Roux, er »gehört zu Marats Revolution dazu« (16), wegen politischer Radikalität interniert sei. Solcherlei epische Dramatik, wenn also im Sinne Bertolt Brechts die Handlung kommentiert wird, verschärft die zwielichtige Situation: Historisch gehörte Roux zu den radikalen Jakobinern, hier aber tritt ein offensichtlich Verrückter auf.

Nach der Huldigung Marats – er wird von den Patienten unter »einstudierten Gebärden« (20) mit einem Lorbeerkranz um die Spielfläche getragen – entsteht Unruhe. Die Patienten beschweren sich über ihre Lage; einerseits herrsche Hunger und Korruption, andererseits wäre man ungerechtfertigt eingesperrt. Auch hier ist wieder die Doppelbödigkeit des Stücks ersichtlich: Wird zum einen indirekt auf die soziale Lage der Pariser Volksmassen während der Schreckensherrschaft verwiesen, so will man zum anderen hier im Stück doch ›nur‹ seine eigene Freiheit zurückerlangen. Der Marquis – er spielt den Part des Regisseurs auf der Bühne – verhält sich passiv, soll er doch die Aufbegehrenden auf der Bühne beruhigen.

> COULMIER *(klopft mit dem Stock auf den Boden)*:
> Herr de Sade [...]
> Ich muß doch um etwas Besänftigung bitten
> Schließlich sind heute andere Zeiten als damals
> und wir sollten uns bemühen
> die längst überwundenen Mißstände
> in einem etwas verklärten Schimmer zu sehen [...].
> (22 f.)

Tatsächlich führt der eingreifende Anstaltsdirektor, der die Patienten unterdrückt, Regie. Coulmier steht in dem Schauspiel für die konterrevolutionäre Haltung, die immer dann das Spiel unterbricht, wenn die Internierten ihre Interessen artikulieren. Auf diese Weise werden offenbar indirekt die in der Jetztzeit herrschenden Zustände – man möchte sagen, die Welt ist zum Irrenhaus geworden – kritisiert.

Getragen wird das Stück über das Welttheater der blockierten Revolution von zwei szenischen Grundentscheidungen. Im wörtlichen Sinne sind die Figuren im Badesaal Ausgestellte; Marat, wie im Gemälde Jacques-Louis Davids in der Wanne, der Marquis im Stuhl. Neben diesem Gestus des Ausgesetzt- und Eingesperrtseins arbeitet der Dramatiker mit dem Verfahren der ritualisierten, von Musik untermalten Handlung. Wie Puppen werden die Figuren in der vorbestimmten, nicht fortschreitenden Handlung gelenkt. Vielfach wiederholen sich Handlungssequenzen. So wird die schlafwandlerische Corday »von den Schwestern aufgestellt« (24) und tritt dreimal an Marats Schwelle. In Szene gesetzt wird die Wiederkehr des ewig Gleichen, die gescheiterte Revolution, von der schon zu Beginn an klar ist, dass sie scheitern wird. So wird auch das politische Attentat zu einem bloßen sinn- und konsequenzlosen Ritual. Dies lässt sich zum einen als eine Gesellschaftskritik Peter Weiss' deuten. Andererseits aber, folgen wir der ausgefeilten Ästhetik des Autors, lässt sich doch ein Moment von politischer Ambivalenz beobachten. Das Spiel im Spiel relativiert die revolutionäre Haltung des Jean-Paul Marat, der vor den Zuschauern in der Wanne sitzt.

Das Stück stellt inhaltlich einzig die historische Ermordung des wichtigsten Agitators der Französischen Revolution dar, des Journalisten der Zeitung *L'ami du peuple*, Jean-Paul Marat, der am Vorabend des vierten Jahrestages der Erstürmung der Bastille in seiner Holzwanne von Charlotte Corday erstochen wurde. Doch die Konstruktion des Stücks – Spielrituale, Pantomimen, chorisches Sprechen, Theater auf dem Theater, Verrückte spielen im Irrenhaus zu Charenton[21] – trachtet danach, die im Handlungskern stehende ideologische Auseinandersetzung der polaren Haltungen de Sades und Marats zu relativieren.

---

21 Der historische de Sade war hier tatsächlich interniert, und Theater spielen war in dieser ›Einrichtung‹ eine Form der Therapie.

Die theoretische Auseinandersetzung des – avant la lettre – Marxisten Marat mit dem sadomasochistischen Nihilisten de Sade kann nur vor dem Hintergrund der ästhetischen Konstruktion des Stücks verstanden werden, das ein Panoptikum zeigt. Heinrich Vormwegs These, dass der Dialog zwischen den beiden Hauptfiguren eine reale ideologische Auseinandersetzung darstelle,[22] muss in diesem Zusammenhang problematisch erscheinen. Die ideologische Auseinandersetzung steht lediglich handlungstechnisch im Zentrum des Werks und wird durch die Konstruktion des Stücks völlig relativiert.

Wenn im Stück die Guillotinierung »pantomimisch dargestellt« (32) wird, führt der sich zur Gewalt bekennende Marat aus:

> Was jetzt geschieht ist nicht aufzuhalten
> was haben sie nicht alles ertragen
> ehe sie Rache nehmen
> Ihr seht jetzt nur diese Rache
> und denkt nicht daran daß ihr sie dazu triebt
> Jetzt jammert ihr als verspätete Gerechte
> über das Blut das sie vergießen
> doch was ist dieses Blut gegen das Blut
> das sie für euch vergossen haben
> in euern Raubzügen und Tretmühlen (32)

Revolutionäre Gewalt sei der gerechte und einzige Weg, die Gesellschaft zu verändern und die Ausbeutung zu beseitigen. Sie resultiere aus der feudalen Ungerechtigkeit des Ancien Regime, auf die Jetztzeit übertragen, die kapitalistische Ausbeutung. Im Dialog mit de Sade führt Marat aus, dass einzig die revolutionäre Tat die in seinem Sinne notwendige Veränderung herbeiführen könne: »Mit der Schreibfeder kannst du keine Ordnung umwerfen« (48).

---

22 Vgl. Vormweg, *Peter Weiss*, S. 67.

In der Folge wird auch die Religion, die die Subjekte zum ausharrenden, geduldigen Leiden aufruft, der Mittäterschaft bezichtigt und verurteilt: »und so begnügten sich die Unbemittelten mit dem Bild / des Blutenden und Gemarterten und Festgenagelten« (41). Marat stellt fest, dass er die Revolution ist. Sein radikales Credo lautet folgendermaßen: »Es gibt für uns nur ein Niederreißen bis zum Grunde / so schrecklich dies auch denen erscheint / die in ihrer satten Zufriedenheit sitzen« (64).

Marats Haltung zielt auf die totale politische und soziale Umwandlung der Verhältnisse, Kompromisse oder Reformen lehnt er ab, Gewalt und Opfer werden im Hinblick auf das große Ziel, die Lösung der großen Frage, in Kauf genommen. Es geht ihm um die Gleichheit aller, die gerechte Verteilung des Besitzes – die Verwirklichung der Ideale der großen Französischen Revolution: Freiheit, Gleichheit, Brüderlichkeit.

Marats Grundsatzhaltung wird ironisch belächelnd von seinem vermeintlichen Kontrahenten de Sade als utopisches, realitätsfernes Gerede zurückgewiesen. Allgemeine Gerechtigkeit wäre nicht realisierbar, und jede Revolution führe letztendlich dahin, dass den »Millionen wieder das Brot genommen« (62) werde. Die Gleichheit mache nicht glücklich und würde unter der Mühle der kreisförmigen Eigendynamik den Einzelnen seiner Individualität berauben. Unter der rhythmisch kreisenden Peitsche sich zum Masochismus bekennend, führt er aus:

Peitschenhieb [...]
Und dann in den folgenden Monaten [...]
als die Karren mit ihrer Ladung regelmäßig zum
Richtplatz fuhren
und das Beil fiel und hochgezurrt wurde und wieder fiel
Peitschenhieb
da war dieser Vergeltung schon jeder Sinn genommen
es war eine mechanische Vergeltung

> *Peitschenhieb* [...]
> ausgeführt in einer stumpfen Unmenschlichkeit
> in einer eigentümlichen Technokratie
> *Peitschenhieb* [...]
> jetzt sehe ich
> wohin sie führt
> diese Revolution [...]
> zu einem Versiechen des einzelnen
> zu einem langsamen Aufgehen in Gleichförmigkeit
> zu einem Absterben des Urteilsvermögens
> zu einer Selbstverleugnung
> zu einer tödlichen Schwäche
> unter einem Staat
> dessen Gebilde unendlich weit
> von jedem einzelnen entfernt ist
> und nicht mehr anzugreifen ist [...]   (71 f.)

De Sade bekennt sich zu radikalem Individualismus bis hin zum Hedonismus: »Ich kehre mich deshalb ab / ich gehöre niemandem mehr an« (72). Für ihn siegt die Revolution erst mit der Entfesselung der totalen anarchischen sexuellen Befreiung: »und was wäre schon diese Revolution / ohne eine allgemeine Kopulation« (122). Sein Standpunkt markiert die Revolution als einen sinnlosen Kreislauf, der nichts weiter erzeugt als mechanische Gewalt, in der die Revolution sich selbst zerstört. Vorher und hinterher herrschen die gleichen Verhältnisse.

Peter Weiss argumentiert keineswegs parteilich. Er stellt sich widersprechende Haltungen lediglich zur Diskussion. Beide Figuren sind in dem Stück, das, wie Habermas zu Recht feststellt, »kein Thesenstück vom Ende der Revolution«[23] ist, Leidende; sie ziehen aus den Verhältnissen unterschiedliche Konsequenzen. Eine Lösung aber wird

---

23 Habermas, »Ein Verdrängungsprozeß wird enthüllt«, in: Braun, *Materialien zu Peter Weiss' Marat/Sade*, S. 122.

nicht angeboten. Nach Habermas' Überlegungen hat Weiss ein Stück der Unentschiedenheit vorgelegt, in der im Kern beide Protagonisten in der völligen Isolation stecken bleiben. Wenn, wie ausgeführt, das Geschichtsdrama Gegenwart meint, so spiegelt sich im Dilemma des Irrenhauses zu Charenton die politische Lage in der zweigeteilten Welt des Kalten Krieges wider, die ideologisch diametral angelegt war. Beide Protagonisten können jeweils für eines der Lager stehen: Revolution versus Individualismus. Peter Weiss führt in diesem Zusammenhang in dem Text »10 Arbeitspunkte eines Autors in der geteilten Welt« aus:

> Ich sage deshalb: meine Arbeit kann erst fruchtbar werden, wenn sie in direkter Beziehung steht zu den Kräften, die für mich die positiven Kräfte dieser Welt bedeuten. Diese Kräfte sind heute überall auch in der westlichen Welt zu verspüren, und sie würden ein noch stärkeres Gewicht, eine größere Solidarität und ein noch umfassenderes Engagement bekommen, wenn sich die Offenheit im östlichen Block erweiterte und ein freier undogmatischer Meinungsaustausch stattfinden könnte.[24]

Das utopische Moment dieses politischen Dramas liegt in der Relativierung beider Standpunkte, im Kern in der Negation der radikalen Einstellungen der Figuren Marat und de Sade als Sinnbild aller totalitär absolut-dogmatischen Haltungen. Peter Weiss bekennt sich zu einem ›dritten‹ Weg; er spricht in den »10 Punkten« vom »dritten Standpunkt […] bloßer Imagination« (116) und fordert Offenheit und Austausch. Nicht von ungefähr ist sein Marat nicht »auf dem Höhepunkt seiner Macht, nicht als Vollstrecker der siegenden Revolution« (122), wie Haber-

---

24 Weiss, »10 Arbeitspunkte …«, in: Ebd., S. 119.

mas zu Recht feststellt, dramatisch gezeigt, sondern vielmehr in der Stunde seines Todes.

Ist aber die ideologische Debatte der Figuren nicht doch nur äußerer Anschein? Wie ausgeführt, hat de Sade alles erfunden und erdacht, und an einer entscheidenden Stelle des Stücks wendet sich die Figur gegen die Realität und bekennt sich zu einer lediglich imaginären Existenz:

Ich
habe es aufgegeben mich mit ihr zu befassen
mein Leben ist Imagination
Die Revolution
interessiert mich nicht mehr   (48)

Und im zweiten Akt, wenn Marat im Konvent eine Ansprache hält, heißt es ausdrücklich, dass seine Rede »imaginär ist« (99). Hier inszeniert Peter Weiss einen immer irrsinniger werdenden Rhythmus von Pro- und Contra-Marat-Rufen, der die vermeintlich ernsthafte Debatte der ideologischen Kontrahenten im Stück konterkariert, und verleiht somit dem Revolutionsspektakel einen marionettenartigen Ritus. Von nicht unbeträchtlicher Bedeutung ist in diesem Zusammenhang der Satz de Sades: »Was wir tun ist nur ein Traumbild [...] und nie sind andere Wahrheiten zu finden / als die veränderlichen Wahrheiten der eigenen Erfahrung« (45). Voltaire tritt auf – szenisch trägt der Spieler eine angedeutete Voltaire-Maske –, und die blutige Realität der Guillotinierungen wird durchweg pantomimisch-komisch gezeigt. Dementsprechend heißt es gegen Ende des ersten Akts, dass »alles« nur »zum Schein« (96) inszeniert wurde. Simonne, die dem Marat in der Wanne immer wieder das Tuch um den fiebernden Kopf legt, knetet dies »nur mechanisch« (121). Marat stirbt, begleitet von der irren Raserei der allgemeinen »Kopulations-Pantomime« (122), offensichtlich nur einen imaginären Tod, künstlerisch bildhaft auf der Bühne inszeniert:

Marat hängt, wie auf Davids klassischem Bild, mit dem rechten Arm über der Wannenkante. In der rechten Hand hält er die Schreibfeder, in der linken Hand seine Papiere. Corday hält den Dolch noch umfaßt. Die vier Sänger halten sie von hinten gepackt und ziehen ihre Arme so weit zurück, daß ihr Brusttuch aufplatzt und ihre Brüste entblößt werden. (130)

Die Szene ist im Tableau erstarrt, am Ende wird Bilanz gezogen und der soeben Getötete wieder lebendig. Die Szene mündet in den allgemeinen Tumult von sinnwidrigen rhythmischen Schreien:

Charenton Charenton
Napoleon Napoleon
Nation Nation
Revolution Revolution
Kopulation Kopulation   (136)

Dem, der alles ersonnen und in Szene gesetzt hat, der aber auch nur Objekt der Leitung der Irrenanstalt ist, dem Herrn de Sade, bleibt am Ende ein triumphierendes Lachen. Damit wird deutlich, in welch hohem Maße Peter Weiss eine in sich blockierte Scheinwelt auf die Bühne gesetzt hat, eine absolute gespielte Fiktion, die die unwirklichen Rituale der Massenmechanik aufzeigen soll, politisches Drama als surreales Spiel, das in rituelles Sterben mündet. Zweifellos ist Weiss' Thema die Dichotomie von nihilistisch dekadenter Haltung, die die westliche Welt metaphorisieren möchte, und dem Bekenntnis zur Revolution, das den anderen Block in der zweigeteilten Welt meint. Aber die Konstruktion des Stücks deutet darauf hin, dass die politisch moderne Welt nicht in einem blanken naturalistischen Thesenstück abbildbar ist. Peter Weiss geht es in diesem politischen Drama um »Posen« (76, 78); zuweilen erstarrt die Szenerie. Mag sein, dass nach seiner ästhetischen Haltung einzig in der Imagination die Utopie einzufangen ist. Festlegungen jedenfalls werden in dieser ›Dramaturgie des Als Ob‹ bewusst vermieden, wenn die Figuren lediglich »Haltung« (94) annehmen. Mit dieser Position eines dritten Weges, der ideologische Fixierungen oder Lösungen verweigert, hat sich Weiss deutlich vom brechtschen Modell gelöst; die einzige Gewissheit, die dem Zuschauer bleibt, ist der Blick in die grässliche Ordnung einer geschlossenen Anstalt.

Die Irrenanstalt spiegelt die chaotische moderne Welt wider. Ernst Wendt umreißt Peter Weiss' Haltung mit folgenden Worten, die die Auswegslosigkeit der politischen Lage markieren: »die Unterdrückung als Irrsinn, die Revolution als irrsinnige Hoffnung, und die Restauration als die Befestigung des Wahnsinns«.[25]

Welt als Irrenhaus II: Friedrich Dürrenmatt

Wenn Peter Weiss, die Schule des Surrealismus adaptierend, die Antinomie von Schein und Sein als unauflöslich gestaltet und über rhythmische Pantomimen auf die Spitze treibt, so geht Friedrich Dürrenmatt mit seinem Klassiker des politischen Theaters *Die Physiker* (1962) den dramaturgisch diametral entgegengesetzten Weg. Bei Dürrenmatt löst sich das Geflecht, wer wer und wie die reale Lage tatsächlich ist, am Schluss deutlich auf. Verwandt sind die beiden Stücke insofern, als beide inhaltlich lediglich in einem Innenraum spielen – im Irrenhaus. War im traditionellen, bürgerlichen Schauspiel das Interieur der Ort von sinnhaftem, zielgerichtetem Handeln, so wird die Innenwelt des modernen Dramas zur Zelle, etwa bei Jean Genet eine Folterkammer oder bei Sartre die Hölle.

Wie ein Krimi beginnt das Stück, in dem der Zuschauer

---

25 Wendt, *Moderne Dramaturgie*, S. 143.

in den Salon des Privatsanatoriums »Les Cerisiers« blickt. In der deutschen Übersetzung heißt dies ›die Kirschbäume‹ und könnte eine Anspielung auf den Schluss von Tschechows Stück *Der Kirschgarten* (1904) sein, in dem mit dem Abholzen der Kirschbäume das Ende der Schönheit, der alten Zeit, versinnbildlicht wird. Das Absterben, das Dem-Tode-geweiht-Sein klingt an. Das erste Wort in den *Physikern* hat der Inspektor. Das Klischee des Kriminalfilms bedienend, möchte er eine Zigarette rauchen, ein Mord ist passiert. Einer der Insassen der Einrichtung, Ernst Heinrich Ernesti, hat eine Krankenschwester erdrosselt – groteskerweise mit »der Schnur der Stehlampe«.[26] Es ist der zweite Unglücksfall innerhalb von drei Monaten. Dabei muss es sich bei den Opfern um immens kräftige Mitarbeiterinnen gehandelt haben. Die Schwestern, so Dürrenmatts komödiantischer, das Verfahren der Übertreibung bemühender Einfall, waren Ringerinnen bzw. Judo-Landesmeisterinnen. Ernesti wird in der Anstalt auch Einstein genannt; der erste Täter, Beutler, hält sich, so in der Exposition, für den großen Physiker Isaak Newton. Dürrenmatt hält sowohl in der Handlung als auch in den Dialogen – hier liegt ein zentrales Merkmal seiner Dramatik – den Anfang bewusst trivial, um den Zuschauer in das Geschehensgeflecht zu verwickeln. Hier kann durchaus von einer traditionellen, von Gustav Freytag klassifizierten Exposition die Rede sein, die als einleitendes Bauelement das Geschehen skizziert und den Konflikt entwickelt. Allerdings funktioniert bei Dürrenmatt im Gegensatz zum traditionellen Drama die Exposition als Täuschung des Zuschauers. In der Folge tritt Beutler alias Newton in die Szene, und der Autor steigert das in die Pointe mündende Verwirrspiel. Er habe die Schwester, die ihn liebte, getötet, weil der Altersunterschied doch erheblich war:

---

26 Dürrenmatt, *Die Physiker*, S. 13.

INSPEKTOR: Sicher. Sie müssen ja weit über zweihundert Jahre alt sein.
Newton starrt ihn verwundert an.
NEWTON: Wieso?
INSPEKTOR: Nun, als Newton –
NEWTON: Sind Sie nun vertrottelt, Herr Inspektor, oder tun Sie nur so?
INSPEKTOR: Hören Sie –
NEWTON: Sie glauben wirklich, ich sei Newton?
INSPEKTOR: Sie glauben es ja.
Newton schaut sich mißtrauisch um.
NEWTON: Darf ich Ihnen ein Geheimnis anvertrauen, Herr Inspektor?
INSPEKTOR: Selbstverständlich.
NEWTON: Ich bin nicht Sir Isaak. Ich gebe mich nur als Newton aus.
INSPEKTOR: Und weshalb?
NEWTON: Um Ernesti nicht zu verwirren.
INSPEKTOR: Kapiere ich nicht.
NEWTON: Im Gegensatz zu mir ist doch Ernesti wirklich krank. Er bildet sich ein, Albert Einstein zu sein.
INSPEKTOR: Was hat das mit Ihnen zu tun?
NEWTON: Wenn Ernesti nun erführe, daß ich in Wirklichkeit Albert Einstein bin, wäre der Teufel los.
(17 f.)

Anders aber als im Krimi – diese Erwartungshaltung des Publikums wird nicht befriedigt – kann der Inspektor niemanden verhaften, denn schließlich sind die Taten von Verrückten begangen worden. Ironischerweise kann nur angeordnet werden, dass ab nun Pfleger statt Schwestern die Patienten betreuen. Auch die Leiterin des Hauses, das Fräulein Doktor Mathilde von Zahnd, unterstreicht die Unheilbarkeit der beiden gemeingefährlichen Täter, schließlich seien sie Physiker, die radioaktive Stoffe untersuchen. Immerhin sei es möglich, dass diese Tätigkeit ihr

Gehirn beschädigt hätte. Möbius, dem dritten in diesem Trakt einsitzenden Patienten, ist der hl. Salomo erschienen. Seine Exfrau, die inzwischen mit dem Missionar Rose verehelicht ist, möchte sich mit ihren drei Knaben von ihm verabschieden, da man nach Übersee gehe. Möbius spielt der Familie, einen fiktiven Psalm Salomos über Weltraumfahrer singend, seinen Wahnsinn vor. Hier nun wird im Geflecht von Sein und Schein fraglich, wie die tatsächliche Lage der drei internierten Physiker im Irrenhaus ist. Möbius stellt im Gespräch mit Schwester Monika fest, dass man die Vergangenheit »am besten mit einem wahnsinnigen Betragen« (37) auslöschen solle. Er handelte »planmäßig« (37), denn schließlich sei er Physiker. Und so vernünftig, wie die drei Protagonisten sprechen, so unvernünftig sind ihre Taten. Möbius tötet Schwester Monika, weil sie ihn liebt, wie die anderen vor ihm ihre Mörder liebten.

In dramaturgischer Wiederholung tritt im zweiten Akt erneut der Inspektor auf, um den Schwester-Monika-Fall zu lösen. Möbius behauptet, der König Salomo habe ihm die Tat befohlen; insofern darf wieder der staatliche Vertreter der Gerechtigkeit nicht eingreifen:

INSPEKTOR: Sehen Sie, ich verhafte jährlich im Städtchen und in der Umgebung einige Mörder. Nicht viele. Kaum ein Halbdutzend. Einige verhafte ich mit Vergnügen, andere tun mir leid. Aber ich muß sie trotzdem verhaften. Die Gerechtigkeit ist die Gerechtigkeit. Und nun kommen Sie und ihre zwei Kollegen. Zuerst habe ich mich ja geärgert, daß ich nicht einschreiten durfte, doch jetzt? Ich genieße es auf einmal. Ich könnte jubeln. Ich habe drei Mörder gefunden, die ich mit gutem Gewissen nicht zu verhaften brauche. Die Gerechtigkeit macht zum ersten Male Ferien, ein immenses Gefühl. Die Gerechtigkeit, mein Freund, strengt nämlich mächtig an, man ruiniert sich in ihrem Dienst, gesundheitlich und moralisch, ich brauche einfach eine Pause. Mein Lieber, diesen Genuß verdanke ich Ihnen. Leben Sie wohl. Grüßen Sie mir Newton und Einstein recht freundlich und lassen Sie mich bei Salomo empfehlen. (52)

Verhaftet werden die drei Mörder nicht, jedoch sitzen sie in der Anstalt noch stärker isoliert, gefangen und beobachtet, streng bewacht von kräftigen Pflegern. Das Fräulein Doktor hat sie, für den Zuschauer unmerklich, völlig von der Außenwelt abgeschnitten. Im zweiten Teil des Stücks schlägt die an Pirandello erinnernde, das Publikum täuschende Maskerade mit den fröhlichen Morden um. Aus komödiantischer Heiterkeit, dem Plauderton wird scheinbarer Ernst. Hier wirkt das bestimmende dramatische Mittel Dürrenmatts, die Peripetie, wenn die Handlung in ihr Gegenteil umschlägt. Der Autor schreibt im dritten der »21 Punkte zu den Physikern«: »Eine Geschichte ist dann zu Ende gedacht, wenn sie ihre schlimmstmögliche Wendung genommen hat.« (77) Anders als in Peter Weiss' Versuch schlägt nun Schein in Sein um. Plötzlich erfährt der Zuschauer, dass die vorgeblichen Einstein und Newton tatsächlich völlig gesunde Physiker, aber Agenten feindlicher Staaten sind, die sich bewusst in die Irrenanstalt begeben haben, um ihren Auftrag zu erledigen: Möbius, tatsächlich der bedeutendste Physiker der Zeit, hat die bahnbrechende Formel gefunden. Der Gefährlichkeit seiner Formel bewusst, hat er sich mit dem Wahn camoufliert. Newton und Einstein alias Beutler und Ernesti, in Wirklichkeit die Agenten Kilton und Eisler, haben den Auftrag, Möbius zu entführen. Beim Essen vor dem Kamin, scheinbar unbeobachtet, kann dieser seine Kollegen von der verbrecherischen Sinnlosigkeit einer zweckentfremdeten Naturwissenschaft im Zeitalter kapitalistischer Ausbeutung, materialistischen Fortschrittswahns und berauschender Machtgier überzeugen. Einzig die völlige Isolation unter der Narrenkappe bleibt, um den Weltuntergang abzuwenden und sich der moralischen Schuldfrage zu entziehen. Newton alias Beutler, tatsächlich Kilton, formuliert folgende Haltung:

NEWTON: [...] Es geht um die Freiheit unserer Wissenschaft und um nichts weiter. Wer diese Freiheit garantiert, ist gleichgültig. Ich diene jedem System, läßt mich das System in Ruhe. Ich weiß, man spricht heute von der Verantwortung der Physiker. Wir haben es auf einmal mit der Furcht zu tun und werden moralisch. Das ist Unsinn. Wir haben Pionierarbeit zu leisten und nichts außer dem. Ob die Menschheit den Weg zu gehen versteht, den wir ihr bahnen, ist ihre Sache, nicht die unsrige.
EINSTEIN: Zugegeben. Wir haben Pionierarbeit zu leisten. [...] Doch dürfen wir die Verantwortung nicht ausklammern. Wir liefern der Menschheit gewaltige Machtmittel. Das gibt uns das Recht, Bedingungen zu stellen. Wir müssen Machtpolitiker werden, weil wir Physiker sind. Wir müssen entscheiden, zu wessen Gunsten wir unsere Wissenschaft anwenden [...]. (60)

Möbius dagegen äußert – hier ist durchaus an Peter Weiss' Position anzuknüpfen – den dritten, alternativen Standpunkt, wenn die größte aller Fragen der Menschheit seit dem zwanzigsten Jahrhundert, die der Atombombe, zur Diskussion steht:

MÖBIUS: [...] Wir müssen versuchen, das Vernünftige zu finden. Wir dürfen uns keinen Denkfehler leisten, weil ein Fehlschluß zur Katastrophe führen müßte. Der Ausgangspunkt ist klar. Wir haben alle drei das gleiche Ziel im Auge, doch unsere Taktik ist verschieden. Das Ziel ist der Fortgang der Physik. Sie wollen ihr die Freiheit bewahren, Kilton, und streiten ihr die

Verantwortung ab. Sie dagegen, Eisler, verpflichten die Physik im Namen der Verantwortung der Machtpolitik eines bestimmten Landes. [...]
Es gibt Risiken, die man nie eingehen darf: Der Untergang der Menschheit ist ein solches. Was die Welt mit den Waffen anrichtet, die sie schon besitzt, wissen wir, was sie mit jenen anrichten würde, die ich ermögliche, können wir uns denken. Dieser Einsicht habe ich mein Handeln untergeordnet. [...] Ich wählte die Narrenkappe. Ich gab vor, der König Salomo erscheine mir, und schon sperrte man mich in ein Irrenhaus. [...] Nur im Irrenhaus sind wir noch frei. Nur im Irrenhaus dürfen wir noch denken. In der Freiheit sind unsere Gedanken Sprengstoff. [...] Entweder bleiben wir im Irrenhaus, oder die Welt wird eines. Entweder löschen wir uns im Gedächtnis der Menschen aus, oder die Menschheit erlischt. (62 ff.)

Das Spiel der Verwechslungen, der Täuschung des Publikums ist nun im »Nirgendwo des Sanatoriums«[27] endgültig vorbei. Möbius hat seine Kontrahenten überzeugt; man hat sich entschlossen, für immer im Irrenhaus zu bleiben und die gefährliche Formel zu vernichten. In der makaberen Logik des Stücks wurden die Schwestern zu Opfern des jeweiligen geheimen Auftrags. Dürrenmatts Dramaturgie der Umschläge folgend, spitzt die Schlusspointe das Stück kolportagehaft zu. Das Fräulein Doktor hat sich bereits die ominöse Weltformel angeeignet, und ein Generaldirektor, wieder Dürrenmatts Dramaturgie der grotesken Übertreibungen befördernd, ist schon an Ort und Stelle. Inzwischen hat sich der Raum mit den drei Türen in ein Gefängnis verwandelt, in der die Pfleger als bewaffnete Uniformierte auftreten. Die Zahnd wusste längst Bescheid; nun hilft den Internierten – der Ton im Stück ist

---

27 Mennemeier, *Modernes deutsches Drama*, Bd. 2, S. 186.

Friedrich Dürrenmatt, *Die Physiker*
Schauspielhaus Zürich, 1962. Regie: Kurt Horwitz
Foto: Rosemarie Clausen
Mit Genehmigung von Bettina Clausen, Hamburg

merklich rauer geworden – der gespielte Wahnsinn nicht mehr, zumal das Gespräch unter vermeintlich sechs Augen abgehört worden ist. Die Villa ist umstellt, ein Entkommen aus dem Weltgefängnis nicht möglich. Das Fräulein Doktor wird feierlich; tatsächlich ist der tatsächlich Irren der Salomo erschienen:

> FRL. DOKTOR: [...] Er begann mit seiner Magd zu reden. Er war von den Toten auferstanden, er wollte die Macht wieder übernehmen, die ihm einst hienieden gehörte, er hatte seine Weisheit enthüllt, damit in seinem Namen Möbius auf Erden herrsche. [...] Er befahl mir, Möbius abzusetzen und an seiner Stelle zu herrschen. Ich gehorchte dem Befehl. Ich war Ärztin und Möbius mein Patient. Ich konnte mit ihm tun, was ich wollte. Ich betäubte ihn, jahrelang, immer wieder, und photokopierte die Aufzeichnungen des goldenen Königs, bis ich auch die letzten Seiten besaß. [...] Ich bin die letzte Normale meiner Familie. Das Ende. Unfruchtbar, nur noch zur Nächstenliebe geeignet. Da erbarmte sich Salomo meiner. [...] Mein Trust wird herrschen, die Länder, die Kontinente erobern, das Sonnensystem ausbeuten, nach dem Andromedanebel fahren. Die Rechnung ist aufgegangen. Nicht zugunsten der Welt, aber zugunsten einer alten, buckligen Jungfrau. [...] Das Weltunternehmen startet, die Produktion rollt an. (70 ff.)

Nun ist die denkbar schlimmste Wendung eingetreten: Der Untergang der Menschheit und der Welt, in den Händen einer Verrückten, klingt an. Dürrenmatts These ist eine denkbar radikale. Formuliert er doch, wie Mennemeier zutreffend sagt, eine »makabere Dialektik« (187) bei der szenischen Versinnlichung des Atomzeitalters. Nur scheinbar ist die Rationalität vernünftig. Tatsächlich aber ist das so genannte naturwissenschaftliche Zeitalter unvernünftig, wenn nicht gar wahnsinnig, denn schließlich sind in der Konstruktion des Stücks die scheinbar Wahnsinnigen tatsächlich die einzig Vernünftigen. In seinem beispielhaften Stück werden alle Verhältnisse ins Irrsinnige verkehrt und am Ende in den Triumph des tatsächlichen Wahns. Zynischerweise ist eine Ärztin, also eine Figur, deren wirkliche Aufgabe die Heilung von Kranken ist, eine Kriminelle. In Pirandellos ›historischem Drama‹ *Heinrich IV.* (1924) oder in seinem klassischen absurdistischen Schauspiel *Sechs Personen suchen einen Autor* – diese Stücke sind mit dem dürrenmattschen Verfahren durchaus vergleichbar – bleibt es beim ununterscheidbaren Spiel von Wahrheit und Maskenhaftigkeit. Dürrenmatt münzt dieses Verfahren der modernen Dramatik ins Politische um, in der seine Position unmissverständlich in Szene gesetzt wird. Gerade die Trivialisierung, etwa die Verwendung des Klischees der Kriminalgeschichte, oder die kolportagehaften Züge, wenn sich Einstein und Newton mit Pistolen bedrohen, deuten auf sein grundlegendes ästhetisches Problem und zeigen damit die wirkliche Stärke des Stücks. Mit höhnischem Zynismus folgt das Stück der von Aristoteles beschriebenen Form der Einheit von Handlung, Ort und Zeit. Durch diesen Rückgriff auf das formale Muster des Illusionstheaters grenzt sich Dürrenmatt, wie Durzak feststellt, von Brechts epischen Bilderbogenverfahren deutlich ab.[28]

Wie kann die Dramatik die möglicherweise entscheidende Frage der Menschheit, die mit der Erfindung der Atombombe mögliche Weltvernichtung darstellen? Das Unbegreifliche, das Inkommensurable steht zwingend aufgrund der furchtbaren Tatsache zur Diskussion, die Frage also, um die sich eine politische Dramatik kümmern muss. Mag das Stück noch so effektvoll und gleichsam wie bei Peter Weiss ›geschlossen‹ konstruiert sein, auf die

---

28 Vgl. Durzak, *Dürrenmatt. Frisch. Weiss*, S. 118.

Bombe und ihre potenziellen Folgen kann keine Dramaturgie eine befriedigende Antwort finden. Die Umschläge, die groteske Übersteigerung, der banale Schluss, in dem, wie Manfred Durzak feststellt, »eine Art Dr. Mabuse«[29] wie in einem verkitschten Hollywoodfilm die Weltherrschaft übernommen hat, erscheinen nur als Hilfskonstruktion des Unbegreiflichen und Unabänderlichen. So muss die scheinbar schwerwiegende Diskussion der drei Internierten, mögen sie sich noch so moralisch gebärden, sinn- und zwecklos bleiben, denn die atomaren Würfel sind längst gefallen; einen Einfluss auf die Lösung der großen Frage haben sie nicht, auch wenn es zunächst so erschien. Möbius' Glauben an die Humanität ist in diesem bühnenwirksamen Reißer, in dem es, trotz seines gewichtigen Inhalts, viel zu lachen gibt, der völligen Lächerlichkeit preisgegeben. Die drei Protagonisten – sie stehen grundsätzlich für differierende Haltungen von Naturwissenschaftlern in ihrem Verhältnis zur Macht – sind keineswegs aktiv Handelnde, vielmehr stehen sie in undurchschaubaren, anonymen Machtverhältnissen, von denen sie, so Dürrenmatts desillusionierende Dramaturgie, von Anfang an bestimmt werden. Alles basiert im Endeffekt auf einem so peinlichen wie dummen Zufall; die Groteske, dass ausgerechnet eine Irre die Irrenanstalt leitet, ist nicht zu überbieten. Man mag diese Konstruktion als problematisch betrachten, doch welche ästhetisch befriedigende Lösung bleibt einem Dramatiker angesichts der Totalität der Bombe? Nicht von ungefähr kennzeichnet andere Dramen des letzten Jahrhunderts, die das Thema des Atoms angingen, das formale Defizit. Ob Hans Henny Jahnns *Die Trümmer des Gewissens* (ersch. 1961) oder Carl Zuckmayers *Das kalte Licht* (1955) bis hin zu Harald Muellers Endzeitdrama *Totenfloß* (1986) – all diese Stücke wurden von der Literaturwissenschaft als gestalterisch verfehlt be-

29 Ebd., S. 124.

trachtet. Dürrenmatt selbst stellt in seiner programmatischen Schrift »Theaterprobleme« (1954) fest:

> Der Staat hat seine Gestalt verloren, und wie die Physik die Welt nur noch in mathematischen Formeln wiederzugeben vermag, so ist er nur noch statistisch darzustellen. Sichtbar, Gestalt wird die heutige Macht nur etwa da, wo sie explodiert, in der Atombombe, in diesem wundervollen Pilz, der da aufsteigt und sich ausbreitet, makellos wie die Sonne, bei dem Massenmord und Schönheit eins werden. Die Atombombe kann man nicht mehr darstellen, seit man sie herstellen kann. Vor ihr versagt jede Kunst [...].[30]

Nach dieser Position ist der Untergang nicht darstellbar, und auch die Komödie gerinnt zur blanken Hilfskonstruktion. Das hier artikulierte politische Weltbild ist in seinem Kern durch eine extreme Paradoxie gekennzeichnet: Wie dargestellt, führte nach Dürrenmatts Haltung die Vernunft nicht zur kantschen Befreiung des Menschen aus seiner selbstverschuldeten Unmündigkeit, vielmehr zur völligen Entmächtigung, zum kläglichen Scheitern der Aufklärung unter dem Schatten der Bombe. Für den politischen Dramatiker, der dieses Dilemma der Naturwissenschaft zu thematisieren trachtet, führt sie ins ästhetische Dilemma. Das Thema muss auf der Bühne behandelt werden, das Drama kann es aber nicht bewältigen. Mag Dürrenmatt auch der Komödie, wie er seine *Physiker* nennt, eine »neue Funktion«[31] zugesprochen haben, mag sie bizarr daherkommen und zur Groteske verkürzt worden sein, die eigentlich das Global-Tragische darstellen möchte, so bleibt sie angesichts der Lage im besten Sinne hilflos und untauglich. Spiralförmig wird die Eigendynamik der

---

30 Dürrenmatt, »Theaterprobleme«, in: *Gesammelte Werke 7*, S. 57.
31 Mennemeier, *Modernes deutsches Drama*, S. 190.

ausweglosen Situation zugespitzt, ganz unabhängig von vorgespieltem oder tatsächlichem Wahn.

In Bertolt Brechts *Leben des Galilei* klingt noch der literatursoziologische Veränderungswille im wissenschaftlichen Zeitalter durch. Sein Held, der – ähnlich wie Möbius – in seinem Erkenntnisdrang die Möglichkeit der Selbstvernichtung durch den Nuklearkrieg begriffen hat, klagt sich moralisierend selbst an. Hier wird noch die Handlungsoption des Einzelhelden beschworen. Galileis von Brecht denunzierter Verrat, indem er angesichts der Instrumente der Inquisition abschwört, muss als scheiternder Eingriff des Einzelnen in das Weltgeschehen verstanden werden. Konservativ glaubt der Marxist Brecht noch an die Wertigkeit des Helden. Dürrenmatts Figuren hingegen sind chancenlos, sind sie doch bloße Objekte einer höher gestellten, kalten, unsteuerbaren, sie überrollenden Maschinerie. Seine Figuren sind Ohnmächtige, deren ›tragisches‹ Verhängnis es ist, dies zu spät zu erkennen. Die Modernität dieser Form politischer Weltdramatik liegt darin, dass hier ein neues Verständnis der dramatischen Figur formuliert wird. Nicht die Figur bestimmt das Geschehen; umgekehrt, so Dürrenmatts Paradoxie, das Geschehen bestimmt die Figuren. Wenn Peter Weiss' Geschichte schreibendes Erfolgsdrama in der zweigeteilten Welt – auch hier liegt die Vergleichbarkeit zu Dürrenmatts Physikergegenspieler – noch den dritten Standpunkt bei aller szenischer Relativierung aufrechterhält, so wird der dritte Weg bei Friedrich Dürrenmatt zum grotesken, wenn nicht absurden Aperçu. Auch der entschiedene Ausstieg aus der unentrinnbaren Mechanik ist keine Lösung. Umgekehrt entpuppt sich auch in Weiss' Stück, bedenkt man die surrealen Züge, die ideologische Diskussion des Pro und Kontra eines revolutionären Umsturzes als eine Chimäre; bei Dürrenmatt dagegen ist sie, zumindest aus der Perspektive der internierten Physiker, ernsthaft gemeint. In beiden Stücken herrscht letztendlich die Negation. Dies ist keineswegs einer reaktionären Haltung der Autoren geschuldet, vielmehr der politischen Realität, die die Metaphern vom Irrenhaus versinnbildlichen.

Welt als Schlachthaus I: Edward Bond

Bezüglich des politischen Theaters oder Dramas spricht Siegfried Melchinger 1971 noch von »Denkspielen«, die ihr Publikum erreichen und die Realität ansprechen müssten. Diese Stücke dürften nicht doktrinär, also einer Ideologie verpflichtet sein. Er stellt fest: »Politik (was immer darunter verstanden wird: Staat, Macht, Herrschaftssysteme, Besitz, Gewalt, Krieg und Frieden) kann auf der Bühne nur konkret in Erscheinung treten. Sie wird vor einem Publikum gespielt, also muß ihr Gegenstand von diesem erkannt werden.«[32] Er kommt bei seinem Gang durch die Geschichte des politischen Dramas bei der Betrachtung der Moderne zu dem Urteil, dass die Dramaturgie des Schocks, die »Bizarrerie« (221), die einzig von einem »Zwang zur Politik« (222) zeuge, für das Thema untauglich sei, ja das Theater in seinem mimetischen Kern ruiniere. Dürrenmatt, Frisch oder Edward Bond fehle es an »Glaubwürdigkeit und Überzeugungskraft«, da die zur totalen Fiktion übersteigerte Fabel einer von Melchinger postulierten »historischen Wirklichkeit« (222) nicht beikomme. In diesem an der literarischen Tradition orientierten Standpunkt wird die »Anwendbarkeit« und auch die »Schlüssigkeit« (222), die aristotelische Wahrscheinlichkeit der Stücke eingefordert. Antworten aber formuliert das moderne Drama nicht mehr, es stellt, wie jegliche Literatur (?), nur Fragen.

Edward Bond grenzt sich in seinem *Lear* (1972) deutlich von Shakespeares Vorlage ab, er entwirft ein nahezu

---

32 Melchinger, *Geschichte des politischen Theaters*, Bd. 2, S. 243.

völlig neues Stück. Bonds Thema ist Krieg, Gewalt, und anders als bei Shakespeare wird jegliche humanistische, harmonisierende Vision, wenn es um politische Macht geht, konterkariert. Ideale einer besseren Welt taugen für ihn nicht mehr. Das Stück muss als eines der radikalsten des modernen politischen Dramas betrachtet werden. Wird in seinem zweiten Stück *Saved* (*Gerettet*, 1965) von asozialen, durch die Verhältnisse deklassierten Jugendlichen ein Baby gesteinigt, so inszeniert der Autor in seinem Kriegsdrama extreme Gewaltszenen, wenn auch hier die Wiederkehr des ewig Gleichen auf der Bühne thematisiert wird. Ist in *Saved* oder in seinem Stück *The Sea* (1973) noch der in den Augen des Autors gewalttätige gesellschaftliche Mikrokosmos das Thema, so wird im *Lear* der politische Makrokosmos die Imageri. Hier stellt sich das Problem, ob Melchingers Frage nicht umgekehrt zur Diskussion steht: Taugt das Theater des Schocks überhaupt, die realen Schrecken der zwei Weltkriege des letzten Jahrhunderts zu thematisieren; muss es nicht angesichts des entfesselten Maschinenkrieges euphemistisch, wenn nicht sogar hilflos sein? Und darüber hinaus mag gefragt werden, ob nicht angesichts der alltäglichen Gewalt in den Medien diese Dramaturgie der Grausamkeit überhaupt eine von Bond durchaus beabsichtigte kathartische Wirkung hat.

Lear lässt eine Mauer errichten, um sein Reich gegen die Feinde Cornwall und North zu schützen. Die szenische Grundsituation zeigt den Krieg als Ursache allen Übels: Werden mehr Männer zum Bau herangezogen, so verschärft sich die Lage; Hungersnot droht, aber durch die Bedrohung des Reichs werden mehr Arbeitskräfte benötigt. Eine Diktatur ist eingerichtet worden, Arbeitsverweigerung wird mit der Peitsche bestraft, und nicht von ungefähr beginnt das Stück mit dem Tod eines Arbeiters. Der, der den Arbeitsunfall ausgelöst hätte, wird standrechtlich erschossen. Bond zeigt so von Beginn an eine Zwangslage,

Welt als Schlachthaus I: Edward Bond

die in eine sich potenzierende Gewalt eskaliert. Die zur Arbeit gezwungenen Bauern sabotieren den Bau. Anders als bei Shakespeare – hier verteilt der König sein Land an die falschen Töchter – verliert die Titelfigur die Macht durch Gewalt. Bodice und Fontanelle, Lears Töchter (in Shakespeares Tragödie Goneril und Regan), intrigieren gegen den Vater, sie heiraten seine Gegner. Sie planen aber – beide sexuell von den Herzögen enttäuscht –, diese und sich gegenseitig umzubringen und jeweils mit Lears Kabinettsmitglied Warrington die Macht an sich zu reißen. So entwickelt Bond eine zugespitzte Szenerie, in der jeder gegen jeden kämpft – um die Macht. Im Krieg, den der Autor in mechanisch prägnanten Szenen darstellt, siegen die Herzöge. Dem Häftling Warrington wird die Zunge abgeschnitten, damit der doppelte Verrat nicht publik wird:

SOLDAT A: Soll ich ihn bloß so hinmachen oder hättn Sie gern was Ausgefallnes? Das wird ab und zu verlangt. Ich hab schon mal ne Gurgel abgeschnittn fürn paar Damen [...].
FONTANELLE: Mir fällt die Wahl so schwer. [...]
SOLDAT A: Lebendig abhäutn, hab ich auch mal mitgeholfen. Wär ich allein nicht zurechtgekommen. Brauchste mindestens zwei dazu. Soll ichn zusammenschlagn? [...] *(Schlägt Warrington.)* Ach, der brauchts auf die harte Tour. [...]
FONTANELLE: Nehmen Sie den Stiefel! [...]
BODICE: – daß Ihre Begnadigung abgelehnt worden ist. Sprechen und schreiben kann er nicht mehr, aber er ist schlau – irgendwie verbreitet er doch seine Lügen. Wir müssen ihn in sich selber einsperren. *(Sie sticht Warrington die Nadeln in die Ohren.)* [...] Dadie, dadie, da. [...][33]

---

33 Bond, *Lear*, S. 228 ff.

Parallel zu den Gewaltbildern setzt der Autor Idyllen als symmetrisches Gegengewicht in seiner Kontrastdramaturgie, wodurch die Handlung nicht funktional fortschreitet, sondern vielmehr die Szenen eine Eigendynamik erhalten. Eine Gegenwelt des Friedens wird heraufbeschworen, in die der obsiegende Terror wieder und wieder einbricht. Der besiegte, gesuchte Lear findet bei dem Totengräbersohn Zuflucht. Die Soldaten der Sieger spüren ihn auf, vergewaltigen Cordelia (in *King Lear* die gute Tochter), die Frau des Hausherrn; sie töten ihre Schweine. In der Gefangenschaft – die Töchter haben sich der Herzöge entledigt – unterzeichnen diese Lears Todesurteil. Der alles bestimmende Krieg setzt sich fort; rebellische Bauern haben sich unter der Führung Cordelias organisiert, und Lear und seine Töchter geraten in ihre Gewalt. Fontanelle wird erschossen, Bodice erstochen und in einem der schrecklichsten Auftritte des zeitgenössischen Theaters – der zentralen Szene des Stücks – der seine Krone tragende Lear geblendet. Ein Gefangener operiert ihm mit einem speziell dafür erfundenen »wissenschaftlichen Gerät« (282) die Augen heraus. Der Blinde taumelt wieder in die Welt, in der, in den Augen des Autors, die Gewalt etwas völlig Alltägliches ist. Der Geist des Totengräbersohns führt den König in seine Hütte; hier halten sich, isoliert vom Terror, Thomas, Susan und John auf. Cordelia, erfährt der Zuschauer, hat die Mauer weiterbauen lassen, und der zerschundene Alte predigt, dass auch eine potenzielle neue Ordnung wieder in Unterdrückung mündet und einzig die Humanität eine Lösung der Schrecken ermögliche. Wieder dringen Soldaten in die Idylle ein:

LEAR: Baut die Mauer nicht weiter.
CORDELIA: Wir müssen.
LEAR: Dann ist alles wie früher! Eine Revolution muß wenigstens etwas ändern!
CORDELIA: Alles ANDERE hat sich geändert.

LEAR: Nicht wenn ihr die Mauer stehenlaßt! Reißt sie ab.
CORDELIA: Dann werden wir von unsren Feinden angegriffen.
LEAR: Die Mauer wird euch vernichten [...]. Hör zu, Cordelia. Wenn ein Gott die Welt geschaffen hätte, dann wäre die Macht immer im Recht [...], und das wäre sehr weise [...], aber wir haben die Welt geschaffen – aus unserer Kleinheit und Schwäche. Unser Leben ist unbeholfen und zerbrechlich, und nur eins hält uns bei der Vernunft: das Mitleid, und der Mensch ohne Mitleid ist ein Wahnsinniger. (305)

Nichts hat sich geändert; und offenbar ist auch die neue Herrin, Cordelia, in einer Zwangslage. Neue, noch »gewissenlosere« (305) Feinde als der inzwischen geläuterte Lear bedrohen das Reich. In der kurzen Schlussszene beginnt Lear den Wall abzutragen, einer der arbeitenden Bauern tötet ihn. Die Leiche bleibt auf der Bühne liegen.
Bonds Stück endet, wie es beginnt: Die Mauer symbolisiert den Ist-Zustand der Welt. Das Stück beginnt mit dem Sterben und endet damit. Ist es zunächst ein subalterner Unterdrückter, der willkürlich von Lear erschossen wird, so stirbt am Ende die Figur, die Herrschaft symbolisieren soll. Im Tod sind beide gleich. Günther Klotz führt in seinen Überlegungen zu Recht aus, dass das »Kehrwiederspiel« in der statischen Geschichte trotz der permanenten Machtwechsel dominant bleibt. »Der Wall als Symbol der Macht bleibt bestehen, immer herrscht eine Diktatur.«[34] Veränderbar ist also nichts, und der Geblendete führt aus: »Die Regierung ist wahnsinnig. Das Gesetz ist wahnsinnig.« (299f.) Bond verzichtet in seinem politischen Drama auf die politische Analyse. Er postuliert und zeigt nur, dass und wie Gewalt die Verhältnisse bestimme; die Leichenhaufen werden größer.

---

34 Klotz, *Britische Dramatiker der Gegenwart*, S. 162.

Undeutlich bleibt, welche konkreten Ziele Cordelia mit ihrer Revolution verfolgt, was sie verändern will. Interessanterweise wird die Cordelia-Figur bei ihrem ersten Auftritt nicht mit ihrem Namen bezeichnet, dem Namen also, mit dem der Zuschauer, der Shakespeare kennt, die gute Tochter des Königs assoziieren darf. Offenbar mutiert die Figur zu einer literarhistorisch bekannten, um die Imagination des Lesers zu verstören und gleichermaßen anzuregen. Der Ausgangspunkt trifft sich mit Shakespeares Werk, das lediglich als Folie für die Handlung Bonds dient. Die Welt ist als Schlachthaus ein Ort des Leidens. Doch sein Lear ist gleichermaßen Täter wie Opfer; in diesem totalen Widerspruch bewegen sich alle, die aktiv politisch handeln. Thomas und die anderen wollen dadurch, dass sie den Geblendeten aufnehmen, die Utopie praktizieren, durchsetzen; sie müssen in der historischen Maschinerie scheitern. Sie sind von der Dynamik der Gewalt erfasst. Cordelia billigt seine Verstümmelung, und paradoxerweise will sie eine bessere, gerechtere Herrschaft, die keineswegs präzisiert wird. Das unterdrückte Volk reißt die Mauer ein, um sie wieder aufzubauen. Die Utopie klingt durch dieses dramatische Verfahren lediglich als Ideal an.

Die Blendung, das Blindsein, ist im antiken *Ödipus* eine Metapher für Selbsterkenntnis. Auch der die Wahrheit sprechende Seher Teiresias ist blind. Bei Bond aber ändert die Läuterung und Selbsterkenntnis, die hier durch die Blendung der Titelfigur motivisch an das antike Drama anschließend gezeigt wird, gar nichts. Die ewige Gewalt bleibt in der unbeeinflussbaren Situation omnipotent. Auch der Rückzug ins Idyll, in dem der eine dem anderen Verfolgten zu essen gibt, rettet nicht. In diesem politischen Makrokosmos ist das »Sich-Heraushalten unmöglich«.[35] Gerade der Gegensatz von Gewaltszenen und dar-

---

35 Iden, *Edward Bond*, S. 72.

gestellter Idylle transportiert Bonds tiefen Pessimismus. Immer, wenn der Autor einen Ausweg aufzuzeigen scheint, nimmt er ihn handlungstechnisch sofort wieder zurück. In diesem Zusammenhang ist Bonds an *Hamlet* erinnernde Figur des Geistes des Totengräbers von Bedeutung. Wieder mutiert eine Figur zu einer anderen. Wenn in Shakespeares Stück der Geist des ermordeten alten Hamlet den Sohn zur Rache und damit die den Staatsstreich sühnende Tat auffordert, dann soll die rechtmäßige Ordnung wiederhergestellt werden. Bei Bond dagegen – hier liegt die sein elisabethanisches Vorbild umfunktionierende Provokation des Autors – hat dieses zweite Ich des Lear keine humanität- und ordnungstiftende Relevanz, wie auch die verzeihende, keinerlei Forderungen stellende Liebe von Shakespeares Cordelia in Bonds Stück eliminiert ist. Bond inszeniert einen wahnbesetzten machtorientierten Leerlauf, dessen einzige Zielrichtung die Aneignung der politischen Macht bleibt. Zweifellos dient auch die Parallelhandlung der Gloster-Tragödie Shakespeares dem Autor nur noch als Folie, wie die Verblendung des shakespeareschen Lear hier zu seiner tatsächlichen, klinisch kalt exerzierten Blendung umfunktioniert wird. Die Erlösung »vom grausen Fluch«, wie es bei Shakespeare heißt, mündet bei Bond in den plötzlichen Tod an der Mauer.

Varianten des politischen Dramas stehen hier zur Diskussion. Max Frisch schreibt eine Parabel auf den Totalitarismus und grenzt sich von Brecht ab, der die Veränderbarkeit der Welt suggerieren möchte und Lösungen vorschlägt. Miller handelt von den Mechanismen der Pogromstimmung, Weiss inszeniert ein Spiel im Spiel um die Dialektik politischen Handelns. Edward Bond interessiert sich für die große Frage des Krieges und das Problem der Macht. Er zeigt die Gewaltmechanismen der herrschenden politischen Verhältnisse, die sie in ihrem Kern bestimmen. Zu fragen bleibt, ob nicht Melchingers zu Anfang erörterte These vielmehr eine allzu enge, festlegende ist, zumal die Stücke doch ihr Publikum erreichen und immer wieder gespielt werden, mögen sie angesichts der tatsächlich herrschenden gesellschaftlichen Gewalt und den Möglichkeiten der militärischen Technik auch inadäquat sein. Eine gültige Definition des politischen Dramas gibt es aber nicht. Edward Bond selbst stellt fest, dass er über die Gewalt schreiben muss, da die »Gesellschaft [...] von Gewalt besessen und geformt« sei, »und wenn wir nicht aufhören, gewalttätig zu sein, haben wir keine Zukunft« (310). Bond argumentiert jenseits der Empirie im besten Sinne moralisch, wenn es weiter heißt: »Die Aggression ist zur Moral geworden, und Moral wird ein Mittel zur Unterdrückung.« (312) Mag die kreisförmige Struktur des Stücks, wenn aufgebaute Idyllen immer wieder von in sie einbrechenden politischen Ränkespielen zerstört werden und der Anfang identisch mit dem Ende ist, auch als skeptisches Credo des Autors verstanden werden; er selbst fordert, wie er im Nachwort zu *Lear* schreibt, »eine *Methode* der Veränderung« (321). Hier trifft er sich durchaus mit Brechts Modell. Dürrenmatts Zwangslage der Physiker mündet in die schlimmstdenkbare Wendung; Bond dagegen ergreift zumindest theoretisch für Lears Haltung Partei: »Es gibt keine Notwendigkeit, pessimistisch zu sein oder zu resignieren.« Die »Wahrheit«, die der Geblendete erkennt, soll das Publikum als »Chance« begreifen (320f.). Und keineswegs ist hier das auch schon bei Shakespeare zu erlebende apokalyptische Szenario eine fixe Vision, wie die Zukunft angesichts der technologischen Gefährdungen des Menschengeschlechts aussehen wird. Vielmehr muss man den Engländer als einen Warner verstehen, der 1995 ausführt, dass die Demokratie keineswegs alle unsere Probleme gelöst habe:

Ich wünsche die Demokratie. Ich möchte nicht in den Gulag, ich möchte nicht ins KZ [...]. Aber damit ist noch nicht gesagt, wir hätten unsere Probleme gelöst.

Welt als Schlachthaus I: Edward Bond

[...] Wir müssen eine Demokratie erfinden, die nicht auf einer Kultur des Mords beruht, um keines Eigentums wegen. [...] Man muß Wege finden, die Leute die Verantwortung für ihre Taten übernehmen zu lassen [...]. Man muß ihnen eine neue Geschichte, eine neue Einbildungskraft geben. Darin sehe ich die Aufgabe meiner Dramatik.[36]

Anders als Brecht setzt Bond auf die Imagination des Einzelnen bei einer denkbaren gesellschaftlichen Veränderung. Der so genannte V-Effekt, der über die Erkenntnis das Denken und nur dies verändern möchte, scheint Bond zu eindimensional, wenn es um die großen Fragen geht. Hitler sei, so Bond einmal sehr provozierend, auch ein Fachmann für diese Dramaturgie gewesen – Bond ist selbstverständlich, dies sei ausdrücklich betont, weit davon entfernt, Brecht mit diesem zu vergleichen; er spielt lediglich auf die Methode an. Die reine Verfremdung wäre allzu plakativ und schließe die Emotion und die Vorstellungskraft aus. Von daher ist Bonds Dramaturgie des Schocks durchaus der Versuch, über das Extrembild kathartisch die Emotion des Zuschauers anzusprechen:

Er versah Menschen mit einem gelben Stern. Aber hat durch diesen gelben Stern irgendjemand ein verändertes Bild von den Juden bekommen? Nein! Denn jeder brachte seine Gefühle und Vorurteile mit. [...] Es ist einfach nicht wahr, daß das Bewußtsein Gefühl und Verstand trennen kann. (196f.)

Nicht Belehrung ist Bonds Ziel, vielmehr soll das Subjekt seine Situation besser kennen lernen. Von dieser Forderung her betrachtet, lässt sich Bonds Theater der Grausamkeit insofern als ein genuin politisches lesen, als es auf

---

36 Bond, »Die Maske der Gesellschaft«, in: *Splitter*, S. 196.

die gesellschaftliche Veränderung abzielt, wenn die Gewalt die Szenerie beherrscht und über die hier erörterten Bilder denunziert wird. Sein Theater ist in seinem Kern, anders als Melchinger postuliert, unideologisch. Das Denken soll über die Emotion befördert werden. Pessimismus und Statik kennzeichnen den inhaltlichen und strukturellen Ablauf des Stücks, der Autor dagegen will keineswegs Resignation predigen. Literatur ist nie eindimensional auslegbar, sie bleibt so widersprüchlich wie die gesellschaftlichen Verhältnisse der modernen Welt. Edward Bond hat auch insofern ein extremes Stück geschrieben, als er durch die hier beschriebene kreisförmige Dramaturgie gerade Hoffnung geben will.

Welt als Schlachthaus II: Sarah Kane

Sarah Kane gehört zu einer jungen Gruppe von Autoren, die in den neunziger Jahren auf den Bühnen in Sonderheit der Bundesrepublik viel gespielt wurden. Mark Ravenhills *Shoppen und Ficken* (1996), Kaite O'Reillys *Schlachthaus* (1997) oder Kanes *Blasted* (1995), in der deutschen Übersetzung »Zerbombt« oder »Zersplittert«, können als eine neue soziale Dramatik, die an die englischsprachige Schule des *well made play* anschließt, verstanden werden, insofern hier eine junge Generation ihre eigene soziale Erfahrung aus der Thatcher-Ära formuliert. Diese Texte einer *lost generation*, »aufgeladen mit Sex und Gewalt«,[37] zeugen aber aufgrund ihrer bis in die Trivialisierung reichenden ästhetischen Defizite von einer Krise der dramatischen Kunst. Hier wirkt sich, wie etwa in Helmut Kraussers *Lederfresse (mit der WRROOMMM Kettensäge)* (1993), ein höchst problematischer Zug aus: Die Massenmedien werden inhalt-

---

37 Irmer, »Vielleicht ein produktives Mißverständnis«, in: *Sprache im technischen Zeitalter* 148 (1999), S. 51.

lich angeeignet, wenn nicht gar kopiert. Aus Spiel wird blanke Simulation. Politisches Theater spiegelt das medial verbrämte Bewusstsein seiner Autoren wider.

Sarah Kanes Dramatik steht deutlich in inhaltlicher wie ästhetischer Verwandtschaft zu Edward Bonds Gewaltszenarien. Ist jedoch in Bonds politischem Theater die Gewalt, wie im *Lear*, immer zielgerichtet auf Machterhalt oder Machtergreifung hin szenisch entwickelt und in *The Sea* oder *Saved* bis hin zu *Ollys Prison* (1994) deutlich aus sozialen Zusammenhängen erklärt, so verschärft sich in Sarah Kanes dramatischem Werk die Gewaltproblematik. Hier – und darin liegt gleichermaßen die Radikalität wie die Schwäche des Stücks *Blasted* – geschieht Gewalt völlig unmotiviert, nur als solche. Sie gerinnt zum irrationalen, nicht nachvollziehbaren, ziellosen Selbstzweck. Hans Magnus Enzensberger hat dies in seinem Essay *Aussichten auf den Bürgerkrieg* (1993) folgendermaßen formuliert: »Die Gewalt hat sich von ideologischen Begründungen vollkommen frei gemacht.«[38] So beschreibt Enzensberger die reale historische Lage der neunziger Jahre und ihrer gesellschaftlichen Konflikte.

Der Journalist Ian trifft sich mit seiner früheren Geliebten Cate in Leeds in einem Hotel. Ihn kennzeichnet eine faschistische Haltung; er zwingt Cate zum Oralverkehr in einer Situation totaler Entmenschlichung.

IAN: Hast du inzwischen 'n Job?
CATE: Nein.
IAN: Liegst dem Steuerzahler nach wie vor auf der Tasche.
CATE: Mum gibt mir Geld.
IAN: Wann wirst du endlich auf eignen Füßen stehn?
CATE: Ich hab mich beworben für 'n Job, bei 'ner Werbeagentur.

---

38 Enzensberger, *Aussichten auf den Bürgerkrieg*, S. 20.

IAN *(muß aufrichtig lachen)*: Keine Chance.
CATE: Wieso nicht?
IAN *(läßt das Lachen und sieht sie an)*: Cate. Du bist dumm. [...]
CATE: Bin ich. Bin ich nicht.
IAN: Da hast du's.
CATE: L-laß das. Das machst du a-absichtlich.
IAN: Was denn?
CATE: M-mich d-durcheinander bringen.
[...]
(Cate beginnt zu zittern. Ian lacht. Cate fällt in Ohnmacht.)[39]

Die neue Ästhetik kommt sprachlos daher; die Dialoge diagnostizieren einen Zustand der völligen Reduktion, gleichsam eine Nullsituation. Bewusst gesetzte Sprachlosigkeit, wie in Edward Bonds frühen Versuchen, herrscht, wenn die Barbarei per se thematisiert wird. Kanes *hardcore*-Version von *Who's afraid of Virginia Woolf?* kann als ein radikales Modell dafür betrachtet werden, wie das politische Drama der neunziger Jahre operiert. Fatalerweise ist der an Krebs leidende Journalist, der dauernd trinkt, eine positive Figur. Zumindest hat er noch einen Rest an menschlichen Zügen, eine Ideologie – den Rassismus! In diesem antiliterarischen Stück jenseits aller Moral regiert nur noch der konkrete Schrecken. Jede Syntax ist aufgehoben, Metaphern oder Sprachbilder gibt es nicht mehr. Sarah Kane entwickelt ein Bild des völligen Zusammenbruchs der Gesellschaft. In diesem ideologischen Vakuum, in diesem Nirgendwo, in dem animalische, mechanische Sexualität identisch mit Gewalt und Unterwerfung wird, dringt plötzlich eine Soldateska in die Szene. Wie Zombies aus dem Film agieren die Protagonisten, wenn sich die Gewaltspirale dreht. Nun wird Ian zum analen Akt ge-

---

39 Kane, *Zerbombt*, S. 88.

zwungen. Ein Soldat saugt ihm beide Augen aus und isst sie auf.

> IAN: Ich bin für anderes Zeug zuständig. Schießereien und Vergewaltigungen und schwule Priester und Lehrer, die an kleinen Kindern rumfummeln. [...] Dreckig, wie die Kanaken. [...]
> SOLDAT: [...] Jetzt bin ich hier. *(Er stößt ihm das Gewehr ins Gesicht.)* Dreh dich um, Ian.
> IAN: Weshalb?
> SOLDAT: Werd dich durchficken.
> IAN: Nein.
> SOLDAT: Dann eben töten.
> IAN: Nur zu.
> SOLDAT: Siehst du. Lieber gleich erschießen lassen, als gefickt und erschossen werden.
> IAN: Ja. (96)

Warum die Soldateska die Macht in der Stadt Leeds, in der offenbar der Bürgerkrieg ausgebrochen ist, sich angeeignet hat und welche Ziele sie verfolgt, bleibt nebulös. Charaktere oder gar entwickelte Individualität gibt es in diesem Fallbeispiel politischer Dramaturgie nicht mehr. Die Welt ist in ein Chaos versunken; entfesselte Gewalt als solche hat sich durchgesetzt. Die Blendung des Journalisten hat keinerlei symbolischen Gehalt mehr, der Zuschauer erfährt keine Begründungen, und zugespitzter als bei Bond wird keinerlei potenzielle bessere Zukunft mehr thematisiert. Man bleibt in dem zertrümmerten Hotelzimmer, und Cate, die in der Stadt vergewaltigt wurde, füttert Ian am Schluss mit Würstchen. Ob das Ende der Zivilisation gekommen ist, oder ob nur die Stadt Leeds in Bürgerkrieg und Anarchie versunken ist, lässt Sarah Kane offen.

Ob die Dramatik dieser Autorin – sie beging bereits mit dreißig Jahren Selbstmord – dem politischen Theater eine

Perspektive eröffnen wird, kann hier nicht entschieden werden. Zumindest artikuliert sich die Stimme einer jüngeren Generation, deren Hoffnungs- und Ziellosigkeit nachdenklich stimmt. Wenn bei Edward Bond oder auch bei Frisch Ideologien oder mögliche Utopien hinterfragt werden, dann herrscht hier der völlige Ideologie- und Werteverlust.

> IAN: Kein Gott. Kein Weihnachtsmann. Keine Feen und Elfen. Keine Phantasien. Das totale beschissene Nichts.
> CATE: Muß doch irgendwas geben.
> IAN: Warum?
> CATE: Wo läg 'n da sonst der Sinn?
> IAN: [...] 'n Sinn liegt in dem Ganzen sowieso nicht.
> (97)

Welt der Schuldigen: Rolf Hochhuth

Erscheint das Leben in der Gesellschaft bei Sarah Kane nur noch als Alptraum, so ist die Gegenströmung im politischen Drama nicht nur in Arthur Millers realistischem Theater oder in der englischen sozialkritischen Schule eines Arnold Wesker festzumachen. Zu einer der am meisten diskutierten Formen politischen Theaters gehört das so genannte Dokumentardrama, das sich in den sechziger Jahren auf dem Höhepunkt der NS-Prozesse mit dem Nationalsozialismus auseinandersetzte.

Peter Weiss legte mit seinem Versuch *Die Ermittlung* (1965) ein Stück vor, das die Geschehnisse in Auschwitz auf Basis der Prozessakten als Oratorium darstellte. Diese Form von Dramatik geht vom Postulat der objektiv vorhandenen, aber unkenntlichen gesellschaftlichen Wirklichkeit aus und möchte diese auf das Theater bringen. Ob Weiss oder Heiner Kipphardt (*In der Sache J. Robert Op-*

penheimer, 1964) – die Autoren zielten auf ein unmittelbares gesellschaftliches Engagement, auf den Eingriff in die Verhältnisse –, der Wirklichkeitsanspruch dieser Dramatik basiert auf der nachprüfbaren Authentizität des auf die Bühne gesetzten Materials, etwa der historischen Quelle. Hierbei verändert sich die Rolle des politischen Dramatikers, der insofern nur noch gestaltet, als er Auswahl, Anordnung und Darstellung – und freilich auch Wertung – des vorgegebenen historischen Stoffs vornimmt. Insofern kann in diesem Zusammenhang auch von Montageliteratur gesprochen werden. Wenn das Dokumentardrama grundsätzlich auf die Möglichkeit der theatralen Abbildung von empirischer oder historischer Realität setzt, dann muss diese Form von Dramatik, die deutlich auf Wirkung zielt, als eine genuin politisch öffentliche verstanden werden.

Wenn bei einem politischen Dramatiker die Wirkung seiner Stücke empirisch verifizierbar ist, dann gilt dies für Rolf Hochhuth; kein Dramatiker hat das Publikum so polarisiert wie er. Der ehemalige Ministerpräsident des Landes Baden-Württemberg, Hans Karl Filbinger, Marine-Richter im Dritten Reich, musste nach der Publikation von Hochhuths Roman *Eine Liebe in Deutschland* (1978) als enttarnter ›furchtbarer Jurist‹ zurücktreten. In Hochhuths Stück *Soldaten* (1967), das die alliierten Brandbombenangriffe auf die deutschen Städte thematisiert, wird Churchills Rolle zur Diskussion gestellt, was zu einem Sturm der Entrüstung in Großbritannien führte und eine Aufführung am National Theatre in London verhinderte. Hochhuth hatte am Tabu der alliierten Luftangriffe auf deutsche Städte gerührt.

Am 3. Mai 1963 gab der damalige Außenminister Gerhard Schröder folgende Erklärung ab: »Die Bundesregierung bedauert zutiefst, dass [...] Angriffe gegen Papst Pius XII. gerichtet worden sind.«[40] Es ist der einzige Fall,

---

40 Raddatz, *Summa iniuria*, S. 230.

in dem ein Theaterstück eine so starke Wirkung hatte, dass eine deutsche Regierung sich veranlasst sah, in eine öffentliche Debatte zu intervenieren. Nach Erscheinen von Hochhuths Drama *Der Stellvertreter* (1963) entbrannte im In- und Ausland eine breite Diskussion über die Rolle der katholischen Kirche während des Hitler-Regimes. Und noch 1993 entschuldigte sich der damalige deutsche Bundeskanzler Helmut Kohl im Vatikan für das Stück. Hochhuth hatte nach umfangreichem Quellenstudium Belege gefunden, dass Papst Pius XII. über den Holocaust durchaus Bescheid wusste.

Den Zeitrahmen des Stücks bildet der August 1942, als Hochhuths Figur Riccardo in Berlin von den Judenmorden hört, und es endet im November 1943 im Vernichtungslager Auschwitz, wo der Pater im Namen des Glaubens den freiwilligen Opfertod stirbt. Die große Frage, von der dieses Stück handelt, ist die vom Verhältnis von Moral und Macht, von neutraler Diplomatie und eingreifendem Engagement. Selbst dem Jesuitenpater Riccardo gelingt es nicht, Pius XII. von der Notwendigkeit zu überzeugen, angesichts der menschenvernichtenden Todesmaschine die christliche Stimme zum Protest zu erheben.

Hochhuts Figurenkonstellation besteht aus drei die Handlung tragenden Gruppen: Vertreter der katholischen Kirche, Nationalsozialisten und Juden. Hierbei werden die Gruppen keineswegs klischeehaft in Täter und Opfer unterteilt. Der SS-Mann Gerstein, im Grunde ein tief Gläubiger, der das Militär von innen bekämpfen will, tritt unvermittelt in der Berliner Nuntiatur auf, wo er auf Riccardo trifft. Gerstein berichtet von den Morden und klagt die Politik des Vatikans an; er fordert, das Konkordat mit Hitler sofort zu beenden.

GERSTEIN: [...] Der *Vatikan* muß helfen, Exzellenz!
Nur er allein
kann hier noch helfen, helfen Sie! [...]

Sie vertreten in Berlin den
– den Stellvertreter Christi und –
verschließen Ihre Augen vor dem Entsetzlichsten –
was je der Mensch dem Menschen angetan hat.
Sie schweigen, während stündlich ... [...]
NUNTIUS *(außer Fassung, überfordert)*:
Warum kommt er zu *mir*? Die Kurie
ist doch nicht da, den Aufruhr
in der Welt zu mehren, sie ist
von Gott beauftragt, für Frieden ...
GERSTEIN: Frieden auch mit Mördern? Exzellenz!
(Er zeigt auf das Bild des Gekreuzigten und ruft:)
Gott strafe die Friedfertigen!
Der fühlte sich zuständig, Exzellenz –
sein Stellvertreter nicht?[41]

Schon an diesem Anfang werden die das Stück bestimmenden Standpunkte deutlich, die den Auftritt des Papstes selbst im 4. Akt dramaturgisch vorbereiten. Die am Völkermord Schuldigen – hier treten sowohl historische (Adolf Eichmann, Rudolf Höß) wie auch fiktive Figuren auf – werden vom Autor ob ihrer Trivialität als kalte Bürokraten des Todes unmissverständlich gebrandmarkt. In der Jägerkeller-Szene geht die Eichmann-Figur so weit, Verständnis und Mitleid für die Täter zu fordern. Die dauernden Erschießungen machten »impotent und schlaflos« (52) und »der stärkste Füsilier« (51) könne diese psychische Belastung nicht aushalten. Gersteins Aufgabe in dieser Maschinerie ist es, eine effektivere Vergasungsmethode mit Zyklon B zu finden. Im dramatischen Panorama der Mittäter gibt es den schädelsammelnden Wissenschaftler, der Lebendmasse benötigt, den Industriellen, für den jüdische Zwangsarbeiter Profitgewinn bedeuten.

Die Fülle der Nebenhandlungen der fünf Akte, die in

---

41 Hochhuth, *Der Stellvertreter*, S. 23 ff.

der Uraufführung Erwin Piscators auf sechs Bilder konzentriert wurde, die den Schrecken des Holocaust nach und nach enthüllen und die Faktizität des Stücks auch in seinen Einzelheiten untermauern, führt Riccardo schließlich wieder nach Rom. Er, ein Idealist, der Günstling des kirchlichen Oberhaupts, hatte Gerstein garantiert, dass der Papst gar nicht anders könne, als in Kenntnis aller Sachverhalte einzugreifen.

> RICCARDO: [...] Ein Stellvertreter Christi, der *das*
> vor Augen hat und dennoch schweigt, aus Staatsräson,
> der sich nur *einen* Tag besinnt,
> nur eine *Stunde* zögert,
> die Stimme seines Schmerzes zu erheben
> zu einem Fluch, der noch den letzten Menschen
> dieser Erde erschauern läßt –: ein solcher Papst
> ist ... ein Verbrecher. (83)

Diese offene Anklage aus dem Mund Riccardos denunziert das ausharrende Verhalten eines Papstes, der weltfremd, dem konkreten menschlichen Elend abgewandt, sich auf einer Metaebene bewegt. Im Dialog zwischen Vater und Sohn unterstreicht Fontana den Standpunkt des Papstes, dass auch das furchtbarste aller Verbrechen letztlich im göttlichen Heilsplan vorgesehen sein muss.

Tatsächlich sind nicht die Protagonisten Riccardo und Gerstein die zentralen Figuren, sondern der Papst und seine Position. Nicht nur, dass die Kirche sich aus der Realpolitik herauszuhalten habe, wird deutlich. Vielmehr wird in seinen Augen »Hitler als Werkzeug« (165) gegen den ketzerischen Kommunismus gesehen. Der Papst habe vor allem die Aufgabe, den Bestand der Kirche zu sichern: »[...] seinen Auftrag kann der Papst nur erfüllen, solange er auf seiten des Siegers steht.« (85) Die Dialoge und Figuren umkreisen in der Regel den verhandelten Sachverhalt um die Rolle und das Verhalten des Papstes, auch wenn er im Höhepunkt des Stücks selbst nur ein einziges Mal auftritt. Das Pro und Kontra der verschiedenen gegensätzlichen Haltungen, Gerstein und Riccardo versus Papst und Kirche, wird explizit zum zentralen Problem des Stücks.

Auch in Rom, unter den Augen seiner Heiligkeit, finden bereits Deportationen statt, und Hochhuth differenziert das Bild des Pius dahingehend, dass dieser durchaus den Gefährdeten Unterschlupf in den Gotteshäusern gewährt. Allerdings lässt er sich nicht dazu verleiten, ein Wort der Entrüstung zu äußern. Selbst die SS in Rom kritisiert, dass der Stellvertreter Gottes sich endlich klar positionieren müsse, wenn weiteres Morden verhindert werden solle.

> SALZER: [...] Der Papst
> weiß davon. Er war sogar bereit,
> Gold beizusteuern, wenn die Juden
> die fünfzig Kilo nicht zusammenbrächten.
> Diese Bereitwilligkeit des Papstes
> – wir dachten doch, er schlüge Lärm! –
> hat uns nun Mut gemacht,
> die Juden doch zu deportieren. [...]
> Wenn doch dieser verdammte Pope
> endlich einmal klar und verbindlich
> sagen wollte, wo er steht! (147 ff.)

Das Publikum erfährt, dass der »Chef« (87 ff.) auch einer der größten Aktionäre der Welt ist, als Realist will er kompromissbereit sein und Zugeständnisse machen. In Hochhuths Worten – immer wieder kommentiert der Autor die Handlung in ausführlichen Regieanweisungen – sei dieser mehr »Institution« (155) als ein Mensch aus Fleisch und Blut. Im Vatikan kommt es zur offenen Kontroverse zwischen Riccardo, der vorgedrungen ist, und Pius, den Hochhuth als kalten, auf Etikette achtenden Patriarchen charakterisiert. Selbst der Syndikus Fontana, der die Aktiengeschäfte der Kirche abwickelt, will den Papst zum Protest bewegen. Seine Demission wird von Pius abgelehnt. Riccardo, der die hierarchische Etikette, die herrschenden Verkehrsformen missachtet hat, beruft sich auf Glauben und Nächstenliebe; der Papst verzeiht, aber entfernt ihn aus seinem Kirchenamt. Seine Rede im *Osservatore Romano* bleibt diplomatisch nichtssagend, »zu reden, ohne etwas zu sagen« (170), zieht sich der Papst doch auf Unparteilichkeit zurück:

> PAPST: [...] Uns diesen Frevel unter Unsern Fenstern
> gefallen lassen? Natürlich nicht! Selbstredend
> wird ein Aufruf bezeugen, daß der Papst
> mit höchster Anteilnahme den Opfern an die Seite
> tritt ... [...]
> Niemand soll sagen, Wir hätten das Gesetz der Liebe
> politischem Kalkül geopfert – nein! [...]
> Nicht so direkt und nicht so detailliert: [...]
> Der Heilige Stuhl
> soll dem *neutralen* Geiste eine Wohnstatt bleiben.
> (170f.)

In seiner Haltung muss »ein Diplomat [...] manches sehen und – schweigen« (160). Riccardo begibt sich daraufhin, den Stellvertreter Gottes auf Erden stellvertretend, freiwillig nach Auschwitz; er heftet sich den Judenstern an und will als Christ sühnen. In seinen Augen ist der Gehorsam vor Gott wesentlicher als der vor dem Oberhaupt der Kirche. Für den Papst ist diese Haltung eine Anmaßung, stellt sie doch die straffe Hierarchie des Heiligen Stuhls in Frage. Am Ende der Schlüsselszene, die reines Christentum der Institution der katholischen Kirche entgegensetzt, die in Pius' Bewusstsein nur als Vermittler auftreten kann – Hochhuth bezeichnet den Papst als »Makler« (176) –, zitiert der Autor das allseits bekannte Bild aus der Bibel: Wie Pontius Pilatus wäscht sich der Papst seine Hände.

Der fünfte Akt des Stücks spielt in Auschwitz; kein anderes Drama der modernen Literatur hat Auschwitz in direkter Weise – als Ort der Handlung – behandelt. Die Luccanis, eine Familie unter den aus Rom Deportierten, sind in Auschwitz angekommen, und der Zuschauer erfährt vom Leid der jüdischen Opfer. Ein Arzt – hier ist an den realen Dr. Mengele, der im KZ Auschwitz Menschenversuche durchführte, zu denken – behandelt die Angekommenen mit zynischer Menschlichkeit, verteilt Bonbons an kleine Kinder. Und wieder thematisiert Hochhuth die Frage nach Gott. Dämonisch stellt der Doktor fest, dass es Gott nicht geben könne, da er, der Selektierende, der über Tod und Leben entscheidet, ihn versucht und dieser nicht eingegriffen habe. Der Nazi-Täter, der jenseits alles Menschlichen steht, begreift sich als gottgleich: »Wahrhaftig: Schöpfer, Schöpfung und Geschöpf / *sind* widerlegt durch Auschwitz.« (198) Gerstein kommt ins Lager; unter Einsatz seines Lebens versucht er, Pater Riccardos Entlassung durchzusetzen. Doch kann er Riccardo, der im Verlauf der Handlung dem Juden Jacobson seinen Pass übereignet hatte, nicht vom Märtyrertod abhalten. In einer kolportagehaften Szene, in der Gerstein, Riccardo, Jacobson und Carlotta Luccani vom Doktor überrascht werden, wird selbst der Christ in der Todesfabrik zum mutmaßlichen Täter, wenn er auf den Doktor zielt und sofort erschossen wird.

Dieser problematische Schluss ist nicht untypisch für das dramatische Schaffen Rolf Hochhuths und seiner von Details überbordenden politischen Dramatik. Zwei Vorbehalte wurden gegen das Stück geltend gemacht: Naturgemäß positionierte sich nach der Uraufführung im Sturm der Entrüstung die katholische Kirche, die dem Autor »Schwarz-Weiß-Malerei«[42] und anti-katholische Ressenti-

---

42 Nehring, »Die Bühne als Tribunal«, in: Wagener, *Gegenwartsliteratur und Drittes Reich*, S. 77.

ments unterstellte. Immer wieder wurden gegen Hochhuth formale Argumente ins Feld geführt. Seine Stücke seien ästhetisch unausgereift. So schreibt Wolfgang Nehring, dass im Auschwitz-Akt »die Grenze des ästhetisch Zumutbaren überschritten« (76) werde. Auch Marianne Kesting spricht von »schlichtem Realismus« (79) und bemängelt, dass der Autor lediglich die Dokumente dramatisiert habe, ohne die konzise Analyse der historischen Verhältnisse im Sinne Brechts vorzunehmen. Dies ist die klassische Kritik an aller unbequemen politischen Dramaturgie, die in ihrem Kern fehlgeht. Freilich ist Hochhuths über zweihundert Seiten langes Stück kaum spielbar und bedarf für die Theaterpraxis harter Striche, doch von entscheidender Bedeutung ist, dass hier unbestreitbare, erschreckende Tatsachen ins öffentliche Licht der Diskussion gebracht wurden, die zu einer weltweiten politischen Debatte führten. Bei Dürrenmatt, wenn die Frage der Verantwortung der Naturwissenschaft zur Diskussion gestellt wird, zeigt sich ein vergleichbares ästhetisches Problem wie bei Hochhuth, der das schlimmste Verbrechen der Menschheitsgeschichte auf die Bühne setzt. Auschwitz und der Holocaust wurden immer wieder unter dem Aspekt des Unsagbarkeitstopos bezüglich der Literatur diskutiert. Die Literatur trifft hier auf folgendes Problem: Einerseits muss das Thema zur Sprache gebracht werden, andererseits reichen die literarische Sprache und Gestaltung offensichtlich nicht dazu aus, die realen Schrecken künstlerisch adäquat darzustellen. Hochhuth selbst ist sich dieser Problematik durchaus bewusst:

> Keine Phantasie reicht aus, um Auschwitz oder die Vernichtung Dresdens oder Hiroshimas [...] vor Augen zu führen. Der Mensch kann nicht mehr erfassen, was er fertigbringt. [...] Eine so überhöhte Figur wie der Doktor, der keinen bürgerlichen Namen trägt, die Monologe und anderes mehr machen deutlich, daß

Nachahmung der Wirklichkeit nicht angestrebt wurde […]. (178)

Wenn nach Dürrenmatt die Atombombe keine ästhetische Formung finden kann, so ist nach Hochhuth – hier liegt sein objektives ästhetisches Dilemma – auch Auschwitz tatsächlich nicht darstellbar. Daher erscheint es nicht berechtigt, hier formal zu argumentieren. Insofern sei die These erlaubt, dass das Problem die historische Realität des Holocaust ist und nicht so sehr die hochhuthsche Dramaturgie.

Der Autor selbst stellt sich – anders als Bond – gegen das brechtsche Verfremdungsverfahren, wenn er in seinem Vorwort zu *Guerillas* (1970) den *Guten Menschen von Sezuan* als »kostümball-vergnügt«[43] bezeichnet. Dieses Verfahren würde die politische Realität historisch verbrämen. Nach Hochhuth habe der politische Dramatiker die Wirklichkeit direkt abzuhandeln und nicht wie in Brechts *Galilei* in die Historisierung auszuweichen oder im *Sezuan*-Stück die Welt parabolisch zu verfremden. Die parabolische Form im Umgang mit dem Nationalsozialismus, wie in Max Frischs *Andorra* (1957/61), nennt nichts und niemanden eindeutig beim Namen und bleibt der Aura der Allgemeinheit verschrieben. Wenn Nachahmung oder gleichnishafte Bildlichkeit nicht angestrebt wird, so wird Theater zumindest zum Ort der bitteren Erkenntnis. Tatsache bleibt, dass Hochhuth durch den direkten, faktischen Weg seine Wirkung nicht verfehlt hat. Solche literarischen Versuche können aber andererseits eine Geschichtsschreibung, die sich umso mehr mit den Problemen der Darstellung beschäftigen muss, nicht ersetzen. Abwegig erscheint, dem Autor antireligiöse Polemik zu unterstellen; vielmehr wird in diesem christlichen Trauerspiel, wie der Autor das Werk ausdrücklich benennt, generell der

---

43 Hochhuth, *Guerillas*, S. 19.

Konflikt deutlich, den alle Christen in diktatorischen Zusammenhängen auszustehen haben. Riccardo und der Papst versinnbildlichen unterschiedliche Standpunkte, und zweifellos muss auch über die politische Haltung des Papstes nachgedacht werden. Sein Standpunkt wird zwar von Hochhuth scharf attackiert, aber auch in seinen Konturen in der historischen Situation nachvollziehbar. Das Stück transportiert zweifellos eine harte Kritik an der Institution Kirche, doch gerade die aufeinander treffenden Standpunkte stiften auch ein dem dokumentarischen Theater eigenes Moment an Objektivierung. Wenn nicht in dieser Form von Dramatik, wo sonst werden differierende Standpunkte detailliert ausdiskutiert? In seinem ästhetischen Kern – insofern zeigt sich wieder, wie problematisch fixe, klassifizierende literaturwissenschaftliche Begriffe immer sein müssen – folgt dieses ›dokumentarische Drama‹ der schillerschen Ästhetik, in der ein Idealist ob seiner Haltung in den Freitod geht. Es handelt sich um ein geschlossenes Geschichtsdrama im klassischen Sinne.

Erwin Piscator, der bereits in den zwanziger Jahren politisches Theater auf die Bühne brachte, um den direkten politischen Eingriff in die Verhältnisse zu initiieren, führt zu Recht aus: Das Stück erzwinge eine »objektivierende, die Totalität menschlichen Verhaltens untersuchende Geschichts-, nicht Geschichten-Schreibung«.[44] Im Konflikt der Standpunkte, in der Fülle der Kommentare, die der Autor dem Stück unterlegt, findet die harte Konfrontation mit den Fakten statt. Hochhuth hat ein Stück gegen das Vergessen-Wollen geschrieben, wenn, wie Piscator sagt, ein ›totales Theater‹ die verdrängte Vergangenheit ans Licht befördert. Die historische und politische Relevanz der viel geschmähten Dramatik Hochhuths liegt darin, dass jeder Einzelne, konfrontiert mit den differierenden Haltungen, sich mit der Vergangenheit auseinandersetzen

---

44 In: Hochhuth, *Der Stellvertreter*, S. 8.

kann, gerade weil die zutiefst menschliche Ebene von Hochhuth angesprochen wird. Wenn man das politische Drama anhand seiner Folgen misst, dann bleibt festzustellen, dass weder *Die Physiker* noch der *Biedermann* oder ein einziges Stück Brechts eine derartige öffentliche Wirkung hatte wie *Der Stellvertreter*, der Skandal erzeugte. Hier wurde eine unabweisbare politische Klarstellung, welche Rolle die Person des Papstes spielte, erreicht.

Verkehrung der Empirie – Die Erfahrung des Absurden

> »WLADIMIR: Nun wird es wirklich sinnlos.
> ESTRAGON: Noch nicht genug.«
> *Samuel Beckett*

Welterfahrung anders

Ob nicht das von Martin Esslin so bezeichnete »Theater des Absurden« viel politischer erscheint als die hier exemplarisch behandelten Formen der politischen Dramatik, wird im Folgenden die Frage sein. Wieder zeigt sich, wie kompliziert – wenn nicht gar aussichtslos – es ist, Kategorien oder gar Systematiken zur modernen dramatischen Kunst zu finden. Die Werke kommen zu differenziert daher, sie überschneiden sich. Fixierende Begriffe können, wenn sie den Anspruch einer konzisen Definition erheben, nur Hilfsbegriffe sein, die einen lediglich beschreibenden, heuristischen Charakter haben.

Esslin definiert das »Theater des Absurden« wie folgt:

Im Theater des Absurden [...] ist das Bestreben wirksam, das Bewußtsein der Sinnlosigkeit des menschlichen Daseins und der Unzulänglichkeit rationaler Anschauungsformen durch den bewußten Verzicht auf Vernunftgründe und diskursives Denken zum Ausdruck zu bringen. [...] Das Theater des Absurden verzichtet darauf, *über* die Absurdität der menschlichen Existenz zu diskutieren; sie *stellt* sie einfach *dar* als konkrete Gegebenheit [...].[1]

Keine philosophischen Diskussionen über Sinn und Unsinn der Welt finden in dieser Dramatik statt. Vielmehr

---

1 Esslin, *Das Theater des Absurden*, S. 14f.

zeigen die Theaterszenen, was etwa Albert Camus in seinem Essay *Der Mythos von Sisyphos. Ein Versuch über das Absurde* (1942) theoretisch entwickelt hat. Sisyphos, der das menschliche Dasein verbildlicht, rollt den Stein nach dem Willen der Götter unaufhörlich auf den Berg. Sein Tun ist widersinnig, absurd, und der Selbstmord oder die Revolte bleiben als Ausweg, die aber nicht zur Überwindung der absurden Lage führen. Vielmehr schweigt die dinghaft gewordene Welt gegenüber dem fragenden Menschen. Sisyphos' Tun erscheint lediglich als absurde Revolte eines sinnlosen Versuchs von Selbstverwirklichung. Mithin ist die theatralisch dargestellte Erfahrung des Absurden nicht in Thesenstücken manifest, vielmehr wird das Denken über das Absurde zur Handlungsvoraussetzung unterschiedlicher Stücke. Absurde Lagen erleben die dramatische Verbildlichung.

Generell lässt sich festhalten, dass in diesen Formen von Dramatik Sprache aufgelöst oder abgewertet wird, z.B. in Scheindialogen, die tatsächlich eine Handlung nicht vorantreiben, vielmehr sie blockieren. Die traditionellen Elemente des Dramas, wie die Intrige, differierende Charaktere, zielgerichtete Handlungen oder die obligatorische Lösung des Konflikts, werden aufgelöst. Die Wiederholung identischer Sätze und Handlungen kann auf die Spitze getrieben werden; das Stück ist nicht mehr auf sein Ende hin fokussiert. Zielgerichtete Handlung – eine zentrale Kategorie von Dramatik – wird exemplarisch in Becketts *Warten auf Godot* (1948) dahingehend verändert, dass überhaupt nichts mehr geschieht, außer dem dialogisierten Warten auf jenen Herrn Godot, von dem niemand weiß, wer er ist und warum man auf ihn wartet. Solcherlei Dramaturgie setzt auch in anderen Fällen deutlich auf die physische Qualität des Dramas, etwa durch Rituale, Akrobatik oder die Groteske.

Den von ihm in die Diskussion gebrachten Begriff »absurdes Theater« hat Martin Esslin selbst später relativiert.

Nachdem die Diskussion über ein neues Theatermodell im Gange war, musste er feststellen, dass sein Begriff – zum Ismus verkommen – lediglich ein deskriptiver sein kann, der Varianten absurder Theaterstücke unstatthaft zu einer fixen Begrifflichkeit hatte erstarren lassen. Nach Esslin bleibt der Begriff nur insofern relevant, als immer gefragt werden muss, »in welcher Form das Gefühl, die Welt sei mit rationalen Mitteln nicht zu erklären«,[2] dramatische Varianten einer identischen philosophischen oder auch ganz realen Welterfahrung zur Diskussion stellt. Hier gar von einer Gattung zu sprechen, muss folglich abwegig erscheinen.

Den Stücken gemein ist aber das Problem für den Interpreten, denn wie soll die gezeigte oder herrschende Sinnlosigkeit auf der Bühne sinnhaft erörtert werden. Hier wird Deutung, rationale Auslegung oder gar inhaltliche Erörterung problematisch, wenn nicht unmöglich. Das ist der zentrale Gegensatz zu der hier beschriebenen Linie der politischen Versuche im Drama. Und wenn Auslegung versperrt wird, dann wird das System Literatur gesprengt und mithin auch Literaturwissenschaft hinterfragt. Bei Friedrich Dürrenmatt war inhaltlich von einer paradoxen Situation zu sprechen. Die dem absurden Drama inhärente Paradoxie lässt sich weit schärfer fassen. Rüdiger Görner spricht von einer zutiefst widersinnigen Logik des Absurden, ein hermeneutischer Zirkel ist hier für den Leser nicht zu schließen, vielmehr öffnet sich dieser in das bodenlose Areal der Sinnlosigkeit:

> Das bedeutet, daß gerade die Arbeit am Absurden in besonderem Maße widersinnig sein muß; bemüht sie sich doch um eine Bestimmung des Ziellosen. Definitionen des Absurden führen sich demnach unweigerlich selbst – *ad absurdum*.[3]

---

2 Esslin, *Jenseits des Absurden*, S. 191.
3 Görner, *Die Kunst des Absurden*, S. 2.

Vollkommenes Nichts: Eugène Ionesco I

Die These wurde aufgestellt, dass im »Theater des Absurden« durchaus Momente politischer Gesellschaftskritik zu beobachten sind. Eugène Ionescos Behringer-Dramen seien in diesem Zusammenhang erörtert. In den *Nashörnern* (1957) mutieren Menschen zu Tieren, und gerade dieses Bild hat einen deutlichen politischen Aussagewert. Die Bühne wird zur metaphorischen Landschaft, wenn der Konformismus gebrandmarkt wird. Ja man kann sagen, dass die szenische Grundsituation als solche Metapher ist. In seinem Stück *Der König stirbt* (1962) geht die Welt unter, König Behringers Reich zerfällt, ohne dass der Zuschauer – so die absurde Grundsituation – erfährt, welche Ursachen es dafür gibt. Es stellt sich die Frage, ob nicht dieses klassische Werk des absurden Theaters, freilich völlig anders als in Haralds Muellers *Totenfloß*, aber viel genereller, das die Menschen betreffende globale ökologische Problem versinnbildlicht. So jedenfalls kann man das Stück heute durchaus lesen.

Auch in Ionescos Werk *Der Fußgänger der Luft* (1962) sieht der fliegende Behringer apokalyptische Bilder. Zwar heißt es ironisch im Text, er hätte die *Apokalypse* des Johannes gelesen, doch im Atomzeitalter ist der konkrete Weltuntergang möglich geworden. Und nicht zuletzt erlebt der Zuschauer in Ionescos *Mörder ohne Bezahlung* (1957) eine völlig annihilatorische Situation, eine Nullsituation. Nach den Worten des Autors stellt die Bühne das reine Nichts, die »Leere«[4] dar.

Behringer ist endlich in der Sonnenstadt angekommen. Auf der Bühne aber ist es völlig leer, den utopischen schönen Ort, den Behringer durchwandert, gibt es gar nicht. Im Laufe des Stücks stellt sich heraus, dass die Bewohner die Stadt nach und nach verlassen; hier geht ein Mörder

---

4 Ionesco, *Mörder ohne Bezahlung*, S. 61.

um. Er ist nicht zu greifen. Der Architekt des Ortes, der gleichzeitig Kriminalbeamter ist, vertritt ein unwirkliches, repressives politisches Regime, das auf der Bühne ebenfalls nicht konkret auftritt. Am Ende des Stücks – der Autor bietet zwei szenische Varianten an – trifft Behringer auf den Mörder, und dramatisch tritt dieser nur »unsichtbar« in Erscheinung. Behringer, der ihn von der Sinnlosigkeit seiner Taten überzeugen will, spricht gleichsam ins Leere, »ins Dunkel« (149); er spricht mit einem imaginären Phantom.

Ionescos multiple Behringer-Figur, der Angestellte, der König, der, der fliegen kann, erlebt eine undurchschaubar gewordene, inkommensurable Welt, die jeweils unbegreiflichen Bedrohungen ausgesetzt ist. Diese aber sind total, für Behringer ungreifbar und unentrinnbar. Sie bleiben, um mit Friedrich Dürrenmatt zu sprechen, so unbegreiflich wie die Atombombe. Zumindest bleibt festzuhalten, dass diese Dramatik der Überwirklichkeit die totale Negation verbildlicht. Dies erfolgt nicht wie im psychologischen Drama durch das Befindlichkeitsporträt der Figuren, vielmehr durch die szenische Lage. In den Behringer-Stücken ist die Verfremdung – anders als bei Brecht, der die Welt verstehbar gestalten und auf konkrete Missstände hinweisen möchte – auf die Spitze getrieben. Bei Brecht zielt der V-Effekt darauf, dass uns das gewöhnlich Erscheinende, dass etwa der Unternehmer Shui Ta oder die Mutter Courage ihren Profit machen wollen, fremd und kritikwürdig begegnet. Bei Ionesco hingegen herrscht völlige Fremdheit, etwa die einer auf der Bühne beschriebenen, aber tatsächlich nicht zu betrachtenden Stadt, die als Metapher den Zustand der Welt darstellt. Hier ist die Abstraktion, die auch einen verstörend unterhaltsamen Charakter hat, weiter getrieben als bei Brecht, wo noch konkrete, zielgerichtete Handlungen stattfinden, die an die Ratio appellieren. Man muss Ionescos Bilder nicht als einen philosophischen Nihilismus lesen; man kann sie auch als ganz reale Abbilder einer als irrational betrachteten, verwalteten, sich möglicherweise selbst vernichtenden Welt begreifen. Bei Strauß wird die Entfremdung des Subjekts direkt thematisiert, bei Ionesco dagegen herrscht die szenische Aura des Indirekten. Nicht einzelne Missstände in einem bestimmten System sind Zielscheibe der Kritik; vielmehr werden hier Totalbilder des Unbegreiflichen oder Absurden auf der Bühne, der Grundzustand der Welt also als sinnwidrig, unveränderbar, als Abgrund gezeigt. Ionesco und Brecht, die vermeintlichen Antipoden des modernen Dramas, das ›epische‹ und das ›absurde‹ Theater, stehen bei aller Unterschiedlichkeit durchaus in einem Zusammenhang, wie Martin Esslin in seiner Lesart formuliert, die von der Brecht-Forschung, allen voran von Jan Knopf, scharf angefochten wurde:[5]

> Die Realität selbst, die Begriffswelt des Zuschauers, sein gewohntes Denksystem – die Sprache – müßten zertrümmert, verschoben, umgestülpt werden, so daß er mit einer neuen Vorstellung von der Wirklichkeit unvermittelt konfrontiert würde. Damit fordert der unentwegte Brecht-Kritiker Ionesco einen weit radikaleren, sehr viel tiefgreifenderen Verfremdungseffekt als Brecht selbst. Am Aufführungsstil Brechts störte ihn gerade, daß »in ihm Wahres und Falsches eine unangenehme Mischung eingingen«, daß er die Verfremdung in Wirklichkeit nicht weit genug vorantrieb, nicht entschieden genug auf einen Abklatsch der Realität verzichtete.[6]

Der zentrale Unterschied dieser klassisch gewordenen Antipoden des modernen Dramas liegt in ihrer Haltung zur Welt: Erscheint für Brecht die Welt veränderbar, will der Autor über den V-Effekt dem Zuschauer vernünftige

---

5 Vgl. Knopf, *Bertolt Brecht. Ein Kritischer Forschungsbericht*, S. 38.
6 Esslin, *Das Theater des Absurden*, S. 109.

Lösungen zumindest suggerieren und an die Vernunft appellieren, so geht Ionesco den umgekehrten Weg. Die Welt sei nicht verstehbar, der moderne Mensch seiner transzendentalen, sinnstiftenden Wurzeln beraubt und die Vernunft endgültig gescheitert. Der Autor selbst schreibt, dass sich »alle Erklärungen als ungenügend« erwiesen hätten. Ideologien und philosophische Systeme helfen bei der Reflexion des Daseins nicht weiter, denn »diese Erklärungen« träfen auf das dem Subjekt eigenen »monolithischen unerklärlichen Dasein der Welt und des Lebens«.[7] Soziologie oder Ethik wären Ausweichmanöver, Hilfskonstruktionen, die dem herrschenden Nichts nicht beikommen könnten, es unstatthaft deuten. Dennoch lässt sich kaum bestreiten, dass auch Ionesco, der ein Theater der radikalen »Vergröberungen«[8] anstrebt, auf die Geschichte, auf die Welt im letzten Jahrhundert reagiert. Nicht von ungefähr erlebt das hier mit dem esslinschen Begriff des »absurden Theaters« umschriebene Drama nach 1945 eine internationale Blütezeit. Es lässt sich nicht von der Hand weisen, dass hier die singuläre historische Erschütterung, die mit Auschwitz zu verbinden ist, die die Subjekte auch in Hiroshima erfuhren, ihre ästhetische Folge gehabt haben muss. Insofern ziehen die Antipoden Ionesco und Brecht lediglich unterschiedliche Konsequenzen, wenn sie in der ihnen eigenen Form ästhetischer Verfremdungen die Zuschauer in ihrem Welt- und Realitätsbild verstören möchten. Brecht hat da noch Hoffnungen, wo Ionesco, der vehement ein ideologisches Theater attackiert, keine mehr hat. Es sei angemerkt, dass auch in dem hier behandelten Schlüsselstück Brechts, im *Sezuan*, Momente von Resignation anklingen. Beide – und auch hierin liegt eine Verwandtschaft, was wiederum darauf hindeutet, wie problematisch es sein muss, Begriffe wie das ›absurde‹ oder das ›epische‹ Theater gegeneinander-

---

7 Ionesco, *Bekenntnisse*, S. 113.
8 Ionesco, »Meine Erfahrungen mit dem Theater«, zit. nach: Staehle, *Theorie des Dramas*, S. 100.

zusetzen – verzichten auf das Verfahren der Psychologisierung, wenngleich in ästhetisch völlig verschiedener Weise. Sind bei Brecht auf der Bühne aufgestellte Tafeln oder Prospekte das zeigende, verweisende Medium, um die Erkenntnis zu befördern, so werden – dies ist ein zentrales Moment der Dramatik des Eugène Ionesco – die Requisiten gleichsam zum ›Helden‹ des Stücks. Im Stück *Der neue Mieter* (1957) versinkt die Figur in der Überfülle der angelieferten Möbel. Oder in seinem frühen Drama *Die Stühle* (1951), wenn ein Ehepaar auftritt, das 75 Jahre verheiratet ist, erlebt der Zuschauer, dass ihre Gäste nicht real in Erscheinung treten, sondern immer mehr Stühle die Bühne bevölkern. Hier geht der Autor so weit, dass Semiramis, die Ehefrau, und der Mann nun stellvertretend mit den Stühlen einer fiktiven Versammlung sprechen. Die Dingwelt ist übermächtig geworden; diese ästhetische Entscheidung – die szenische Omnipotenz der Requisiten – befördert das für Ionesco typische Moment der verfremdenden Übertreibung. Der Autor hat sein Drama folgendermaßen beschrieben:

> Es ist das Nicht-Dasein, die Leere, das Nichts. Die Stühle sind leer geblieben, weil niemand da ist. Und am Schluß fällt der Vorhang über dem Lärm der Menge, und auf der Bühne ist nichts als leere Stühle, Vorhänge, die im Wind schlagen, und so weiter ... und nichts ist da. Die Welt existiert nicht wirklich. Das Thema des Stücks ist nicht das Versagen, sondern das Nichts. Das vollkommene Nicht-Dasein: Stühle und niemand. Die Welt ist nicht; denn sie wird nicht mehr sein, alles stirbt, nicht wahr?[9]

Dass die Welt womöglich nicht mehr sei, dies kann politisch verstanden werden, gerade weil der Autor die

---

9 Ionesco, *Bekenntnisse*, S. 66.

seiner Meinung nach herrschende völlige Sinnleere markiert. Anders als in der zuvor erörterten Linie der politischen Dramatik hat sich der Begriff von Wirklichkeit in der Erfahrung des Absurden verschoben. Die Wirklichkeitsabbilder werden mehr und minder surreal; sie versinnbildlichen nicht nur sinnwidrige szenische Abläufe und Inhaltsleere, sie fungieren auch als Alptraumbilder des Unbewussten und seiner Ängste. Die Phantasiegebilde sind zum Bühnenambiente verdichtet. Die Phantasien, Träume, Ängste, die Innenwelten der Subjekte gehören für Ionesco genauso zur Wirklichkeit wie das, was wir sehen oder fassen können. Insofern ist in dieser Linie des modernen Dramas, die wir allgemein als Erfahrung des Absurden subsumieren möchten, die Innenwelt zur szenisch ansehbaren Außenwelt geworden. Die Verwandtschaft zu Franz Kafkas Prosa oder dem so bezeichneten expressionistischen Drama ist unübersehbar.

Kasperletheater: Alfred Jarry

Eine Zäsur in der Dramengeschichte erfolgt zweifellos im Jahre 1896, dem Entstehungsjahr von Alfred Jarrys *Ubu rex*-Zyklus. Das »Schlüsseldatum«[10] der Geschichte des modernen absurden Dramas muss aber auch als entscheidende Theaterrevolution angesehen werden, zumal hier inhaltlich wie formal vollständig mit jeglicher Tradition der Bühnenkunst gebrochen wird und in der historischen Folge Jarrys König Ubu in verschiedenen Variationen seine ästhetische Inkarnation erlebt. Jarry entwickelt ein radikal neues Konzept von Dramatik überhaupt, in dem das tektonische Drama in Struktur und Form seine grundlegende Erschütterung erfährt. Wurde bei Brecht in seinen klassischen Werken das epische Modell – wie fragwürdig

---

10 Görner, *Die Kunst des Absurden*, S. 43.

Alfred Jarry, *übbü*. Alienaproduktionen (Basel, Schweiz), 1999
Regie: Nils Torpus
Foto: Göran Gnaudschun, Potsdam

auch immer, weil inkonsequent – gegen die Dramaturgie der einfühlenden, miterlebenden Illusionsbühne gesetzt, so stiftet Jarry ein antiliterarisches Theater, das jegliche aristotelische Wahrscheinlichkeit im dramatischen Nexus konterkariert und alle vorher gültigen Dramenkonventionen sprengt. Hier lassen sich alle Züge der absurden Dramaturgie beobachten. Grundsätzlich ist dieser Stückzyklus insofern, als die ›Handlung‹ in ihrem verstörenden Kern das zentrale Moment aller absurder Dramatik in Szene setzt: Auf der Bühne erscheint der berserkerhafte Kleinbürger, dumm und verschlagen, gewalttätig und infantil, ein verzeichneter Unhold, dessen einzig folgerichtiges Verhalten im Widersinn der Taten liegt. Es herrscht die radikale Systematik des Sinnlosen, wenn das Spiel als solches sinnwidrig wird. Die zielgerichtete Handlung wird außer Kraft gesetzt.

Mère Ubu überredet Père Ubu, die Macht in Polen zu usurpieren, denn der dickwanstige Ubu frisst gerne Leberwurst. Der Staatsstreich gelingt. Bestialisch richtet der König seine feigen Untaten auch gegen das Volk. Sein Günstling Bordure gewinnt den russischen Zaren zum Krieg gegen den Usurpator. Ubu wird wieder gestürzt. Er entkommt per Schiff mit seiner Frau in sein Heimatland Frankreich. In *Ubu in Ketten* verwandelt sich der Exilierte in einen Sklaven; das Leben in Ketten, in denen er sich ebenso brutal gebärdet wie als König, erscheint ihm bequemer als das des Herrschers. Schließlich mutiert der Ubu Roi zum *Ubu Hahnrei*; er wird zu einem ominösen Wissenschaftler, dem Doktor der Pataphysik. Er will sich behelfs einer ›wissenschaftlichen‹ Methode an dem Ägypter Memnon rächen, mit dem ihn Mère Ubu betrügt. Schließlich wird er zum etablierten Bourgeois.

Wie eine Comic-Strip-Figur zeichnet Alfred Jarry seinen Anti-Helden, der ursprünglich nichts weiter als die Satire auf seinen Physiklehrer Hébert am Gymnasium sein sollte. Das shakespearesche Modell aus *Macbeth*, das große Thema des ungerechten Staatsstreiches, ist hier nur noch Folie für einen mechanisch grotesken Ablauf, der die Figuren wie Marionetten agieren lässt. Ubu mordet aus reiner Langeweile, und sein Polen liegt in einem »Nirgendwo«.[11]

Der Ubuismus kann als Haltung betrachtet werden, die Wahrheiten und Ideologien als blanken Irrsinn brandmarkt. Das Drama wird zur Nonsense-Literatur, zur reinen Parodie. Es herrscht die völlige Infantilisierung, die sich in einer sinnwidrigen Handlungsabfolge widerspiegelt und bis hin zu gebrochenen und aufgelösten Sprachmustern durchgezogen wird. Selbst das, wie Szondi konstatiert, grundlegende Moment aller Dramaturgie, der Dialog, hat keinerlei Sinnhaftigkeit mehr. Die

---

11 Jarry, *König Ubu*, S. 65, 69.

bewusste Trivialität von Sprache und Ablauf – Handlung wäre keine zutreffende Formulierung – setzt das vollkommene, um mit Ionesco zu sprechen, Anti-Drama auf die Bühne. Anders als Shakespeares Usurpator überlebt Ubu. Der Slapstick wird wie im Stummfilm zur bestimmenden ästhetischen Größe. Die Frage, warum gerade Ubu die Macht usurpiert, lässt sich ebenso wenig beantworten wie die, wie er die Macht wieder verliert. Rationale Kategorien sind in diesem radikalsten Drama der so genannten absurden Schule vollends aufgehoben. Hier wird das aristotelische Programm der Wahrscheinlichkeit, das über zweitausend Jahre Dramengeschichte bestimmt hat, in seinem Kern ausgehebelt. Existenz ist vollends zur sinnentleerten, puppenhaften Maskenexistenz degeneriert. Mechanik und Maschinisierung statt Ablauf herrschen vor. Deutung wird zwecklos. Sicher lässt sich ein Bezug zu Rabelais herstellen. Herr und Knecht sind identisch geworden, Herrscher und Sklave unterscheiden sich nicht. Und Polen gibt es offenbar gar nicht; die Welt erscheint surreal. Jegliche Ratio entpuppt sich als obsolet.

Und dennoch hat Alfred Jarry das Urbild des egoistischen, einfältigen, habgierigen und feigen Spießbürgers mit niederen Gelüsten auf die Bühne gesetzt. Dieser aber ist nicht soziologisch klassifizierbar, er steht als Karikatur in keinem sozial bestimmbaren Umfeld. Die konventionsfeindliche Illusionszerstörung der alten, von Shakespeare bekannten Muster ist eine totale. Die Armee besteht aus einem Statisten; absonderliche Folterinstrumente werden eingesetzt: »Adeligenhaken« (25), »Finanzsäbel« (29), »Phynanzkarre« (29), »Visagenmesser« (35), »Physikstock« (43), »Finanzhaken« (43), »Knalltotschläger« (47). Ubu folgt keinerlei Moral, vertritt weder Ansichten noch Ideologien. Schlagwortartig redet Ubu Rex in diesem Theater der Irrationalität von drei Dingen: Physik, Phynanz und Schoiße (in einer anderen Übersetzung: Pfuisik, Pfuinanzen und Scheitze[12]). Er bleibt als eindimensionale Figur vollkommen entindividualisiert und deformiert, ein »Inbegriff alles Grotesken«.[13] Man mag ihn, wie sein Autor sagt, als simple Kasperlefigur, als »Hanswurstpuppe« (68) begreifen. Keine tatsächliche Revolte stürzt ihn; Pferde aus Pappe treten auf, und Ubu reitet das riesige »Phynanzpferd« (35), das später verhungert, weil Mère Ubu das Futtergeld entwendet hat. Die Theatergeschichte, ob *Hamlet* oder *Macbeth*, wird in der Summe persifliert, die Weltgeschichte als Kasperletheater abgetan. Nicht nur der Konformismus, auch der Nicht-Konformismus steht in dieser Systematik des Widersinnigen zur Diskussion. Auch die Ironisierung wird auf die Spitze getrieben. Jarry zeigt eine Pseudowelt, nirgendwo und überall, Wirklichkeit in der Nicht-Wirklichkeit. Die Wirklichkeit ist offensichtlich für ihn in seiner ubuistischen Haltung chimärenhaft. Die Provokation ist in diesem Stück, das mit allen Konventionen bricht, eine totale, ein rationalistisches Weltbild von den Füßen auf den Kopf gestellt. Zynischerweise aber ist das Stück ganz traditionell in fünf Aufzüge gegliedert. Doch schon das erste Wort des Stücks, das leitmotivisch den Ubu begleitet, führte zum Theaterskandal: »Schoiße!« (5). Im scheinhaften Spiel und Gegenspiel fallen die Puppen ins Loch.

> VATER UBU: [...] Ich kann mich gar nicht genug bereichern. Deshalb lasse ich jetzt alle Adeligen hinrichten und kassiere die herrenlosen Güter. Los, los, werft sie ins Loch, die Adeligen. *(Die Adeligen werden durch die Falltür gezwängt.)* Schneller, beeilt euch. Jetzt will ich Gesetze machen.
> EINIGE: Auch das noch.
> VATER UBU: Zuerst reformiere ich die Justiz. Danach befassen wir uns mit den Finanzen.

---

12 Jarry, *Ubu. Stücke und Schriften*, S. 326.
13 Ebd., S. 321.

EINIGE RICHTER: Wir widersetzen uns jeglicher Änderung.
VATER UBU: Schoiße. Ab sofort bekommen die Richter kein Gehalt mehr.
DIE RICHTER: Und wovon sollen wir leben? Wir sind arm.
VATER UBU: Von den Geldstrafen, die ihr verhängt, und von dem Besitz der Leute, die ihr zum Tode verurteilt.
ERSTER RICHTER: Grauenvoll.
ZWEITER RICHTER: Niederträchtig.
DRITTER RICHTER: Empörend.
VIERTER RICHTER: Schändlich.
ALLE: Unter solchen Umständen weigern wir uns, Recht zu sprechen.
VATER UBU: Ab ins Loch mit den Richtern! (27)

Wenn im Surrealismus des Guillaume Apollinaire das Motto war, dass die Literatur wirklicher als die Wirklichkeit sein solle, so wird in Jarrys Antimodell diese Haltung radikalisiert. Historische Wirklichkeit wird in ein imaginäres Reich verlegt. Das Denken überlässt der Ubu einer »Enthirnungsmaschine«,[14] und der Bruch mit aller rationalistischer Systematik wird vollzogen. Jarry setzt in seinem Anti-System alle herkömmliche Kausalität außer Kraft. In seinem Roman *Heldentaten und Ansichten des Doktor Faustroll, Pataphysiker* (1898), der im Untertitel als ›neowissenschaftlich‹ bezeichnet wird, wird eine Wissenschaft erfunden, die vorgeblich die Realität des Irrealen untersucht. Logik wird zur Pseudologik umfunktioniert. Jarry geht so weit, dass er behauptet, die Fallgesetze der Physik würden in der tatsächlich herrschenden Pataphysik nicht mehr gelten. Der Stein falle nicht nach unten, sondern nach oben. Das Akzidenzielle, das Zufällige bestim-

---

14 Görner, *Die Kunst des Absurden*, S. 44.

me die Welt. Auch Definitionen werden zu Pseudo-Gesetzen. Es heißt:

> Definition: Die Pataphysik ist die Wissenschaft imaginärer Lösungen, die den Grundmustern die Eigenschaften der Objekte, wie sie durch ihre Wirkung beschrieben werden, symbolisch zuordnet.[15]

Hier wird das Absurde ›definiert‹. Die Ausnahme bestimmt in dieser Logik die Regel. Erst das Absonderliche zeige das total universal Herrschende. Das Unvernünftige also wäre das tatsächlich Vernünftige. Mithin muss Jarrys absurde Haltung der Verkehrung als eine radikale Wissenschaftsparodie, wie Görner zu Recht feststellt, begriffen werden. Er formuliert damit seine Kritik an moderner Wissenschafts- und Fortschrittsgläubigkeit.

Der »Durchbruch«[16] Jarrys, der, wie Francois Bondy feststellt, alles verändert hatte, darf zwar nicht als Modell betrachtet werden, doch die Wirkung des bösartigen »Kasperlespiels« ist stilbildend und unübersehbar. Die Dramatik verändert die Herrscherfiguren und ihre Ränkespiele zu in sich kreisenden, sinnentleerten Ritualen, die die Szene in ein imaginäres Reich verlegen.

Herrschaftsritual: Witold Gombrowicz

Den Ablauf von Witold Gombrowiczs Drama *Yvonne, die Burgunderprinzessin* (1935) stellt der Autor wie folgt dar:

---

15 Jarry, *Heldentaten und Ansichten des Doktor Faustroll*, S. 36.
16 Bondy, »Von Ubu zu Behringer«, in: Mainusch, *Europäische Komödie*, S. 256.

Herrschaftsritual: Witold Gombrowicz

1. Akt
Prinz Philippe verlobt sich mit der unappetitlichen Yvonne, denn er fühlt sich durch den verheerenden Anblick dieses Mädchens in seiner Würde verletzt. [...] König Ignaz und Königin Margarethe willigen aus Furcht vor dem Skandal [...] in die Verlobung ein.

2. Akt
Es geschieht, daß Yvonne sich in den Prinzen verliebt. Von dieser Liebe überrascht, fühlt sich der Prinz verpflichtet, darauf als Mensch und als Mann zu reagieren. Er wünscht, er könne sie seinerseits lieben.

3. Akt
Die Anwesenheit Yvonnes am Hofe verursacht sonderbare Verwirrungen. [...] Yvonnes Schweigen, Wildheit, Passivität bringen die Königsfamilie in eine schwierige Lage, [...] denn jeder findet darin so etwas wie eine Spiegelung von Unvollkommenheiten der eignen Person [...].
Eine Epidemie ungesunden Lachens sucht den Hof heim. Der König entsinnt sich seiner alten Sünden. Die heimlich wie besessen schreibende Königin [...] kann sich nicht verhelen, wie entsetzt sie über ihre Gedichte ist, die [...] Yvonne gleichen.
Absurde Verdächtigungen kommen auf. Die Dummheit und der Unsinn greifen um sich. Jeder spürt es, auch der Prinz [...]. Er fühlt sich selbst hinsichtlich Yvonnes absurd. [...] Er meint, einen wirksamen Gegenschlag zu tun: er umarmt [...] eine Hofdame und verlobt sich mit ihr, nachdem er mit Yvonne gebrochen hat. [...]

4. Akt
Der König, [...], die Königin, der Prinz versuchen jeder auf eigene Faust, Yvonne zu töten. Doch sie direkt zu töten, übersteigt ihre Kräfte: der Akt erscheint zu dumm, zu absurd, kein formeller Grund rechtfertigt das, die Konventionen sprechen dagegen.

Die Bestialität, die Wildheit, die Dummheit und der Unsinn wachsen unaufhörlich. Auf Rat des Kammerdieners beschließen sie, den Mord zu organisieren und zugleich den Anschein der Majestät [...] zu wahren. Es wird ein Mord von oben sein und nicht mehr von unten. Das Unternehmen gelingt. Die Königsfamilie kommt wieder zur Ruhe.[17]

Der Inhalt des Stücks, in dem die Heldin kategorisch schweigt, deutet auf die immanente Stagnation hin. Die veräußerlichte Konvention des Hofes muss wiederhergestellt werden. Einzig das Ritual, das Herrschaft in ihrer Sinnlosigkeit brandmarken möchte, muss an diesem bizarren Hof in seiner autonomen Logik gerettet werden. Das Drama, mündet in den unwirklichen Mord, um die Widerspenstige, die nicht sprechen, also als Marionette mitfunktionieren will, zu domestizieren. Vergleichbar mit Jarrys Drama ist die Ausgangssituation schon absurd; wieso der Prinz sich in die Hässliche verliebt, bleibt unbegreiflich, unmotiviert; auch dass sie nicht redet, wird nicht erklärt – nur gesetzt. Diese Situation bringt das Geschehen in Gang.

Das Reich der Burgunder ist ebenso wie das Polen Jarrys ein Nirgendwo und ein Überall zugleich. Die Protagonisten werden zu Chimären wahnhafter Abläufe, die von einer Dynamik, die sie mitreißt, erfasst werden. Sie funktionieren wie in Heinrich von Kleists Anfang des neunzehnten Jahrhunderts geschriebenem Aufsatz *Über das Marionettentheater*. Schon Kleist interessierte der Maschinismus im Innenleben der Figuren, ihn faszinierte ein Theater, das sich verselbständigt hat. Herrscht bei Jarry die Mechanik der Abläufe vor, wenn die Spieler unvermittelt in Löcher gestoßen werden, so entwickelt der Pole Gombrowicz ein bizarres Zeremoniell. Das Stück ist »ein

---

17 Gombrowicz, *Yvonne*, S. 33 f.

geschlossenes System, ein perpetuum mobile. [...] alles
dreht sich in einem verrückten Kreis« (55). Die Handlung
kreist um den Fixpunkt Yvonne; absurderweise erzeugt
das Nichtsprechen der Titelfigur die Dialoge. In Ignaz'
Reich wird nach ähnlich sinnwidrigen Kategorien regiert
wie in Jarrys nichtvorhandenem Polen, und auch die Wiederholung
der Motive bestimmt die Struktur, wenn Geschichte
und Herrschaft als zwanghaftes Wahnsystem entlarvt
werden:

> KÖNIG *(zerstreut)*: Gut, schon gut, ihr langweilt mich
> nur. Ich habe Wichtigeres am Hals. Noch etwas?
> KANZLER: Majestät, es handelt sich noch darum, festzusetzen,
> in welcher Aufmachung unser Sonderbotschafter
> [...] nach Frankreich entsandt werden soll.
> Schlagen sie Frack oder Uniform für die Reise vor?
> KÖNIG *(düster)*: Meinetwegen kann er nackt fahren. *(Erstaunen
> unter den Würdenträgern.)* Verzeihung meine
> Herren, ich bin heute etwas zerstreut. Soll er fahren,
> wie er will, wenn er es nur auf eigene Kosten tut.
> WÜRDENTRÄGER: Gerade dieses Urteil hatten wir von
> Eurer Majestät außergewöhnlicher Weisheit erwartet.
> MARSCHALL: Majestät, für heute [...] ist aus Anlaß der
> erhabenen demokratischen Verlobung des Prinzen
> Philipp mit der Repräsentantin der niedersten Gesellschaftssphären,
> Fräulein Yvonne, das große Gastmal
> angeordnet. Haben Majestät irgendwelche Wünsche
> hinsichtlich des Menüs?
> KÖNIG: Serviert Hautgout ... *(Verwunderung unter den
> Würdenträgern.)* Das heißt, vielmehr ... wollte sagen,
> Ragout [...]. Was gafft ihr mich so an?
> WÜRDENTRÄGER: Gerade dieses Urteil hatten wir von
> Eurer Majestät außergewöhnlicher Weisheit erwartet.
> GROSSRICHTER: Majestät, [...]. Hier ist das Gnadengesuch
> des alten Chlipek und eine Befürwortung durch
> alle zwölf Instanzen.

KÖNIG: Was? Begnadigen? Hinrichten!
WÜRDENTRÄGER: Majestät!
KÖNIG: Hinrichten, sage ich. Was gafft ihr mich so an? [...] Hinrichten, den Schurken, [...] weil ich ... hm ... das ... was wollte ich sagen? Wir sind alle Schurken. Ihr auch. Hört auf, mich anzugaffen. [...] Ich verfüge, daß mich von heute an keiner mehr anzugaffen hat. [...]
WÜRDENTRÄGER: Gerade dieses Urteil hatten wir von Eurer Majestät außergewöhnlicher Weisheit erwartet.
(85 f.)

Ob hingerichtet wird oder nicht, spielt keine Rolle; es gibt keine Rationalität der Entscheidungen in Ignaz' absurdem Reich. Die Sprache ist zur zeremoniellen Formel degeneriert, floskelhaft, ohne einen tatsächlichen Inhalt in der vulgarisierten Staatsaktion zu haben. Wer ist Chlipek? Es handelt sich offensichtlich um eine chimärische Kopfgeburt des infantilen Ignaz, die auf den Handlungsverlauf keinerlei Einfluss hat. Politik läuft sinnentleert ab.

Yvonne, die das Ritual stört, kann als das Stück vorantreibende Obsession der Handlungsträger betrachtet werden. Und so ist auch die generelle Struktur des Stücks paradox. Schweigen erzeugt floskelhaftes Reden; die dramatische Disfunktionalität, dass sich jemand verweigert, erzeugt erst in absurder Weise den szenischen Prozess. Dieser Befund weist auf den mit Jarry beginnenden Bruch mit der dramatischen Tradition hin. War bei Jarry jegliche Kausalität der Handlungskette aufgelöst, so wird in diesem motivisch mit Jarry verwandten Stück eine zweite zentrale Kategorie aller Dramatik in Frage gestellt: der sinnhafte dramatische Dialog. Wenn das Schweigen das Reden auslöst, dann ist das traditionelle Drama in seiner Grundfiguration von Rede und Gegenrede umfunktioniert. Vordergründig betrachtet, kann die Handlung des Stücks, welches das traditionelle Königsdrama konterka-

Georg Büchner / Witold Gombrowicz,
Leonce und Lena / Yvonne. Zwei Komödien
Maxim Gorki Theater, Berlin, 1996. Regie: Günther Gerstner
Foto: Sebastian Hoppe, Basel

riert, als eine bizarre Liebesgeschichte betrachtet werden. Hintergründig aber zeigt das Stück, das an Büchners *Leonce und Lena* (1836) anschließt, die Geschichte einer politischen, zwanghaften Sozialisation. Die konzentrische Dramaturgie, die durch Yvonnes Verweigerung ausgelöst wird, erzeugt eine absurde Grundsituation. Leitmotivisch verselbständigen sich Begriffe wie »idiotisch« (77f.); sie entfernen sich gleichsam von den Figuren, als wenn die Sprache die Figur regieren würde. Am Ende siegt der kollektive Wahnsinn über Yvonne, die schweigend alles durcheinander gebracht hatte. Das höfische Ritual, das eine völlig veräußerlichte Welt brandmarken möchte, kann nur durch den kollektiven Mord gerettet werden. Obwohl das Subjekt vom Kollektiv gerichtet wird, bedeutet dies nicht, dass Gombrowicz' Drama womöglich psychologische Implikationen unterliegen. Groteskerweise erstickt Yvonne beim Verlobungsbankett an einer Gräte, an einer Karausche, einem königlichen, »unwahrscheinlich aristokratischen« (103) Fisch. Die automatisierte Logik beziehungsweise Un-Logik der Gesellschaft hat sich durchgesetzt.

In dieser Form absurder Dramatik bewegt sich das Personal nur reagierend auf die Titelfigur. Es kann jedoch die Rede nicht von aktivem Handeln sein, es herrscht bewegter Stillstand.

> KÖNIGIN: [...] Was ist? Haben wir keinen Appetit? Oh, das ist aber gar nicht schön. Was machen wir denn da? Was? Was machen wir da?
> YVONNE *(schweigt).*
> KAMMERHERR: Nichts? *(Lacht sanftmütig.)* Nichts?
> KÖNIG: Nichts? [...] *(Zum Kammerherrn:)* Nichts?
> KÖNIGIN: Nichts ...
> KAMMERHERR: Absolut nichts, Majestät. Um mich so auszudrücken: wirklich nichts.
> *(Schweigen.)* (68)

Das Stück von 1935, erst spät von den Bühnen entdeckt, schließt an die Grundhaltung Gombrowicz' an, eine »Satire gegen die Herren, gegen die Überlegenheit«[18] zu schreiben. Es mag in seinem zeitlichen Zusammenhang auch als Reaktion auf die Verwerfungen der Zeit gelesen werden. Auch wenn Mechanismen totalitärer Regime absurd gebrochen werden, kann das Stück nicht auf eine Ebene von Anspielungen auf konkrete Geschichte und Politik reduziert werden.

---

18 Zit. nach Bondy/Jelenski, »Einleitung«, in: Gombrowicz, *Trauung*, S. 147.

Anti-Ismen: George Tabori

George Tabori, ungarischer Jude, dessen Familie selbst vom Holocaust betroffen war, nennt sein 1986 uraufgeführtes Stück *Mein Kampf* und spielt mit dem Titel auf Adolf Hitlers gleichnamiges Unwerk an. Inhaltlich wird in dem fünfaktigen Drama eine undenkbare Extremsituation erfunden: Was wäre, wenn eine Figur namens Hitler auf einen Juden träfe?

Die Szene in einem Wiener Obdachlosenasyl zeigt zu Beginn den Juden Herzl und den Koscherkoch Lobkowitz, der vorgibt, Gott zu sein. Herzl – provozierend kann hier Theodor Herzl, der Begründer des Zionismus assoziiert werden – verkauft die Bibel und schriftstellert. Sein Buch, über dessen Inhalt der Zuschauer nichts erfährt, soll »Mein Kampf« heißen; »Schlomo und die Detektive«, »Schlomo ohne Eigenschaften«, »Die letzten Tage der Schlomos« oder »Ecce Schlomo« seien ungeeignete Titel für einen Bestseller.[19] Die groteske Komik wird auch situativ zugespitzt: Ein Jude schreibt das Buch und Hitler, der an »Endverstopfung« (187) leidet, trifft in dem Männerasyl ein. Er möchte Maler werden und sich – wie der historische Hitler – an der Wiener Malakademie bewerben. Schlomo steht ihm dabei zur Seite, baut ihn auf, bügelt seine Hosen und erteilt ihm Ratschläge. An der Akademie fällt Hitler durch; ohne Hose war er durch Wien, den »Unschmelztiegel des Abschaums« (161), gelaufen. Er solle lieber »Anstreicher« (166) werden, wird ihm beschieden. Indes besucht Gretchen Globuschek Schlomo; der darf nun »ihr Hymen herzen« (174). Während Herzl die Geschichte der Juden in verschlüsselten Bildern erzählt – Vater und Mutter hätten ihn im Stich gelassen – und ihm »mehrere tausend Jahre alte« Tränen »durch Augen, Nase und Mund« (180) schießen, kehrt Hitler in das Asyl unter der Schlächterei zurück.

---

19 Tabori, *Mein Kampf*, S. 149.

Es ist Herzl, der nun Hitler rät, in die Politik zu gehen! Schließlich erscheint eine Frau Tod auf der Szene: Das »Sterben« wäre »schön« (193). Sie holt Hitler ab, an einem Ort, wo es nur noch »Zähne, Haare, Brillen und Plomben« (202) gibt, wie es bildhaft heißt. Die Imageri kippt in ein surreales Bild um. Schlomos Geliebte Gretchen verwandelt sich in »ein Hitler-Mädchen« (195), und der Gehilfe dieses ominösen Herrn Hitler, ein Mann namens »Himmlischst«, füttert Schlomo mit seinem Huhn Mitzi. Das Buch »Mein Kampf«, das man unbedingt haben möchte, wird nicht geschrieben.

Hitler und Herzl werden in einer absurden, verdrehten Situation gezeigt. Der als Jude Bezeichnete dient dem ödipalen Muttersöhnchen. Erinnern beide Figuren durchaus an Wladimir und Estragon aus Becketts *Warten auf Godot*, so erlebt Jarrys König, die moderne absurde Urfigur, dramenhistorisch ihre Wiedergeburt. Hitler ist keineswegs psychologisch oder gar als historische Figur dargestellt, vielmehr ist er, wie in Charlie Chaplins Film *Der große Diktator*, völlig durch seinen Infantilismus bestimmt. Die Beziehung zwischen Hitler und dem Juden, seinem Diener und Führer, ist vor realhistorischem Hintergrund nicht deutbar. Gerade dieser Jude ist es, der Hitler zu dem macht, was er ist: Hitler. Die inhaltlich gebrochenen Dialoge sind so konzipiert, dass dem verstörten Zuschauer das Lachen im Halse stecken bleiben könnte.

HITLER: Wie sehe ich aus?
HERZL: Ein Feschak.
HITLER: Ich weiß, daß ich nicht schön bin, aber meine Züge, hat man mir versichert, spiegeln einen eisernen Charakter.
HERZL: Bestehst du auf diesem eisernen Schnauzbart?
HITLER: Was dagegen?
HERZL: Du siehst damit aus wie ein Hunne, und Hunnen schätzt man hier nicht. Ich mag ja Hunnen, aber

die Akademie der Schönen Künste ist notorisch patriotisch. [...] Ich beschneide ihn besser.
HITLER: Ist mir schnurz, mach mich ruhig zu einem Kleinkrämer.
(Herzl kämmt den Bart, er hängt herunter, er stutzt das eine Ende, dann das andere, sie wollen nicht gerade bleiben, machen das Gesicht schief, bis Herzl den Busch auf eine respektable Zahnbürste reduziert hat, die unter der Nase lehnt. [...].)
Jude, ich schätze deine Handreichungen. Wenn meine Zeit gekommen ist, werde ich dich angemessen entlohnen. Ich werde dir einen Laden kaufen, damit du es warm hast, und wenn du richtig alt bist, finde ich eine saubere Lösung für dich, irgendein komfortables Altersheim in den Bergen mit Volkstanz-Festen samstagsnachts. (162f.)

Erwartungen werden enttäuscht, Erklärungsmuster oder gar Wertungen bleiben gänzlich aus. Die literarische Sprache zerschlägt ideologisch besetzte Sprachmuster, wenn der Begriff »Lösung« nur noch einen assoziativen Verweischarakter hat. Dem Zuschauer mag sich der euphemistische Begriff »Endlösung« aufdrängen. Hier kann sich ein Rezipient nicht mehr in den gewohnten Kategorien zum Nationalsozialismus verhalten. Die Situation ist so absurd, dass ein rationales Verhalten von Zuschauern zum Sachverhalt verunmöglicht wird. Moralische Denkmuster etwa werden ihrer Legitimität enthoben und *ad absurdum* geführt. Von erklärender Vergangenheitsbewältigung ist die Rede nicht; der Tabu-Bruch Taboris wird durch die szenischen und sprachlichen Verdrehungen auf eine grundsätzliche Ebene gehoben.

Das Inkommensurable – das Verbrechen, das mit dem Namen Auschwitz verbunden ist – gerät dadurch in den Blick, dass es *nicht* thematisiert wird. Trivial und banal ist das auf der Bühne Dargestellte, angeklagt wird nicht. Vielmehr erlebt der Zuschauer eine komisch-absurde Situation, die in dieser Unendlich-Spirale bestenfalls Assoziationen ermöglicht und jegliche Positionierung unterbindet, rationale Deutungskategorien aushebelt.

Hitlers in dem Stück auftretender Freund heißt Heinrich Himmlischst. Auch der, vor dem Gretchen in Goethes *Faust* graut, hat den Namen Heinrich. Taboris Schreckensmann, der Schlomo mit dem Hühnchen Mizzi füttert, konnotiert zum einen den Namen von Hitlers Gefolgsmann Himmler, dessen Vorname ebenfalls Heinrich lautete. Angemerkt sei, um zu zeigen, wie genau Tabori seine sprachlichen Bilder entwickelt, dass der historische Heinrich Himmler Hühnerzüchter war. Zum anderen ist aber auch blasphemisch auf das Wort Himmel angespielt, was in dieser absurden Metaphorik auf Taboris dramaturgische Position hindeutet. Assoziationen sollen angeregt und Erklärungen, Festlegungen ausgeschlossen werden. So soll der Jude Herzl den »Ofen« (187) reinigen, Gretchen fragt Schlomo nach »Gummibärchen« (173), die bekanntlich aus Knochen hergestellt werden, und sie bietet Schlomo an, ihn zu »entlausen« (175). Das Drama erhält seine absurde Qualität dadurch, dass dieser historisch besetzten Begrifflichkeit im Stückkontext eine eigene Bedeutung zugewiesen wird, die jedoch, auf den Holocaust anspielend, im Geschehen nur hindurchscheint. Erst die Antistruktur ermöglicht den Umgang mit dem NS-Regime, dessen rein mimetische Darstellung nicht möglich ist. Diese gebrochene Metaphorik entfaltet in Handlung und dramatischer Sprache in denkbar entwickelter Weise eine absurde Bühnenlandschaft. Kulturgeschichte und die Realgeschichte des großen Schreckens werden spiralförmig in den Sprachbildern ineinander gedreht, und in absurder Weise gerät die Spannung zwischen Gemeintem und auf der Bühne Gespieltem in die Extremlage.

Das Drama kann für diesen Autor, der mit Stücken wie *Die Kannibalen* (1968) oder *Mutters Courage* (1978) das

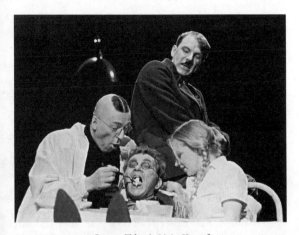

George Tabori, *Mein Kampf*
Maxim Gorki Theater, Berlin, 1990. Regie: Thomas Langhoff
Foto: Wolfram Schmidt, Hohenleipisch

Grauen der Vernichtungslager in der hier erörterten spezifischen Komik (!) darstellt, kein geschlossenes Deutungssystem sein. Der Autor stellt sich gegen Ismen, denn für ihn beginnt der Holocaust dann, wenn von *den* Juden oder *dem* Juden gesprochen wird. In seiner Tabula-Rasa-Haltung verdinglichen ideologische Sprach- oder Erklärungsmuster den Menschen, der dann gefährdet ist, wenn er einer Gruppe zugeordnet wird. Literatur darf sich in dieser Variante der absurden Linie keinem Ordnungssystem verschreiben.

In seiner Büchnerpreis-Rede berichtet der Autor von der einzig brauchbaren politischen Erziehung, die er erfahren durfte. Zurückgekehrt aus der Schule, hatte er seinem Vater berichtet, was es dort zu lernen gab: Alle Rumänen seien schwul. Darauf gab es den väterlichen Schlag:

> Nachdem er sich entschuldigt hatte, erklärte der Vater, dies wäre die Zeit der ekelerregenden Nationalismen, die die Menschheit mit einer Art von Die-da-ismen verdinglichen, um sie leichter zu vernichten. Erstens seien nicht alle Rumänen schwul. Zweitens, es wäre nicht schlimm, wenn alle es seien. Und drittens, es gäbe so etwas wie ›die Rumänen‹ nicht.[20]

Dramaturgisch wird George Taboris Gegnerschaft gegen den ›Die-da-ismus‹ zur poetischen Praxis. Und bei aller Farcenhaftigkeit des Stücks, das auch an die italienische Commedia dell'Arte anschließt, formuliert diese Darstellung des Absurden doch ein zutiefst humanistisches Weltbild. Kein böser Nazi oder guter Jude tritt auf, offenbar sind Schlomo und Hitler – so Taboris szenische Provokation – austauschbar. Taboris Metaphorik bleibt für Ideologien unanfällig, und absurderweise transportiert gerade die vordergründige Komik erst hintergründig den Schrecken.

Totales Theater

Jarry, Gombrowicz oder Tabori zeigen, ob als Nonsense-Stück, als höfisches, groteskes Zeremoniell oder als scheinbar alltägliche Szene in einem Asyl, das *theatrum mundi*. Die große Szene, das Welttheater steht auf der Bühne, wobei bei Tabori durch die Lobkowitz-Figur auch die Frage, ob Gott nur eine absurde Erfindung sei, zur Debatte steht. Ohne Zweifel klingen in diesen modernen Dramen, mögen sie von den Sprachhaltungen her auch di-

20 Tabori, *Liebeserklärung*, S. 135.

vergieren, Antonin Artauds Manifeste über ein neues Theater an. Seine Idee von einem »Theater der Grausamkeit« (1933) stellte sich gegen jegliche Form der Psychologisierung und wollte ein Theater der »äußersten Verdichtung der Bühnenelemente«,[21] ein Theater, das die Sprache, den Dialog reduziert, »außerhalb der Klippe des Wortes und der Wörter« (133). Seine Vision war ein universales Theater, das alle Sinne anspricht und Systematiken wie auch jegliche Handlungspragmatik zerschlägt. Es geht um ein Theater, das jenseits der deutenden Vernunft und Konstruktion angesiedelt ist. Das Primat des Dialogs soll nach Artaud zerbrochen werden; erst dann stoße der Autor das rezipierende Subjekt in die Region eines tatsächlichen, unentfremdeten Lebens. Das Drama wird auch jenseits einer empirisch verifizierbaren, soziologisch messbaren Welt angesiedelt. Hier formuliert sich die Gegenposition zum Naturalismus. Und auch die Träume, die Innenwelten, werden von Artaud als szenisch gleichberechtigte Elemente in einem so gefassten, totalen Theater betrachtet.

> Es [das Theater der Grausamkeit; A. S.] wird auf den psychologischen Menschen mit seinen wohlunterschiedenen Gefühlen und Charakterzügen verzichten und sich an den totalen Menschen richten, nicht an den sozialen, den Gesetzen unterworfenen und durch Religionen und Vorschriften entstellten. (132)

Theater der Grausamkeit bedeutet also nicht, dass besonders brutale Szenen auf die Bühne gesetzt werden sollen; vielmehr richtet sich Artauds Position gegen ein Theater, das Entwicklungslinien von Handlungen oder Charakteren wiedergibt. Die »Unerbittlichkeit« (131) liegt in der Totalität, die eine Einheit von Innen- und Außenwelten herstellen möchte. Hier wird auch die dramatische

---
21 Artaud, *Das Theater und sein Double*, S. 131.

Figur als menschliche Totalität gedacht. Die breit angelegte Entwicklung von Konflikten, sinnhaftem Spiel und Gegenspiel, Rede und Gegenrede, soll das Drama nicht mehr bestimmen. Auch Symbolik darf das Drama nicht mehr transportieren. Insofern ist ein zentrales Element der absurden Dramatik die Abwertung der Sprache. Der dramatische Dialog gerät in ein Missverhältnis zum Bühnengeschehen, wenn Dialog und szenischer Ablauf nicht mehr miteinander korrelieren. Sicher ist Artauds Vision, die wie das so genannte absurde Theater kaum deutbar ist, in dieser Linie der Dramatik nicht in seiner Totalität realisiert worden – wie denn auch? Diese Vision sprengt unsere Vorstellung von Theater und Dramaturgie.

Allen Stücken jedoch, die hier unter der ›Erfahrung des Absurden‹ subsumiert werden, ist gemein, dass sie im artaudschen Sinne nicht nur die psychologischen Muster der traditionellen Dramatik beseitigen, sondern dass sie auch die Sprache als sinnstiftende Instanz hinterfragen. Diese sollte ›poetisch‹ werden, was heißt, unmittelbar, frei von Rationalität und Hierarchie, unsystematisch. Auch reine Geräusche sollen integriert werden. Sprache wird hier in ihrer kommunikativen Funktion abgewertet oder, wie bei Tabori, in einer rational nur schwer fassbaren Metaphorik umgedeutet. Zumindest lässt sich bei Tabori eine Trivialisierung der Sprechhaltungen und der Figuren beobachten.

Sprechen als Sprachverlust: Eugène Ionesco II

Zeigen Gombrowicz oder Jarry die scheinhafte große Staatsaktion – auch Tabori rekurriert durch das Faust-Motiv oder Anspielungen auf Paul Celan oder Thomas Mann auf die Kulturgeschichte –, so verengt sich die Szene in anderen Fällen absurder Dramaturgie. Hier spiegelt der Mikrokosmos die absurde Lage. Eine fixe, unentrinnbare, statische Situation bestimmt das Stück, das völlig blockiert in sich kreist. Die dramatische Situation ist erstarrt. So blickt der Zuschauer in Ionescos Erstling *Die kahle Sängerin* (1948) in ein bürgerliches Interieur. Mr. und Mrs. Smith führen ihre alltägliche Abendunterhaltung. Gäste treten auf, Mr. und Mrs. Martin. Ein Feuerwehrhauptmann tritt in die Szene, sucht er doch ein Feuer, das er löschen kann. Er umarmt abrupt das Dienstmädchen Mary. Durch abstruse Anekdoten unterhält er die kleine Gesellschaft, bereitet ihnen »eine echte kartesianische Viertelstunde«.[22] Bevor er abgeht, fragt er noch: »Ah, daß ich es nicht vergesse: Was macht die kahle Sängerin?« (42) Es bleibt ein Erstarrungsmoment peinlichen Schweigens, bevor die ›Konversation‹ wieder einsetzt. Und der Zuschauer wartet vergeblich auf die Titelfigur, die nicht auftritt und nicht vorhanden ist. Dann bricht das Stück ab, das Licht geht aus, und es beginnt von vorne: Nun sitzen die Martins dort, wo zu Beginn die Smiths saßen.

Hier strukturiert ein sinnloser Kreislauf das absurde Drama, bei dem Anfang und Ende identisch sind. Statt einer fortschreitenden Handlung herrscht szenischer Stillstand. Auch die Dialoge treten auf der Stelle und zerfallen am Ende in nichtssagende sprachliche Bruchstücke; man reiht nur noch Buchstaben aneinander. Der Einakter ist zu Ende, wenn seine Situation *ad absurdum* geführt ist und die Handlung wie eine Seifenblase zerplatzt. Szenisch ist dieser Einakter durchaus mit der Situation in Albees Stück vergleichbar. Es lässt sich die völlige Dominanz der unentrinnbaren Situation beobachten. Die Lage bleibt unausweichlich; sie lässt sich nicht mehr in einen anderen Akt transponieren. Doch bei Albee hat der Dialog eine völlig andere Funktion, er dient zur Verständigung und Selbstverständigung des Personals.

Ionesco nennt sein Stück im Untertitel ein »Anti-Stück«. Der dramatische Dialog wird zur reinen Floskel, in dem

---

22 Ionesco, *Die kahle Sängerin*, S. 42.

Klischee an Klischee gereiht wird. Reden in alogischen Dialogen gerinnt gleichsam zu einer Ersatzhandlung. Das Sprechen ist nicht mehr Mittel zum Zweck, es dient nicht mehr der Kommunikation, sondern ist zum reinen Selbstzweck deformiert. Wenn es überhaupt eine szenische Spannung gibt, so stellt sich diese durch die Eigendynamik der komischen wie auch sinnlosen Dialoge her. Man möchte sagen, dass sich die Einzeldialoge gleichsam von ihren Sprechern lösen und verselbständigen. In einer Szene unterhalten sich die beiden Martins. In dem komischen Dialog stellen sie langsam fest, dass sie sich offensichtlich kennen, und merken schließlich, dass sie wohl ein Ehepaar sind. Das deduktive Denken erscheint in seiner absurden Verkehrung; die Logik wird auf den Kopf gestellt. Und schließlich ist auch die Frage des Feuer suchenden Feuerwehrhauptmanns so sinnlos wie sein Auftritt. Waren in *Der neue Mieter* von Ionesco die Gegenstände, die sich verselbständigen, dominant, so regiert hier die sinnentleerte Konversation. Das Boulevardstück und auch das psychologische Drama wird zur Folie, und gleichsam unkontrollierbar wird das Sprechen. Es herrscht ein für das Stück strukturbildendes Paradox. Der völlige Sprachverfall wird durch das permanente Sprechen bildhaft gemacht. Über sinnentleertes, floskelhaftes und bezugsloses Sprechen wird die bürgerliche Gesellschaft in ihrer Scheinwelt und ihren Idiosynkrasien entlarvt. Die Kommunikation deutet gerade auf die Kommunikationslosigkeit der Paare hin:

MRS. MARTIN: Ich kann ein Taschenmesser kaufen für meinen Bruder, ihr könnt Irland nicht kaufen für euren Großvater.
MR. SMITH: Man geht auf den Füßen, aber man wärmt sich mit Kohle oder Elektrizität.
MR. MARTIN: Wer heute ein Ei kauft, hat morgen zwei.
MRS. SMITH: Man muß im Leben durchs Fenster schauen.

MRS. MARTIN: Man kann auf dem Stuhl sitzen, auch
  wenn der Stuhl keine hat.
MR. SMITH: Man soll immer an alles denken.
MR. MARTIN: Die Decke ist oben, der Boden ist unten.
MRS. SMITH: Wenn ich ja sage, so meine ich das nur so.
MRS. MARTIN: Jedem sein Schicksal.
MR. SMITH: Nimm einen Kreis, streichle ihn und er
  wird zum Zirkelschluß. (42f.)

Unfreiwillig charakterisiert Mr. Smith die szenische Lage, wenn er von einem Kreis spricht. Im Mikrokosmos, durch die Konzentration auf den Ausschnitt, spiegelt sich das labyrinthische unbegreifliche Ganze. Die zufällige Szene wird variiert, im absonderlichen Sprachrhythmus verdichtet sich das Bild. Eine bestimmte Situation, die von Beginn an feststeht, bleibt manifest: eine Abendgesellschaft. Die Sprache unterliegt dem unaufhaltsamen Prozess der kontinuierlichen, sich verstärkenden Hinfälligkeit. Hier wird das Primat der Vernunft endgültig in Frage gestellt. Selbst wenn noch mehr und andere Personen auftreten würden, Sinnstiftung oder Handlungserzeugung ist nicht mehr möglich. Mit diesem Stück wurde, wie Ionesco sagt, das Anti-Drama überhaupt geschrieben. In seinem Kern kann man Ionescos Dramaturgie mit keinem Begriff fassen. Roland Barthes spricht in diesem Zusammenhang vom »Avantgardetheater«[23] und stellt fest, wie paradox sein Charakter ist. Schließlich sei das avantgardistische Drama immer an einen herrschenden Konformismus gebunden. Zum einen ist also das absurde Drama an eine herrschende Ästhetik als ihr Widerpart geknüpft, zum anderen aber wird diese Ästhetik verworfen. Nach seiner Überlegung hat Eugène Ionesco ein entpersonalisiertes Theater entwickelt. Barthes sieht hier das »Gesetz der Umkehrung« (259), in dem der Schauspieler alles und je-

---

23 Barthes, »*Ich habe das Theater immer sehr geliebt ...*«, S. 254.

der sein kann, nur nicht ein natürlicher Mensch. Die »Negation der Person« (260) wird nach Barthes durch die Sprachebene des Stücks entwickelt. War im traditionellen Theater das Wort identisch mit dem ausgedrückten Inhalt, so verkehrt sich im Avantgardetheater dieses Verhältnis. Das Wort wird seiner Botschaft enthoben; es steht für sich selbst und könnte so, in Artauds Sinne, als Provokation physisch auf den Rezipienten einwirken. In den *Stühlen* kann es daher kein Zufall sein, dass der Ehemann immer wieder von der bevorstehenden Versammlung redet, auf der er seine »Botschaft«[24] verkünden möchte.

In *Die kahle Sängerin* wuchern die Worte, sie laufen leer. In diesem, wie Barthes sagt, »Subversionsverfahren« entsteht zwischen Sprache und Aussage folgendes Verhältnis: Ionesco hält an der »Rationalität der Syntax« fest und zerschlägt damit die »Rationalität der Botschaft« (261). De Saussures Analyse des sprachlichen Zeichens als »Bezeichnendes«, das auf das »Bezeichnete« verweist, erlebt hier seine Untergrabung. Der dramatische Dialog, das Bezeichnende, verliert seine Verweisfunktion und verselbständigt sich. Mithin ist die Theaterfigur keine tatsächliche Person mehr, die uns tatsächlich etwas erzählt. Mag sein, dass dieses Verfahren, das auch an den *Ubu* denken lässt, eines der radikalsten der modernen Bühnenkunst ist: Der »solideste Wert« des abendländischen Theaters, »die Natürlichkeit des Schauspielers« (259), wird, wie Barthes feststellt, abgeschafft. Es zeigt sich, wie der sinnstiftende Dialog, von Szondi normativ, wenn nicht dogmatisch als alleinbestimmende Größe des Dramas betrachtet, umfunktioniert wird.

Die Einheit des Ortes war in der aristotelischen Dramaturgie ein grundlegender Baustein. In der absurden Linie des modernen Schauspiels wird dieses Spezifikum insofern verschärft, als eine Situation, wie bei Ionesco, dominiert.

---

24 Ionesco, *Die Stühle*, S. 15 ff.

Die absurde, unentrinnbare Lage tarnt sich hinter dem Dialog, der nur noch vordergründig wie im Konversationsstück abläuft. Die Konversation kann nicht mehr mit einem Ablauf korrelieren, da es diesen nicht mehr gibt. Und auch die Einheit der Situation ist im Einakter nicht mehr charakteristisch für den Schauplatz, vielmehr die totale Enge, wenn nicht das Gefängnis. Mag auch der Feuerwehrhauptmann auftreten, die Welt ist auf die vier Wände der Wohnung der Smiths reduziert. Jeglicher Kontakt zu einer menschlichen Außenwelt ist abgeschnitten. Schillers Maria Stuart ist zwar in einer Festung durch Elisabeth gefangen gehalten, dennoch ist sie nicht so radikal abgeschnitten wie die Figuren in der mikroskopischen Welt der absurden Dramatik. In diesem klassischen Drama ist die Gefangenschaft, von der aus Maria die Verschwörung plant, lediglich thematischer Vorwurf. In der Enge des absurden Einakters hingegen ist das Eingeschlossen-Sein existenziell. Die Linien überschneiden sich aber doch: Nicht umsonst spielen Albees oder O'Neills Protagonisten in nur einem Raum. Sartres *Bei geschlossenen Türen* (1944) oder Jean Genets *Unter Aufsicht* (1949) stellen ausdrücklich das Gefängnis auf die Bühne. In Ionescos *Opfer der Pflicht* (1952) stürzt die Figur in einen riesigen Papierkorb und bleibt dort gefangen. Die Frage nach dem Warum, die im psychologischen Stück zur szenischen Diskussion steht, verhallt ins Leere. Die Autoren inszenieren eine Zwangslage, in der die Situation und insbesondere der Raum dominiert.

Sprechen als Schweigen: Samuel Beckett I

Auch in Samuel Becketts Theaterstück *Endspiel* (1956) ist diese Lage alternativlos szenisch dominant. Der Ort markiert die unwirkliche Nicht-Existenz. Anders als das Wohnzimmer der noch drollig-spießigen Bürgerfamilie

Ionescos sieht der Zuschauer hier in einen kahlen, trübe beleuchteten Innenraum. Zwei hoch angebrachte Fensterchen sind durch Vorhänge verschlossen, zwei Mülltonnen stehen nebeneinander auf der Bühne. Hamm, der Herr, sitzt auf einer Art Rollstuhl, Clov, sein Diener, steht reglos an der Tür. Im Stummspiel öffnet der Diener mit einer Leiter die Vorhänge, zieht mit einem kurzen Lachen die Laken, die Hamm und die Tonnen verhängen, herunter und sagt tonlos: »Ende, es ist zu Ende, es geht zu Ende, es geht vielleicht zu Ende.«[25] Um dieses, wie auch immer geartete Ende dreht sich das gesamte Stück, das weitaus abstrakter angelegt ist als Ionescos Einakter. Es herrscht die raumzeitliche Nullsituation. Die Theaterkonvention wird zur reinen Parodie, zur Chimäre, wenn der blinde Hamm mit dunkler Brille nach einem Gähnen sagt: »Ich bin dran. [...] Jetzt spiele ich!« (11) Er, der nicht stehen kann, hat eine Signalpfeife, mit der er in dieser Szene der totalen Deformation Clov, der nicht sitzen kann, herbeizitiert. Wie die beiden zueinander stehen, bleibt unbegreiflich; offenbar hassen sich die Internierten, offenbar haben sie sich einmal geliebt, und Clov will seinen Herren verlassen, aber er ist unfähig dazu. Die einzige Spannung der Szene liegt darin, ob es geschehen wird oder nicht. Die Zwangslage wird von Beckett folgendermaßen konstruiert: Geht Clov, müsste Hamm, den er füttert, sterben; aber auch Clov würde verenden, denn Hamms Vorräte sind die letzte Lebensquelle. In der szenischen Auswegslosigkeit, in der die Figuren ihre Erinnerungen monologisch vortragen, heißt es:

HAMM: Warum tötest du mich nicht?
CLOV: Ich weiß nicht, wie der Speiseschrank aufgeht.
(17)

---

25 Beckett, *Endspiel*, S. 11.

In den Tonnen sitzen Nagg und Nell, Hamms beinamputierte Eltern, sie verlangen ihren Brei, es gibt aber nur noch Zwieback, wenn wir Clov glauben dürfen. Sie haben ihre Beine durch einen Tandemunfall bei Sedan – jenem historischen Ort einer großen Schlacht im Jahr 1870 zwischen Deutschen und Franzosen (!) – verloren. Hamm lässt Clov regelmäßig aus den Fenstern blicken, eines geht zum Meer, das andere zum Land. Die Welt draußen ist tot, augenscheinlich ist sie, schon bevor das Stück beginnt, durch eine Katastrophe zerstört worden: »Draußen ist der Tod. [...] Es gibt keine Natur mehr.« (19, 21) Und auch die Naturprozesse haben sich inkommensurabel verändert. Es ist nicht Tag und ist auch nicht Nacht, es ist »grau« (47), konziser von Clov beschrieben: »Hellschwarz, allüberall« (49). Clov schiebt Hamm mit dem Stuhl im Kreise, er bringt ihm einen albernen, dreibeinigen Stoffhund zum Spielen und einen Haken, mit dem sich Hamm alleine fortbewegen kann. Und Hamm, der vorgeblich Schriftsteller ist, erzählt die Geschichte einer Katastrophe. Aus der »Zelle« (115), wie es am Schluss heißt, gibt es aber kein Entrinnen. Clov steht reglos mit Koffer im Raum, und das völlig handlungslose Stück endet, wie es begonnen hat: »Altes Linnen!« (11, 118), wiederholt Hamm; reglos bleibt er unter dem Tuch sitzen, das zu Beginn sein Gesicht verdeckt hatte.

Nicht nur, dass unbegreiflich bleibt, was für eine Katastrophe die Welt in ein undefinierbares Grau verwandelt hat, die Absurdität Becketts, die alle Sinnhaftigkeit eliminiert, geht noch weiter. Theodor W. Adorno spricht in seinem »Versuch, das Endspiel zu verstehen« (1961) – man beachte den Titel –, dass es zwecklos sein muss, einer inhaltlichen oder gehaltlichen Interpretation des Endspiels nachzujagen: »Es verstehen kann nichts anderes heißen, als seine Unverständlichkeit verstehen, konkret den Sinnzusammenhang dessen nachkonstruieren, daß es keinen hat.«[26]

---

26 Adorno, *Versuch das Endspiel zu verstehen*, S. 169.

Hier wird nach Adorno nicht eine postulierte Absurdität bebildert oder erörtert, vielmehr überlässt sich das Drama in allen Einzelheiten dieser Sinnlosigkeit selbst. Nicht nur, dass die Situation und die Sprache völlig regredieren, auch herrscht – und dies ist für Beckett bezeichnend – die totale Verdinglichung. Dies gilt für die vier Darsteller, schon von ihren völlig reduzierten Namen her, als auch für die Gegenstandswelt. In der, wie Adorno sagt, hier gezeigten »vollendeten Verdinglichung der Welt« (172) haben die Gegenstände fatalerweise noch nicht einmal mehr einen Warencharakter, einen Kaufwert, d.h. die ganze Welt, die hier offengelegt wird, befindet sich nach Beckett im Zustand der völligen Deformation. Wir blicken in eine Zelle, sehen einen Blinden, Beinlose, es gibt einen Haken, Clov jagt einen Floh, selbst der Hund zum Spielen ist keiner. Trotz der Monologe, der aneinander vorbeigeredeten Dialoge, des hin und her geschobenen Rollstuhls und der Blicke aus dem Fenster, ist in diesem Nichts, in dem nur noch Ersatzhandlungen stattfinden, alles bewegungslos, tot. Es herrscht Stille, Starre (99), Einsamkeit und Isolation; selbst Gott hat die Welt verlassen, denn: »Der Lump! Er existiert nicht!« (81) Sogar die hier formulierten Sehnsüchte nach Veränderung, nach Leben und Entwicklung erweisen sich als höhnischer Spott. Das Subjekt ist von Beckett völlig liquidiert, es ist nicht mehr Handlungs- oder Entscheidungsträger. Der Autor stiftet ein unsinniges, abstraktes Theater, in dem nichts mehr konkret ist, in dem man nichts mehr riecht, nichts mehr sieht, nichts mehr schmeckt, kurz: in dem man nicht mehr ist.

In diesem Reduktionsverfahren sehen wir Winnie in Becketts *Glückliche Tage* (1961) fröhlich in einem Sandhaufen, zuletzt bis zum Kopf eingeschlossen; in *Das letzte Band* (1958) redet die Figur Krapp mit einem Tonband. Zwar ist die jeweilige szenische Situation Metapher, aber die Ästhetik der Stücke ist metaphernlos. Auch Krapps Ich, das sich erinnert, ist tatsächlich nicht mehr existent.

Er versucht mit seinem Alter Ego mit Hilfe alter Tonbandaufnahmen zu kommunizieren. Diese Selbstvergewisserung führt in die Leere. Das Subjekt redet mit einem technischen Gerät; es herrscht auch hier wieder nur eine scheinhafte Kommunikation, die keine ist. Bei der Konfrontation des alten mit dem jungen Krapp haben sich seine Erinnerungen materialisiert. Die Figur wird einer Stimme aus der Vergangenheit ausgesetzt.

Es ist nicht unbedeutend, dass Becketts Stücke, die keine Affirmationen mehr kennen, sprachlich denkbar einfach gehalten sind. Hier liegt die Konsequenz dieser szenischen Form der Darstellung der Erfahrung des Absurden. Die metaphernlose Kunstsprache schafft sich eine Form, in der die gesetzte metaphysische Sinnlosigkeit ästhetisiert wird. Wenn schon, wie Beckett meint, die Welt sinnlos ist, dann muss dies in die Sprachbilder, die bewusst banal gehalten sind, übersetzt werden. Becketts Figuren haben in seinem statischen Desillusionstheater keinerlei Entwicklung. Es herrscht Regression. Ob Hamm, der Geschichten erzählt, oder Krapp, der sich seine Geschichte aufbauen möchte, beide haben genauso wenig wie ihre Zuschauer die Möglichkeit, sich der Korrektheit ihrer Erinnerungen oder Wahrnehmungen zu versichern. Ein zentrales, wenn nicht das zentrale Moment alles menschlichen Lebens wird hier unterhöhlt: sich selbst gewiss zu sein.

Und auch die Zeitverhältnisse gehen in Becketts reduktionistischer Dramatik durcheinander. Das, was wir Zuschauer sehen, das szenische Jetzt, soll zugleich die mögliche Zukunft abbilden und stellt die völlig unkonkrete Vergangenheit der Spieler dar. Krapps Erinnerungen an einem Abend, spät in der Zukunft, sind zu einer Stimme materialisiert, technisch verdinglicht, wenn die Szene mechanisch vor- und zurückläuft. Dramatische Sprache, die inhaltslos in einem szenischen Nirgendwo verortet ist, wird bei Beckett zur denkbar extremsten Erfahrung der

Selbstentfremdung. Nicht zufällig sind »Augen« ein leitmotivischer Begriff im Krapp-Drama. Außenwahrnehmung, wie es sie noch im *Endspiel* gibt, wenn Clov, außerhalb des Blickfelds der Zuschauer, von einer grauen Welt ohne Sonne berichtet, gibt es hier nicht mehr. Auch die Vorstellungen von dem, was im Stück geschieht, werden dem Zuschauer genommen. Insofern geht Samuel Becketts Weg, wenn seine Stücke immer kürzer werden, von einem szenischen Außen radikal in ein Innen. Er demonstriert, dass die Perzeption von Welt unmöglich ist, und wie Krapps Verhältnis zu seiner mechanischen Stimme absurd wird, so wird das vom Zuschauer zur Szene ebenso sinnlos. Wieder erlebt der Zuschauer ein dramatisches Paradox: Szenisches Sprechen mündet in Schweigen.

Sprechen als Wiederholungszwang: Thomas Bernhard

Thomas Bernhard, der zu den erfolgreichsten Nachkriegsdramatikern gezählt werden muss, steht in einem deutlichen Zusammenhang mit Samuel Becketts Dramaturgie. Seine Stücke können, wenngleich komödiantischer als die des Iren Beckett, als bewegter Stillstand beschrieben werden. Sein Erstling *Ein Fest für Boris* (1968) spielt im Hause der steinreichen, aber beinlosen Guten, und der General im Stück *Die Jagdgesellschaft* (1974) hat nur einen Arm. Wie bei Beckett leben die Stücke von der Handlungslosigkeit, und die schier endlosen Monologe der auch hier körperlich deformierten Figuren erzeugen den in sich kreisenden Stillstand. Bei Thomas Bernhard allerdings werden die Stücke bis hin zur grotesken Übertreibung der Situation gesteigert, wobei die monomanischen Figuren sich durch zwanghaftes, dauerndes Sprechen auszeichnen.

Sprechen als Wiederholungszwang: Thomas Bernhard 165

Das Jagdhaus, in dem die Gesellschaft sich trifft, steht inmitten eines Waldes, der völlig vom Borkenkäfer zerfressen ist – »Siebzigmalneunzig Kilometer«[27] heißt es über das Areal. Die bei der Jagdgesellschaft eintreffende Prinzessin ist fast blind, wie auch in dem Künstlerdrama *Der Ignorant und der Wahnsinnige* (1972) der Vater der Opernsängerin der ›Königin der Nacht‹, die dauernd husten muss, fast erblindet ist. Wenn nun aber bei Samuel Beckett die absurde Welt statisch gesetzt ist, so wird sie bei Thomas Bernhard stofflich kompakter und konkreter in nihilistischen Monologen, gleichsam im Zwang zum Philosophieren breit erörtert. Der im Hause von General und Generalin weilende Schriftsteller führt aus, während er mit dem komischen Paar Karten spielt:

Wir verachten
was wir hören
Was wir sehen
verachten wir
Dieser Mensch
mit diesem Gefühl sagen wir
dieser Mensch
mit dieser Vergangenheit
dieser Mensch
mit diesem Gesicht [...]
Wir erwarten etwas
einen Menschen
eine Todeskrankheit
ständig gnädige Frau
*in*ständig
Dadurch sind wir krank
dadurch haben wir
jeder von uns
eine Todeskrankheit

---

27 Bernhard, *Die Jagdgesellschaft*, S. 188.

> Immer ist es etwas Anders
> ein Anderer
> dadurch sind wir unglücklich [...]
> Nach der Ursache fragen wir
> Ist es *das*
> oder ist es *das*
> fragen wir
> Und wenn wir einen abtöten
> ist der andere da [...]
> die Existenz gnädige Frau [...]
> ist ein Alptraum   (219f.)

In Bernhards absurder Dramatik ist, wie der Schriftsteller seinen Autor hier sprechen lässt, Existenz identisch mit Verfall und Krankheit. Alle Tatsachen wären nichts weiter als »erschreckende« (220). Bei aller in den Stücken formulierten hasserfüllten Satire über Hierarchien steht doch der permanent drohende Tod leitmotivisch im Vordergrund. In Thomas Bernhards Theaterwelt kann auch die Kunst keinen Ausweg bieten. Wenn der Schriftsteller ausführt, dass Leben einzig aus Trug und »Täuschung« (223) bestehe, so muss auch sein Ausbruchsversuch aus den realen Verhältnissen – die Künstlerexistenz – scheitern. Dieser Schriftsteller, der Fragen stellt, relativiert ein fest gefügtes naturalistisches Weltbild, das vorgibt, zu wissen, was denn Existenz oder der Mensch etwa seien. Beide werden in diesem quasi wahnsinnigen Räsonnement als Alptraum begriffen. Sein Menschsein ist identisch mit Verzweiflung. In Becketts Stück kündigt Hamm an, dass man nun spiele; in der *Jagdgesellschaft* setzt Bernhard über das Motiv des Kartenspiels den szenischen Kommentar zu seinem Stück, alles sei nur eine unwirkliche Kunstübung. Es heißt: »wir spielen / wir spielen weiter / wir spielen als ob wir verrückt werden wollten.« (181) Spiel funktioniert als Betäubung, die Gesellschaft und ihre Verkehrsformen charakterisieren diese Sätze als das, wofür der Autor sie hält – ein kindisches Spiel von tatsächlich Irren. Die Gesellschaft, die hier auf der Bühne steht, handelt durchaus vergleichbar mit Gombrowicz' Personal in künstlichen Ritualen. Diese münden im Sterben. Man hört, während man Schnaps trinkt und Karten mischt, Schüsse, denn es ist ein Fasanenjahr (213). Am Ende des Dramas, die Jagdgesellschaft sitzt mit dem General zusammen, der in Stalingrad seinen Arm verloren hat, verlässt dieser den Raum. Er erschießt sich. Motorsägen werden angeschaltet, der Wald wird abgeholzt. Der einarmige General ist tot; und Bernhards Stück hatte den Sinn, »daß schnell gemischt / und daß sehr schnell gespielt wird« (210).

Wir fragten zu Beginn der Überlegungen, inwiefern die Formen absurder Dramatik – anders freilich als die der Brecht, Miller oder Weiss – nicht doch eine verschlüsselte politische Ebene mitdenken. Auf dieser Ebene erfindet Bernhard mit dem General einen Sozialcharakter, der völlig anders argumentiert als der Schriftsteller, wenn er dem anwesenden Minister seine Weltanschauung vorträgt:

> Die Zeit ist gekommen
> in welcher alles verschärft werden muß
> eine Strafverschärfung muß eintreten
> es handelt sich wie wir sehen
> um eine vollkommen verschlampte Gesellschaft (229)

In diesem Stück über den autoritären Charakter, um mit Adorno zu reden, repetiert die Frau Generalin die Phrasen des Mannes. Damit demaskiert der Autor einmal mehr die Zwänge und Strukturen der Gesellschaft, bis hin zum Ritus der bürgerlichen Ehe. Lebt der Schriftsteller, »ein genüßlicher Beobachter des Zerfalls«,[28] parasitär vom Absterben der Gesellschaft, so bildet der General die andere

---

28 Wendt, »Sie feiern den Zerfall«, in: Wendt, *Wie es euch gefällt geht nicht mehr*, S. 169.

Seite der Medaille. Er mag reden, so viel er will; er stirbt sinnlos als Vertreter einer bourgeois-feudalen, wenn nicht gar nazistischen Haltung, als Repräsentant eines Systems, das Bernhard zufolge untergeht. Dies belegt auch die Chiffre vom sterbenden Wald, eine unverkennbare Anspielung auf den Schluss von Tschechows *Der Kirschgarten* (1904). Beide Bilder des Unterganges aber unterscheiden sich deutlich. Geht bei Tschechow symbolisch die alte dekadente Adelsgesellschaft unter, so ist bei Bernhard das Todesbild ein totales. Der auf den Tod kranke Mensch und die nicht mehr schöne Natur vernichten sich selbst.

In Bernhards erfolgreichstem Stück *Die Macht der Gewohnheit* (1974) schlägt der Titel das Thema an: das Besessensein in einer Zwangslage. Wieder schafft die Künstlerexistenz keinen Ausweg aus einer sinnwidrigen Welt. Die komödiantische Satire handelt von einer Kunstübung, dem Einstudieren des Forellen-Quintetts von Schubert. Seit zweiundzwanzig Jahren traktiert der Zirkusdirektor Caribaldi, der die höchste Perfektion erreichen will, diktatorisch seine Mitspieler. In diesem Schauspiel wird freilich auch Herrschaftsausübung in der Kunstdressur gespiegelt. Caribaldis Wunsch, endlich die Musik einmal vollkommen zu proben und vorzuspielen, muss natürlich scheitern. Herrschten auf Becketts Bühne die sinnlosen Ersatzhandlungen, so geht es hier – dies gilt für alle vorgestellten Bernhard-Stücke – um den permanenten, obsessiven Wiederholungszwang, bis hin zum Redezwang. Caribaldi, mit Holzbein und exzentrischen Künstlerallüren, steckt in einem endlosen Redestrom. Und der Ort der Handlung, sein Zirkuswagen – auch hier als das absurde Gefängnis zu verstehen –, steht für die Welt, die in den Augen des Autors nichts weiter als ein sinnwidriger, blödsinniger Kreislauf ist.

Thomas Bernhards erstes abendfüllendes Stück *Ein Fest für Boris* lässt sich schon durch das Bühnenbild mit Becketts *Endspiel* vergleichen. Der leere Raum mit hohen

Fenstern und Türen bleibt in allen drei Teilen der Ort des Geschehens. Die Teile, zwei Vorspiele und das »Fest«, die auch als Einakter für sich stehen könnten, sind durch eine beinlose Frau, »Die Gute«, zusammengehalten. Sie kümmert sich um die Insassen des nahen Krüppelasyls.

Die Mittelpunktfigur probiert im ersten Vorspiel mit Hilfe ihrer Dienerin Johanna – die einzige Nichtverkrüppelte – Handschuhe, Hüte, rote, grüne, schwarze, schreibt Briefe, um sie wieder zerreißen zu lassen. Sie heiratet Boris, einen »erbärmlichen Krüppel aus dem Asyl«,[29] der wie sie keine Beine hat. Nach dem Ball treten Johanna und sie in ihren Kostümen auf, als Schwein und als Königin, es heißt: »Wir sind unter die Affen gegangen / Die Königin ist in Begleitung eines Schweins / unter die Affen gegangen.« (37)

Wie Becketts Clov schiebt Johanna die permanent sprechende Gute im Raum hin und her, sie muss den wie Gombrowicz' Yvonne schweigenden Boris, »den Erbärmlichsten / Häßlichsten« (39), der aus dem Asyl geholt wurde, betreuen. Der Wald vor dem Asyl wurde abgeholzt, damit Boris immer das Gebäude sehen kann, aus dem er kam. Das Geburtstagsfest für die Titelfigur, die nach dem Willen ihres Autors aus diesem Fenster blickt, bis der Vorhang fällt, findet statt. Dreizehn beinlose Krüppel – auch Johanna sitzt beinlos in der Gesellschaft – essen und trinken an der Tafel, Boris bekommt Stiefel geschenkt und eine Pauke, mit der er sich tottrommelt. Als die Gute am Ende der skurrilen Feier mit Boris alleine ist, bricht sie in ein »fürchterliches Gelächter aus« (77).

Wieder läuft ein Stück im zeit-ortlosen Vakuum leer; es ist zu Ende, wenn das abrupte, unerklärliche Sterben stattfindet. In der Scheinwelt der Guten ist es lediglich »kalt« (11), wie es im ersten Satz heißt, und eine logische Verkettung von Motivation wird ersetzt durch die Variation des

---

29 Bernhard, *Ein Fest für Boris*, S. 21.

Immergleichen und die Wiederholung. Nicht nur, dass Boris Stiefel geschenkt bekommt; schließlich hat die Gute ihre Dienerin jeden Tag zur Besorgung von ein paar Strümpfen weggeschickt, obwohl sie keine Beine hat und Johanna das weiß.

Wird in Becketts *Warten auf Godot* dieser als ein »guter Mann« (23) bezeichnet, so heißt Bernhards Figur zynischerweise »Die Gute«. Sie steht für den Weltzustand, der bei Bernhard herrscht – Despotie und gleichermaßen Leiden, mechanisches Spiel und theatrale Maskerade, Deformation und Irrsinn. Ihre bizarr-fürsorgliche Mütterlichkeit erzeugt einen unentrinnbaren Kreislauf von Befehl und Unterwerfung. Boris ist von einer Zwangslage in die nächste geraten, vom Asyl in das Gefängnis der Reichen. Er wird versorgt, der Preis ist die völlige Unterwerfung. Die Gute dressiert gleichsam Boris und Johanna, die nur reagieren dürfen. Lediglich an einer einzigen Stelle schreit Boris nach seiner Dienerin. Sein Spiel ist auf rein veräußerlichte Gesten wie das Trommeln reduziert. Hierarchien, die hier aufgezeigt werden, haben aber keinen tatsächlich funktionalen oder zielgerichteten Charakter mehr, auch wenn Bernhard nicht so abstrahiert wie sein Vorbild Beckett:

DIE GUTE:
    Ich habe gesagt
    daß Sie es ihm sagen sollen
    Ich befehle Ihnen es ihm zu sagen
JOHANNA *(zu Boris):*
    Die gnädige Frau sagt
    daß wir heut nacht
DIE GUTE:
    Während er fest geschlafen hat
JOHANNA:
    Während Sie fest geschlafen haben
    auf dem Kostümball gewesen sind
    und daß die gnädige Frau

DIE GUTE:
  Im Kostüm einer Königin
JOHANNA:
  Im Kostüm einer Königin
DIE GUTE:
  Und daß Sie
JOHANNA:
  Und daß ich
DIE GUTE:
  Als Schwein
JOHANNA:
  Und daß ich als Schwein
DIE GUTE:
  Wie Ihre Maske beweist
JOHANNA:
  Wie es meine Maske beweist
DIE GUTE:
  Daß Sie als Schwein
JOHANNA:
  Daß ich als Schwein
DIE GUTE:
  Auf dem Ball gewesen sind
JOHANNA:
  Auf dem Ball gewesen bin [...]
DIE GUTE:
  Für wohltätige Zwecke sagen Sie ihm
  und daß ich auf dem Ball
  an ihn gedacht habe [...]
JOHANNA:
  Die gnädige Frau hat auf dem Ball
  an Sie gedacht
DIE GUTE:
  Ein einziges mal
  und dieses einzige Mal mit Entsetzen
JOHANNA:
  Ein einziges mal
  und dieses einzige Mal mit Entsetzen

DIE GUTE *(zu Boris):*
    Siehst du das Asyl?
    Willst du wieder in das Asyl
    (Boris verneint.)   (42 f.)

Wie die Handlung kreisen auch die Dialoge mechanisch in sich, immer wieder fragt die Gute ihren Gefangenen, ob er in das Gebäude, das er sieht, zurückmöchte. Dies ist sicher quälerisch, aber durch den Wiederholungsritus stellt sich eine gewisse Form von gebrochener Komik ein. Ist diese Despotie nicht auch ein Abbild völliger Fremdbestimmung? Auch die Gute ist scheinbar gefangen in der Situation von Befehl und Gehorchen, die sie selbst geschaffen hat. Ihre vom Hass und Wahn bestimmte Herrschsucht macht sie zur Marionette, zum Objekt der Situation. Nur die Gute redet, die Umgebung repetiert ihre Sätze. Freuds Bestimmung des ödipalen Verhältnisses von Mutter und Sohn wird parodiert, wenn nicht gar ganz mechanisch veräußerlicht auf die Spitze getrieben: Fürsorge heißt Domestikation. Albee hat die Figur der herrschenden, zumindest der dominanten Frau natürlich ganz anders aufgefasst. George begehrt genauso gegen Martha auf wie sie gegen ihn; bei Bernhard dagegen kann die wahnbesetzte Gute ungehindert monologisieren.

Johanna stört an einer Stelle das absonderliche Regime ihrer Chefin. Unerlaubt gibt sie Boris, der nur schläft und frisst, einen Apfel. Die symbolbeladene Frucht, die in der Bibel das Bild für Erkenntnis ist und im Mittelalter Herrschaft symbolisierte, degeneriert hier zu einem szenischen Zeichen, dem keine Bedeutung mehr unterliegt. Die Unperson Boris, der Krüppel, ist auf Animalität reduziert, wie die gegen die Asyl-Bedingungen sinnlos revoltierenden Krüppel auch. Sie, die nur in Floskeln sprechen, wollen größere Betten haben, und das Ungeziefer im Heim soll endlich bekämpft werden.

Thomas Bernhard, *Minetti*
Württembergische Staatstheater, Stuttgart, 1976.
Regie: Claus Peymann.
Foto: Hannes Kilian, Wäschenbeuren

Bernhards Modell des szenischen Stillstands, das sein zutiefst pessimistisches Weltbild in Szene setzt, zerstört das traditionelle Theater der Auf- und Abgänge. Inszeniert wird eine doppelte szenische Blockade: Neben der ganz konkreten Bewegungslosigkeit herrscht die Sprachlosigkeit, obwohl paradoxerweise die Gute permanent mit sich selbst spricht, womit jeder scheinbare Dialog die Qualität eines Monologs aufweist. Tatsächliche Kommunikation, die zur Selbstverständigung der Figuren dient, gibt es in der bernhardschen Krüppelwelt nicht. In szenischer Enge, am Extremfall, am konstruierten, künstlichen Exempel werden die kollektiven Neurosen und Obsessionen der bürgerlichen Charaktermasken versinnbildlicht. Handlungsoptionen haben die Protagonisten – wie so oft in der absurden Dramatik – nicht. Boris hat zwar einen Namen, aber keine Identität; die Gute ist namenlos, ihr Verhalten aber widerspricht ihrer szenischen Bezeichnung. Wie anders ist in diesem dramatischen Werk die Frage des Gutseins erörtert als bei Brecht! Und trotz ihrer hypertrophen Egomanie sind Bernhards Figuren – ob der General, Caribaldi oder Die Gute – wesenlos und einzig durch ihr Rollenspiel bestimmt. Nur der Tod oder das hysterische Lachen bleiben als Ausweg.

Sprachwelten I

IONESCO *(At a Left Bank café table, spying Beckett and Genet strolling past in animated conversation.)*: Hey! Sam! Jean!
GENET: Hey, it's Eugene! Sam, it's Eugene!
BECKETT: Well, I'll be damned. Hi there, Eugene boy.
IONESCO: Sit down, kids.
GENET: Sure thing.
IONESCO *(Rubbing his hands together.)*: Well, what's new in The Theater of the Absurd?

BECKETT. Oh, less than a lot of people think. *(They all laugh.)*[30]

Dieser von Edward Albee niedergeschriebene fiktive Dialog umreißt in seiner bestechenden Komik, wie die Autoren selbst mit dem Problem von Definitionen umgehen. In seinem Text stellt Albee, dessen *Zoogeschichte* (1959) immer wieder in die Kategorie des absurden Theaters gestellt wurde, fest, dass ihn solcherlei Kategorien kaum interessieren. Albee sieht diesen Terminus als künstliches Konstrukt philosophischer Konzepte, die versuchen, in einer Welt, die keinen Sinn macht, für den Menschen und die eigene sinnlose Lage einen Sinn zu etablieren, was ebenfalls keinen Sinn macht, denn die Illusionen der moralischen, religiösen, politischen und sozialen Strukturen sind längst zusammengebrochen. Man kann Albee durchaus so verstehen, dass die begriffliche Festlegung der Welt nichts weiter als Selbsttäuschung ist. Der Mensch, der sich Erklärungsmodelle entwickelt, begibt sich in eine Illusionswelt. Er beendet seine und die von ihm zitierte ›Definition‹ Esslins (siehe im vorliegenden Band S. 126) ironisch mit dem Ausdruck »Amen« (172). Das Unterlaufen systematisierten begrifflichen Denkens ist in diesem Text Albees in extenso vorgeführt. Sein Fazit ist unmissverständlich: »Simply: I don't like labels; they can be facile and can lead to non-think on the part of the public.« (171)

Begriffsbestimmungen taugen also nicht. Albees misstrauischer Haltung folgend, bleiben nur Befunde festzustellen: In unseren Beispielfällen konnten wir die Tendenz beobachten, dass die Sprache, der Dialog, also der Treibriemen der Dramatik deformiert oder abwertet und zu einem paradoxen Vorgang stilisiert wird. Zudem zeigt die Palette der absurden Schule deutlich, dass das Drama des

---

30 Albee, *Which Theater Is the Absurd One?*, S. 171 f.

letzten Jahrhunderts ein internationaler Prozess ist. Die hier behandelten Stücke demonstrieren, wie problematisch es sein muss, vom modernen englischen oder deutschen oder von welchem Drama auch immer zu sprechen. Gerade im Bereich der Erfahrung des Absurden, wie wir bewusst sagen, soll noch einmal deutlich darauf hingewiesen werden – dies belegt das Material eindringlich –, wie wenig begriffliche Kategorien dem behandelten Stoff beizukommen imstande sind. Esslins eigene Relativierung des Begriffs vom »absurden Drama« spricht eine deutliche Sprache. Bei der Betrachtung dieser Form der dramatischen Kunst werden, so der Befund, auch deutende Lesarten problematisch. Aus heutiger Sicht, in der sich für die Menschen die ökologische Frage ganz real stellt, können Ionesco und Bernhard unter Umständen ganz konkret politisch gelesen werden, doch ob man ihnen damit gerecht wird, steht auf einem anderen Blatt. So reflektiert, ist die Linie, die hier als die absurde klassifiziert wurde, zwar historisch, aber von ihrem Material her höchst aktuell. Die Bewegungen überschneiden sich. In Thomas Bernhards Drama *Der Präsident* (1975) wird ähnlich wie in Dieter Kühns nach wie vor zu entdeckendem Stück *Separatvorstellung* (1978) der Wahnsinn des politischen Attentats thematisiert. Beiden Stücken, die eine absurde Grundsituation aufweisen, unterliegt ein deutlich politischer Impetus. Ionesco, französisch schreibender Rumäne, Samuel Beckett, englisch-französisch schreibender Ire, Wolfgang Hildesheimer, ein im Ausland lebender jüdischer Deutscher, schließlich Witold Gombrowicz, Exilpole – sein in den dreißiger Jahren geschriebenes Stück *Trauung* wird erst in den sechziger Jahren in Paris entdeckt –, der Spanier Fernando Arrabal oder der Pole Slawomir Mrozek (*Die Polizei*, 1958), George Tabori, englisch schreibender jüdischer Ungar – die Erfahrung des Absurden ist ein internationaler Prozess.

Keiner weiß, wohin es geht –
Experimentelle Formen der Dramatik

> »Kann Kaspar mit unbefangenen Sätzen, die er auf seine alten befangenen Sätze anwendet, die verkehrte Welt dieser Sätze umkehren?«
>
> *Peter Handke*

Geräusche: Samuel Beckett II

Samuel Becketts 1970 uraufgeführtes Werk *Atem* hat folgenden Text:

Dunkel. Dann
1. Schwache Beleuchtung der Bühne, auf der verschiedenartiger, nicht erkennbarer Unrat herumliegt. Etwa 5 Sekunden lang.
2. Schwacher, kurzer Schrei und sofort danach gleichzeitig Einatmen und allmählich aufhellende Beleuchtung bis zu dem nach etwa 10 Sekunden gleichzeitig zu erreichenden Maximum. Stille, etwa 5 Sekunden lang.
3. Ausatmen und gleichzeitig allmählich dunkelnde Beleuchtung bis zu dem nach etwa 10 Sekunden gleichzeitig zu erreichenden Minimum (Beleuchtung wie bei 1) und sofort danach Schrei wie vorher. Stille, etwa 5 Sekunden lang. Dann
Dunkel.
Unrat: nichts steht, alles liegt verstreut herum.
Schrei: Moment eines auf Tonband aufgenommenen Vagitus. Wichtig ist, daß beide Schreie identisch sind und daß Beleuchtung und Atemgeräusch genau übereinstimmend zu- und abnehmen.
Atem: verstärkte Tonbandaufnahme.
Maximum der Beleuchtung: nicht zu hell. Wenn 0 =

dunkel und 10 = hell, so sollte die Beleuchtung von 3 bis 6 zunehmen und entsprechend abnehmen.[1]

Wie kann man dieses für die Bühne geschriebene Material bezeichnen? Man möchte sagen, es sei ein Sekunden-Drama oder eine einzige lange Regieanweisung; der Begriff »Sketch«[2] deutet das Dilemma für den Interpreten an. Die Modernität dieses beckettschen Textes liegt darin, dass hier die Gattungsfrage keinerlei Relevanz mehr hat. Samuel Beckett macht in diesem Stück Tabula rasa, Theater als Diskurs hat aufgehört, Begriffe werden obsolet.

Beckett ließ in *Das letzte Band* (1958) den Bananen essenden Herrn Krapp noch mit einem Tonband kommunizieren und billigte ihm noch, wenn auch rein abstrakt, Erinnerungen zu. Das technische Gerät wurde zum einzigen virtuellen Gesprächspartner der Figur. Ob der Autor bereits in den fünfziger Jahren die Weitsicht hatte, dass die mediale Revolution, die heute im *world wide web* gipfelt, die Schriftlichkeit und auch das Theater generell in Frage stellt oder nicht, soll hier nicht entschieden werden. Das Sekunden-Drama muss als ein Stück Theater des Schweigens begriffen werden, das noch radikaler als die absurde Linie die dramatische Kunst konterkariert. Es bleibt einzig ein akustisches Residuum, ein Schrei, der vom Tonband wiederholt wird. Hier ist das szenische Experiment genuin. Atemgeräusche bilden den Rest unwirklicher menschlicher Artikulation; sie ersetzen alles, was ein Drama vorher ausmachte. Die Szene, die mit der aus dem Roman bekannten Filmschnitttechnik operiert und streng nach Sekunden geordnet ist, könnte genauso gut ein werbespotartiger Filmausschnitt sein. Solche Montagetechnik ist das klassische Mittel experimenteller Literatur, in der diese von inhaltlichen Kontexten losgelöst wird. Verfah-

---

1 Beckett, *Atem*, S. 11.
2 Simon, *Beckett*, S. 290.

ren aus anderen Künsten – hier freilich höchst technoid – werden eingesetzt. Becketts Abstraktion und Reduktion ist in diesem Text noch weitergetrieben. Geräusch ersetzt Dialog und ausgetragenen Konflikt. Das mimetische Prinzip der Dramatik ist vollends aufgehoben. Die Verstörung des Rezipienten ist nunmehr total und damit die mögliche Wirkung nicht zu unterschätzen. Theater, wenn wir es denn noch so bezeichnen wollen, erinnert an Artauds totales Theater insofern, als die Interpretationsebene uneingeschränkt ist. Der Text ist zugleich les- und hörbar; er ermöglicht ein breites Assoziationsfeld, bis hin in die Welt der unbewussten Träume, der Ängste und Erinnerungen. Dieses Stück experimenteller Literatur ist insofern auch genuin revolutionär, als es unsere landläufigen Vorstellungen, was denn ein Drama ausmache, gänzlich in Frage stellt. Das System Literatur, von dem Luhmann sprach, wird gesprengt, ebenso das System der Interpretation und der Lesarten. Die alte literarische Sinnfrage führt der Autor *ad absurdum*, wenn das Tonbandgeräusch »identisch« mechanisch den Schrei repetiert. Die Materialität von Schrei und Atem ist aber gleichermaßen urgründig existenziell, sie betrifft jedes Subjekt. Insofern kann an diesem Beispiel belegt werden, dass experimentelles Schreiben eine Totalität herstellt.

Schrei und Atem benötigen in ihrer Materialität keine Bühne mehr, der Raum ist in diesem Stück als theatralisches Bedeutungssystem nicht mehr vonnöten, wie überhaupt offensichtlich jegliche Systematik und Systematisierung zurückgewiesen wird. Der auf der Szene herumliegende Unrat soll, wie es ausdrücklich heißt, nicht gegenständlich erkennbar sein, und insofern wird auch die visuelle Qualität von Theater aufgehoben. Zwar wird mit diesem revolutionären Stück bezüglich der Gattung abgerechnet, gleichermaßen aber entwirft der Autor eine Ästhetik, die deutlich auf das technische Zeitalter des letzten Jahrhunderts rekurriert. Dies geschieht insofern, als ein technisch reproduziertes Unwirkliches, kaum Fassbares vollgültig für unser wirkliches Theater benutzt wird. Das Sekunden-Stück, wie wir es mit einem Hilfsbegriff nennen möchten, entwirft mit denkbar einfachen Mitteln einen Kontext, der Technisches, wenn nicht gar Virtuelles und szenisch Tatsächliches zu einer ästhetischen Einheit genau übereinstimmend, wie es im Text heißt, gestaltet. Insofern muss der mögliche Einwand der Beliebigkeit gegenüber diesem Fall von Theaterliteratur zurückgewiesen werden. Schließlich bleibt auch der Text, der das technisch schwer Bestimmbare transportiert, in seiner Autonomie unangefochten. Wie bei den ›Absurden‹, so lässt sich auch hier wieder ein Paradox feststellen: Gerade die Reduktion schafft als *theatrum mundi* erst die breite Interpretationsfläche. Allerdings ist alles durch harte, technische Schnitte – wie im Film – gegliedert, und das letzte Wort im Text heißt »Tonbandaufnahme«. Am Schluss behauptet sich die Technik.

Beckett, so der Befund, muss nicht nur als exponierter Vertreter der absurden Schule betrachtet werden, sondern auch als ein Vorreiter einer Theateravantgarde, die schon 1970 die unser Leben heute bestimmende *virtual reality* andeutet. Bei Beckett spielt im Experiment der dramatische Dialog, das gesprochene Wort, keine Rolle mehr.

Anti-Grammatik: Georg Kaiser und Reinhard Göring

Bereits im literarischen Expressionismus lassen sich experimentelle dramatische Versuche beobachten. Man kann in dieser sich zwischen 1910 und 1924 entfaltenden, alle Künste betreffenden Bewegung, Vietta und Kemper folgend, bei aller Komplexität, zwei sich durchdringende Linien im Drama beobachten: »eine kultur- und zivilisationskritische und eine von messianischem Verkündungspathos getragene Richtung«,[3] die wie der Dramatiker Ernst Barlach die Vision eines neuen Menschen auf die Bühne setzten. Hier sollte das Subjekt, wie etwa Barlachs Hans Iver (*Der arme Vetter*, 1918), sich als transzendentes Wesen, das die Ketten der entstandenen, verwalteten Industriewelt sprengt, aus der reinen Zweckbestimmung lösen und zur Selbstbestimmung finden. Formal verändert sich das Drama, seiner Zielrichtung entsprechend, zum so charakterisierten Stationenstück. Diese Technik lässt sich bei August Strindberg beobachten. In seiner Trilogie *Nach Damaskus* (1898) folgt Bild auf Bild, und der auftretende Dichter durchläuft einen symbolischen Weg hin zu einer jenseitigen transzendenten Existenz. Nicht mehr der dramatische Akt gliedert den Ablauf, vielmehr versinnbildlichen die Bilder Seinszustände der dramatischen Figur.

Von Interesse ist in unserem Zusammenhang die Dramatik Georg Kaisers sowie die Reinhard Görings, die als kulturkritische Reaktion sowohl auf den maschinisierten Ersten Weltkrieg wie auf die entstandene mechanisierte Industriegesellschaft gelesen werden kann. Die völlige Ichauflösung, die »Ichdissoziation«[4] wird zum Treibriemen der Stücke, die beispielhaft neuartige Sprachmuster benutzen und auch die Stationentechnik in Szene setzen. Gezeigt werden Bilder der Entmächtigung der Figuren, die in pathetischer Wortfolge ihre Ohnmacht formulieren. Hat sich der gesellschaftliche Prozess in der entstandenen Stadtkultur verändert, so reagiert auch die modellhafte Theaterszene auf die industriell-kapitalistische Lage.

In Kaisers *Von morgens bis mitternachts* (1916) zeigen die zwei Teile den Weg eines Bankkassierers nach dem Raub der Kasse von der Stadt W. in die große Stadt B. – Berlin. Die Ichauflösung der Figur, die sich aus ihrem Umfeld entfernt, seine »Erweckung«,[5] mündet in die Su-

---

3 Vietta/Kemper, *Expressionismus*, S. 14.
4 Ebd., S. 22.
5 Schulz, *Georg Kaiser*, S. 177.

che nach einer anderen erfüllten, antigesellschaftlichen Identität. Statt einer klassischen Exposition erlebt der Zuschauer den Auf-, wenn nicht plötzlichen Ausbruch der Figur aus ihrer gesellschaftlichen Rolle. Die Gliederung des Stücks erfolgt nicht nach dem Schauplatzwechsel im Stück, vielmehr ergibt sie sich aus den jeweiligen geistigen Zuständen der Figur, wenn Außenwelt seine Innenwelt spiegelt. Die die Zentralfigur umgebenden Darsteller haben lediglich eine situative, sich auf den Kassierer beziehende Funktion. Lediglich Haltungen werden gezeigt, was durch die Typisierung der namenlosen dramatischen Figuren verstärkt wird: »Kassierer«, »Herren im Frack« oder »Erste, zweite Tochter«. Äußerliche Merkmale versinnbildlichen überindividuelle Eigenschaften der Figuren und zeigen diese als Repräsentanten, wenn nicht gar Gefangene einer ideologischen oder gesellschaftlichen Funktion.

Kaisers *Gas*-Dramen (1917–19) müssen als unmittelbare Reaktion des Autors auf die Industriegesellschaft und darüber hinaus auf die Materialschlachten des Ersten Weltkrieges gelesen werden. Die beiden Stücke spielen in einer Fabrik, die Gas produziert, und handeln von der potenziellen Allmacht des Subjekts. Zu sehen ist das Totalbild der Industriegesellschaft. Das Unternehmen ist die größte Energiefabrik der Welt, die alle Probleme der Menschen lösen kann. Eine Katastrophe geschieht; es kommt zur Explosion, deren tatsächliche Ursachen nicht geklärt werden können, denn die Formel, die die ganze Welt mit Energie versorgen soll, ›stimmt‹ und ›stimmt nicht‹, wie der verantwortliche Ingenieur sagt. Die szenische Lage ist eine zutiefst paradoxe, wird Gas produziert, kann es zum Unfall kommen, wird kein Gas produziert, kommt es zu Energieproblemen. Das, was die Menschen geschaffen haben, richtet sich nun gegen sie und ihre selbsternannte Allmacht.

Schließlich wird im zweiten Teil Gas für den Krieg produziert. Hier wird, wenn gleich anders als in der absurden Linie des Dramas, die Abscheu vor einem rein deterministisch-logisch aufgebauten naturwissenschaftlichen Weltbild und seinen potenziellen Folgen formuliert. Das Geschehen, in dem nicht mehr die Figuren, sondern die unsteuerbaren Abläufe alles bestimmen, hat sich unbegreiflich verselbstständigt. Insofern kann dieses Drama als Experiment über die Naturwissenschaft und die technische Gesellschaft als solche gelesen werden. Die entfesselte Technik und ihre hier gezeigten apokalyptischen Folgen sind gleichsam Helden des Dramas!

Kaiser entwickelt in seinen eigenen Worten eine schwarze »Vision«; er redet vom »Kampf zwischen Schrei und Stimme«,[6] drohe doch letztere Eigenschaft des Menschen im Weltlauf zu ersticken. Zwar herrscht noch der Glaube an das Wort und an den Menschen, doch das Subjekt droht, in der irrationalen technischen Maschinerie vernichtet zu werden. Die Fabrik ist explodiert:

ARBEITER: Meldung aus Halle acht – Zentrale: – weiße Katze gesprungen – – rote Augen gerissen – gelbes Maul gesperrt [...] wächst rund – – knickt Träger weg – – hebt das Dach auf – – und platzt in Funken!! *(Mitten auf dem Fußboden sitzend und um sich schlagend.)* [...] – – mit Gas aus allen Ritzen und Rohren – – !! [...] – – die weiße Katze explodiert!! [...][7]

Anti-Grammatik herrscht vor: Die Sprache ist fetzenhaft geworden, ihre Metaphorik eine nur noch schwer bestimmbare. Hier wird szenisch, wie Viviani zutreffend formuliert, die Syntax zugunsten des Einzelwortes aufgehoben.[8] Stößt die industrielle Produktion an ihre Grenze,

---

6 Kaiser, »Vision und Figur«, in: Kaiser, *Stücke* ..., S. 666.
7 Kaiser, *Gas*, S. 591.
8 Vgl. Viviani, *Das Drama des Expressionismus*, S. 11.

so bleibt der Sprache nur noch ein Stammeln. Zweifellos werden hier die Kunstmanifeste F. T. Marinettis, wie das *Manifeste du futurisme* (1909), wirksam, die danach trachteten, der im abbildenden Naturalismus erstarrten Kunst neue Artikulationsmöglichkeiten zu eröffnen. Schlagwortartig entwickelt sich der szenische Nexus, der das unentrinnbare Geschehen dynamisiert. Raum und Zeit erleben ihre Verschmelzung, die Technik des Dramas verwebt Rationalität und Irrationalität, ja die gesamte Szenerie wird im besten Sinne unbegreiflich und völlig unkonkret. Der Zuschauer erlebt wieder, wie »Folgerichtigkeit« und »Wahrscheinlichkeit« zugunsten des Totalbildes und der »Simultaneität« der Ereignisse aufgehoben wird.[9] Es herrscht reine Funktionalität, wenn der kubistische Bühnenapparat geometrisch von der Verdinglichung erzählt.

In *Gas II* bekämpfen sich am Ende die völlig anonymen Blau- und Gelbfiguren, die nur noch mechanistisch agieren. Das globale Experiment der industriellen Produktion mündet in den irrationalen Vernichtungskrieg, tableauartige Bilder suggerieren choreographisch die Unmenschlichkeit.

In Reinhard Görings *Seeschlacht* (1917) fahren sieben Matrosen in die Skagerrak-Schlacht; das Stück beginnt mit einem »Schrei«.[10] Artikellos ist von »Schlacht«, nicht von *der* bevorstehenden Schlacht die Rede. Auch hier bestimmt die szenische Situation die Figuren, die als kollektive Sprecher funktionieren. Wieder sind alle namenlos. Zwar formuliert der Deserteur, der fünfte Matrose, noch das expressionistische Programm vom neuen Menschen, wenn er fragt, ob denn tatsächlich schon alles »zwischen Mensch und Mensch« (29) erfüllt sei. Doch in der dramatischen Kunstsprache dieses Stücks ist bereits alles durch den Krieg vorbestimmt. Man fährt in den Tod, und auch

9 Marinetti, *Manifest*, S. 103.
10 Göring, *Seeschlacht*, S. 4.

dieser ist kein individuell zu erleidender, vielmehr ein kollektiv anonymer: »Der Mann hat Furcht vor Tod, das ists.« (17) Und nicht von ungefähr vermeidet der Autor in den Dialogen die Benutzung von Personalpronomen und bestimmten Artikeln. Es sind pathetische Wortfolgen, mal pazifistischen, mal militaristischen Inhalts, die das Sprachexperiment entfalten und zugleich rhetorisch äußerst verknappen.

Antithetisch funktioniert der Ablauf in rhythmischer Steigerung, wenn die Fahrt in das unaufhaltsame kollektive Sterben abrollt. Und in den Zwiegesprächen in der Mannschaft wird die Erlösungshoffnung des Fünften szenisch in ihr Gegenteil verkehrt; die Dialoge verkürzen sich auf These und Gegenthese. Am Ende summiert der Fünfte als Frage das Thema Krieg, das wie eine Versuchsanordnung zur Diskussion gestellt wird: »Die Schlacht geht weiter, hörst Du? / [...] Ich hätte auch gut gemeutert! Wie? / Aber schießen lag uns wohl näher? Wie? / Muß uns wohl näher gelegen haben?« (58)

Im expressionistischen Drama, das hier in einigen Grundzügen vorgestellt wurde, lässt sich insofern von experimenteller Literatur sprechen, als sich die Regelsprache zu einer wenngleich restringierten Kunstsprache verändert. Kulturkritisch wird die entstandene technische Welt mit neuen Sprachmustern behandelt; gereihte, dynamisierte Einzelworte stehen für ganze Sätze.

Verständigungszweifel: Luigi Pirandello

Das Theaterexperiment kann sich auch, wie bei Luigi Pirandello, auf die szenische Situation beziehen. In seinem Drama *Sechs Personen suchen einen Autor* (1931), das ein Welterfolg auf dem Theater wurde, wird der Theatervorgang, das Spiel der Rollen, in einer experimentellen, phantastischen Konstruktion reflektiert.

Während einer Theaterprobe – man studiert eine ›schlechte‹ Komödie, eine von Pirandello – dringen sechs Personen in den Saal ein. Sie behaupten, dass es sie nicht tatsächlich gebe, sie seien Theaterfiguren, die einen Autor suchten, der ihr Drama, ihre Wirklichkeit aufschreibe:

> DER THEATERDIREKTOR *(gerät in Wut)*: [...] Wer sind die Herrschaften? Was wollen Sie?
> DER VATER: [...] Wir sind auf der Suche nach einem Autor.
> DER THEATERDIREKTOR *(halb verblüfft [...])*: Nach einem Autor? [...]
> DER VATER: Nach irgendeinem, Herr Direktor.
> DER THEATERDIREKTOR: Aber hier ist kein Autor, wir proben kein neues Stück.
> DIE STIEFTOCHTER *(eilt das Treppchen hoch [...])*: Um so besser, um so besser, Herr Direktor! Dann könnten wir Ihr neues Theaterstück sein.
> EIN SCHAUSPIELER *(unter lebhaften Bemerkungen und Gelächter der anderen)*: Oho, hört, hört![11]

Vater, Mutter, Stieftochter, Sohn, ein kleiner Junge und ein kleines Mädchen geraten in der Folge in Streit über ihre tatsächliche Geschichte, die den Theaterregisseur, trotz der hämischen Proteste der in ihrer Arbeit unterbrochenen Darsteller, zunehmend interessiert. Die Vorgeschichte der Personen, die anfangen zu spielen, soll nun zu einem wirklichen Drama entwickelt werden: Der Vater hatte die Mutter mit einem anderen Mann weggeschickt, der Sohn wurde auf dem Lande erzogen, und die Stieftochter landete in einem Bordell, um die materielle Not der Familie zu lindern. Hier, im als Näherei getarnten Hause der Madame Pace, trifft sie der Vater als Kunde. Er nimmt die Mutter und die Tochter wieder bei sich auf.

---

11 Pirandello, *Sechs Personen suchen einen Autor*, S. 31.

Am Schluss, als man sich entschlossen hat, nach der Bordellszene den zweiten Akt der Familiengeschichte zu entwerfen, um endlich zu einer, wie der Direktor will, richtigen Handlung zu kommen, sterben beide Kinder. Das stumme Mädchen ertrinkt im Teich, weil die Mutter offenbar unaufmerksam war. Der stumme Junge, der eine Pistole bei sich trägt, stirbt durch einen Schuss. Ob dies ein Theatertod oder ein tatsächlicher ist, das bleibt offen: »DER DIREKTOR: [...] Erfindung! Wirklichkeit! Geht allesamt zum Teufel! Licht!« (98). Die erschienenen Personen bleiben »*wie Gestalten aus einem Traum*« (99) im Tableau stehen.

Wie später in Peter Weiss' *Marat/Sade*-Stück gehen Sein und Schein in Pirandellos Drama ununterscheidbar ineinander über, denn schließlich bildet die Szene ein Theater. Es herrscht vollkommene Künstlichkeit. Gesteigert ist diese Grundsituation dadurch, dass der Zuschauer Zeuge einer jäh unterbrochenen Theaterprobe wird, und man dann beginnt, ein anderes Stück, das der Personen, zu proben. Die Geschichte der Figuren, die wie im analytischen Drama der griechischen Antike langsam enthüllt wird, ist nur ein Gerüst für die grundlegende Problematik, was Identität denn sei. Hierauf gibt der Autor folgende kluge Antwort:

DER VATER: [...] Herr Direktor [...]: Sehen Sie, meiner Überzeugung nach hält sich jeder von uns für ›einen‹. Aber das ist nicht richtig: er ist ›viele‹, Herr Direktor, ›viele‹, all den Seinsmöglichkeiten entsprechend, [...]: ›einer‹ für diesen und ›einer‹ für jenen – immer anders! Und wir geben uns dabei der Täuschung hin, für alle stets ›einer‹ zu sein [...]. Es ist nicht wahr. (50)

Die klare Argumentation stiftet einen generellen existenziellen Zweifel, Identität ist offensichtlich nur Schein, bestenfalls ein Konstrukt der subjektiven Wahrnehmung.

Die philosophische Diskussion über die menschliche Identität führt nicht zur Klärung. Zweifellos wird in Pirandellos theatralischer Versuchsanordnung, die erprobt, was geschieht, wenn Phantasiefiguren lebendig würden, das naturalistische Theater Ibsens in Frage gestellt. Ibsens großes Thema, die Familien mit ihren psychologischen Konflikten, wird bei Pirandello in eine absonderliche Familiengeschichte umfunktioniert, die keine tatsächliche mehr ist. Fraglos wird bei Pirandello auch das Modell des hier erörterten psychologischen Dramas auf den Kopf gestellt. Ionescos später ersonnene Dramatik, die die Innenwelten, die Träume der Protagonisten verbildlichen möchte, wird hier noch schärfer auf den Punkt gebracht: Phantasiefiguren treten tatsächlich, d. h. als Bühnenfiguren, in Erscheinung. Nicht nur, dass Pirandellos Konstruktion das antike Drama persifliert – zu denken ist an Sophokles' *Ödipus*, wenn dessen Vorgeschichte im Stück aufgerollt wird –, der Autor treibt die Verstörung des Zuschauers entschieden weiter. Nur stückchenweise wird dem Zuschauer in den Streitereien der ominösen Personen ihre wirkliche Geschichte offenbart. Wie im Mutmaßungsroman muss der Zuschauer und mit ihm der Direktor und das Ensemble selbst die Story rekonstruieren, die nur allmählich in ihren Konturen durch die Dialoge deutlich wird.[12] Und hierbei gibt es ärgerlicherweise nur Versionen – die jeweilige Perspektive des reuigen Vaters, die der aggressiven Stieftochter, die Version des das Spiel verweigernden Sohnes oder die der leidenden Mutter. So herrscht, Pirandello folgend, ein bodenloser Relativismus in seiner Darstellung der Wirklichkeit. Diese gibt es offensichtlich nicht, so wie unsere Wahrnehmung eben

---

12 Der Leser selbst muss als aktiver Rezipient die tatsächlichen Geschichten der Figuren detektivisch rekonstruieren. So in Uwe Johnsons *Mußmaßungen über Jakob* (1959) oder in Martin Klugers *Abwesende Tiere* (2002). Auch in diesen Romanen herrscht ein die Handlung verrätselnder Relativismus.

nur die unsrige sein kann. Alles ist gleichsam nur so, wie es scheint, so Pirandellos Weltbild; Gewissheiten gibt es nicht.

> DER VATER: Doch bedenken Sie nun, daß wir als wir selbst *(deutet auf sich und dann kurz auf die anderen fünf ›Personen‹)* keine andere Wirklichkeit außerhalb dieser Illusion besitzen!
> DER DIREKTOR *(verblüfft [...])*: Und was soll das heißen?
> DER VATER: [...] Was für Sie eine Illusion ist, die gestaltet werden muß, ist für uns doch die einzige Wirklichkeit. [...] Und nicht nur für uns wohlgemerkt! Denken Sie einmal gründlich darüber nach. [...] Können Sie mir sagen, wer sie sind? [...]
> DER DIREKTOR *(verwirrt [...])*: Wie, wer ich bin? – Ich bin ich!
> DER VATER: Und wenn ich Ihnen sagte, daß das nicht stimmt, weil Sie ich sind?
> DER DIREKTOR: Dann würde ich Ihnen antworten, daß Sie verrückt sind!
> *(Die Schauspieler lachen.)*
> DER VATER: Sie lachen zu Recht, denn hier wird gespielt [...] und Sie können mir folglich entgegenhalten, daß dieser Herr dort *(zeigt auf den ersten Darsteller)* der ja ›er‹ ist, nur in einem Spiel ›ich‹ sein muß, wo doch umgekehrt ich ›dieser hier‹ bin. [...]
> DER DIREKTOR: [...] Ja, und? Was schließen Sie nun daraus?
> DER VATER: [...] Ich will Ihnen nur zeigen: falls wir *(deutet wieder auf sich und die anderen ›Personen‹)* über die Illusion hinaus keine weitere Wirklichkeit besitzen, dann wäre es gut, wenn auch Sie Ihrer Wirklichkeit, die heute in Ihnen atmet und lebt, mißtrauen [...].

DER DIREKTOR: [...] Na ausgezeichnet! Und jetzt sagen Sie mir bloß noch, daß Sie mit diesem Stück, das Sie mir hier vorführen, wahrer sind und wirklicher sind als ich!
DER VATER *(mit großem Ernst)*: Aber daran besteht doch kein Zweifel, Herr Direktor!   (84 ff.)

Überträgt man diesen Gedanken, dass es keine Gewissheiten gibt, auf das Stück, so zeigt sich, wie konsequent dessen verdrehte Konstruktion angelegt ist: Der Zuschauer wird Zeuge einer Theaterprobe, d. h. alle, die auftreten, sind nichts weiter als Schauspieler. Die völlige Illusion des hier abrollenden, gesteigerten Spiels im Spiel erzeugt aber die totale Desillusion, zumal dem Zuschauer der Boden des Begreifens entzogen wird. Existenz wird hier als eine von Masken bestimmte und geführte gefasst, und nicht von ungefähr tragen die Eindringlinge nach dem Willen ihres Autors Theatermasken. Hierbei ist das Bild der Maske Pirandellos Symbol für unsere Existenz, diese sei nur Schein, Wahrnehmung immer nur eine subjektive.

Das »intellektuelle Verwirrspiel« (48), das Drama der Verdrehungen, das das Theater als Vorgang zum Thema macht, lässt den langsam nervös werdenden Direktor die Stieftochter fragen: »Führen Sie Regie oder ich?« (68) Auch hier wird das konventionelle Theater persifliert; zunehmend gerät dem Regisseur alles aus der Hand, denn die aufgetretene Familie hat die Probe an sich gerissen. Der Direktor, der zu verstehen und zu vermitteln versucht, will, wie auf dem Theater üblich, ein Manuskript. Immer wieder wird neu erklärt, wer wann wen wieso gekränkt oder verletzt hätte. Die Berichte, die in diesem Stück ständig gegeben werden, erklären die Lage tatsächlich nicht. Theater funktioniert nicht mehr als dialogisches Medium, das etwas zu erklären vermöchte. Davon zeugt auch die bewusste Dehnung der Dialoge der Personen im ersten Teil, sowie die permanenten Unterbrechungen, wenn man versucht, die Geschichte der Familie zu proben. An einer Stelle stellt der Vater fest:

> Herr Direktor [...]. Wir glauben einander zu verstehen, doch wir verstehen uns nie! Sehen Sie, mein Mitleid, mein tiefes Mitleid für diese Frau *(deutet auf die Mutter)* ist von ihr als die unmenschlichste aller Grausamkeiten aufgefaßt worden. (41)

Handelt die Struktur des Stückes davon, dass vergeblich geprobt wird, die Wirklichkeit der einen Autor suchenden Personen auf die Bühne zu setzen, so äußert sich der Autor hier über seine Phantasiefiguren gleichsam programmatisch. Es geht ihm in seinem Theaterexperiment um die Vergeblichkeit der Verständigung. So ist es nur konsequent, dass die Personen Einwände formulieren, wenn nun die auf der Bühne anwesenden Schauspieler die Geschichte der Personen vorspielen. Ob der Vater oder die Stieftochter, ob sie lachen oder empört sind, sie erkennen sich im Spiel der anderen nicht wieder. Einzig das zum Zustand erhobene Missverständnis erzeugt die szenische Spannung und auch die Komik der ungewöhnlichen Situation. Mögen die Erklärungen, was ein wirkliches Schauspiel ist, von Vater oder Direktor auch fortgesetzt werden, die Sprache oder das hier exerzierte Spiel als Medium reichen zur Verständigung und Erklärung der Wirklichkeit nicht aus. Sprache und ihre Funktion ist also generell Pirandellos Thema, wenn die Wirklichkeit untersucht wird. Was diese denn sei, auch das bleibt unerklärlich, so wie unsere Identität nicht zu fassen ist. Hugo von Hofmannsthals berühmter ›Chandosbrief‹ (*Ein Brief*, 1902) hatte diese Sprachkritik theoretisch vorgedacht; hier erlebt sie in Inhalt, Struktur und Dialog ihre ästhetische Realisation.

Für die ›Handlung‹ hat dies im Stück deutliche Konsequenzen. In einer der komischsten Szenen des modernen Theaters geschieht etwas völlig Unerwartetes. Als man die

Bordellszene probt, wenn der Vater die Stieftochter trifft, taucht plötzlich völlig unmotiviert Madame Pace in der Szene auf. Ein Moment der »Verblüffung« (64) lässt die Szene erstarren: War dies ein »Taschenspielertrick« (64)? Und so, wie die in italienischem Kauderwelsch redende Puffmutter erschienen ist, so plötzlich verschwindet sie auch. Nicht nur, dass sich wieder das im modernen Drama typische szenische Motiv der verunsichernden Unwahrscheinlichkeit beobachten lässt; hier wird Pirandellos *theatrum mundi* grundsätzlich und konterkariert die gültige abendländische Theatertradition: Zum einen zeigt die Konstruktion einen extremen Antinaturalismus, wenn Phantasiefiguren – niemand weiß, wer sie sind – im Spiel im Spiel agieren, ja wenn die Bühnenfiguren die ›tatsächlichen‹ Figuren, die probenden Schauspieler, ob ihrer Identität hinterfragen. Das von Ibsen ersonnene bürgerliche Modell wird ausgehebelt. Formal erinnert der abrupte Auftritt der Madame Pace aber an das antike Drama, wenn etwa bei Euripides am Schluss der eingreifende Gott auftritt, um den Konflikt der Menschen zu lösen. Die überirdische Instanz und ihr gültiger, allgemein anerkannter Wertekanon führt zur Harmonisierung des Geschehens. Hier ist das *Deus ex Machina*-Verfahren zynisch umfunktioniert, Lösungen der vertrackten Lage des Wer-ist-Wer werden nicht mehr angeboten. Der Gott aus der Maschine ist eine komisch daherredende Puffmutter, die ihre Angestellte erpresst!

Darüber hinaus hat Pirandello bei seinem Modell noch eine andere, nicht unwichtige Verkehrung in Szene gesetzt. Der Direktor folgt einem Berufsethos, sein Theater soll die wirklichen Tragödien oder Komödien in Szene setzen; er beansprucht also, Vertreter der ewigen, gültigen Wahrheiten der Kunst zu sein. Interessanterweise aber diskutieren die Personen, also die Kunstfiguren, die existenziellen Fragen von Wahrheit, Identität und Lebenswirklichkeit. Hier erlebt Pirandellos poetisches Programm seine Geburt auf der Bühne. Im Vorwort zu seinem langen Stück hat der Autor sein Kunstcredo theoretisch verhandelt. Einzig die poetische Phantasie sei eine Wahrheit, wenn es denn überhaupt eine gültige gäbe, einzig sie die verlässliche Größe für die dramatische Kunst. Sie ist für den Autor das Wunder einer höheren Realität:

> Ich hasse die symbolische Kunst, bei der die Darstellung jede spontane Bewegung verliert und mechanisch, allegorisch wird. Das ist ein vergebliches Bemühen [...], denn allein die Tatsache, daß man sich um den allegorischen Sinn einer Darstellung bemüht, verrät deutlich, daß man bereits das für eine Fabel hält, was von sich aus weder phantastische noch konkrete Wahrheit besitzt und nur zur Veranschaulichung irgendeiner moralischen Wahrheit dient. Das geistige Bedürfnis, von dem ich spreche [...], sucht im Bild, das in seiner ganzen Ausdruckskraft lebendig und frei bleiben muß, einen Sinn, der ihm Wert verleihen soll. (5)

Luigi Pirandello lehnt die schillersche Schaubühne, das Theater als moralische Anstalt, ab. Das Drama ginge fehl, wenn es uns gültige ethische Wahrheiten anböte, eine bündige Botschaft auf die Bretter setzte, oder gar, wie Brecht es wollte, belehrte. Einzig die Phantasie sei die »Magd« (3), die der dramatischen Kunst ihre Dienste zu leisten habe. Die überdrehte phantastische Konstruktion, wenn imaginäre Figuren einen Autor suchen, transportiert aber auch ein Spiel im Spiel, das die Sprache, unsere Sprache, reflektiert, wenn unser Wirklichkeitsbild überprüft und hinterfragt wird. Man kann diese Form von Dramaturgie als Möglichkeitstheater charakterisieren.

Sprechfolterung: Peter Handke

Pirandellos Sprachkritik bleibt in der dramatischen Kunst nicht folgenlos. Peter Handkes frühe Stücke schließen an Pirandellos Frage, ob wir uns überhaupt verständigen können, an. Bei Handke allerdings wird die Sprache zum Gegenstand seiner Dramatik, ihre gesellschaftliche Funktion – etwa, wie sie die Subjekte sozialisiert – wird experimentell erforscht. Er stellt im Kern die grundsätzliche Frage, wie wir uns als gesellschaftliche Wesen verständigen. Dies gilt allerdings nur für den frühen, Mitte der sechziger Jahre mit skandalträchtigen Stücken auftretenden Erfolgsautor. Handkes Weg als Dramatiker lässt ihn in der Folge, wie Botho Strauß (*Ithaka*, 1996), in verquast mythologische Areale (*Zurüstungen für die Unsterblichkeit. Ein Königsdrama*, 1997) abgleiten, die die Welt aus konservativem Blick verrätselt erörtern.

Handkes Erstling *Publikumsbeschimpfung* (1966) stellt in der Nachfolge Pirandellos die Mechanismen des Theaters bloß. Allerdings wird hier nicht mehr gespielt, sondern die Sprecher reden das Publikum direkt an und verweigern eine Aufführung. Wieder wird jegliche Symbolik oder Botschaft eliminiert, stattdessen steigert sich das Sprachspiel der Darsteller in die tatsächliche Beschimpfung des Parketts: »ihr Glotzaugen«,[13] »ihr Genickschußspezialisten« (45), »ihr Intellektualisten« (46) oder »ihr Charakterdarsteller« (47), bis die provokative Szene im Lautsprecherlärm endet. In dieser harten Kritik des Illusionstheaters, in dem anders als bei Pirandello »nichts« (40) der Phantasie überlassen wird, hat der Autor dem Beat, der Rockmusik ein Forum geschaffen. In seinen Sprechstücken ist der einhämmernde Sprachrhythmus dem des Rock 'n' Roll entlehnt. Statt Dialogen erlebt der provozierte Zuschauer die Umkehrung des Theaterprozesses: Er selbst ist Gegen-

---

13 Handke, *Publikumsbeschimpfung*, S. 44.

stand des Theaters, seine Erwartungen und Verkehrsformen stehen zur Diskussion. Das Jetzt des Theatervorganges wird identisch mit dem ganz realen Jetzt der Zuschauer. So braucht das Stück als »unmittelbares Theater«,[14] wie der Autor sagt, keine *story*, damit ein Theaterabend entsteht; es speist sich vielmehr aus Äußerungsformen der Wirklichkeit, wie schroffe Zurechtweisungen, Rechtfertigungen oder Selbstbezichtigungen. Ziel bleibt aber, das Denken des Zuschauers gleichsam als Selbsterfahrung zu befördern. Durchaus vergleichbar mit Brecht will der Autor ein »anderes Publikum« (311), ein bewussteres nach der ›Aufführung‹ nach Hause schicken. Zu Recht stellt Peter Pütz fest, dass das Publikum mit »apodiktischen Formulierungen«[15] konfrontiert wird, die keinen Widerspruch ermöglichen. Diese Antidramaturgie, die den Zuschauer kaum zu Atem kommen lässt, stellt unsere Worte, Gesten, unsere Kommunikationsformen bloß, will unsere Verhaltenskonventionen transparent machen. Es herrscht eine »suggestive Monotonie« (14), die allerdings durch litaneienhafte, rhythmische Wiederholungen dynamisiert wird. Einzig die Sprache, dass etwas und wie es gesagt wird, macht die Ästhetik der handlungslosen Sprechstücke aus. Handke grenzt sich aber, wenn er Schauspiele ohne illusionierende Bilder auf die Bühne setzt, auch deutlich von Brecht ab.

Das ist es also, was mich doch aufregt an den Brechtschen Spielen: die Eindeutigkeit und Widerspruchslosigkeit, in die am Ende doch alles aufgeht. [...] Jede Art von Botschaft oder sagen wir einfacher, jeder Lösungsvorschlag für vorher aufgezeigte Widersprüche, wird im Spielraum der Bühne *formalisiert*.[16]

---

14 Handke, »Zur Publikumsbeschimpfung«, in: Handke, *Bemerkungen zu meinen Sprechstücken*, S. 311.
15 Pütz, *Peter Handke*, S. 14.
16 Handke, »Brecht, Spiel, Theater, Agitation«, zit. nach: Staehle, S. 125.

Der Österreicher Handke, der wie andere Sprachexperimentierer (z. B. Ernst Jandl, *Aus der Fremde. Sprechoper in 7 Szenen*, 1979) aus der so genannten Grazer Schule kommt, bemängelt an Brecht, dass dessen Parabelkonstruktionen, die soziologische Konstrukte seien, die Realität, die sie verändern möchten, nicht treffen könnten. Sie wären von der Wirklichkeit »unendlich entfernt« (125), als geschlossenes Modell ein abstrakter Formalismus. Bei Luigi Pirandello konnten wir beobachten, dass die tatsächliche Geschichte der auftretenden Spielfiguren offen bleibt. Handke plädiert bei seiner Abgrenzung von Brecht deutlich für ein generell offenes Theater, das alle fertigen Rezepte der Wirklichkeitsdarstellung und -veränderung entschieden zurückweist. Das Theatermodell darf keine Lösungen suggerieren, sondern soll im Gegenteil nur Möglichkeiten vorschlagen. Hier sei allerdings kritisch angemerkt, dass Handke Brechts Dramatik allzu sehr auf lehrhafte Eindeutigkeit verkürzt und dass das Antimodell auch immer wieder Modell wird. In seinem *Kaspar* (1967) stellt Handke ausdrücklich klar, dass es in diesem Stück nur darum ginge, aufzuzeigen »was MÖGLICH IST« und »nicht, wie ES WIRKLICH WAR«.[17]

Kaspar spielt nur mit der legendären Geschichte des historischen Findelkindes Kaspar Hauser, das zu Beginn des 19. Jahrhunderts aufgefunden wurde, der Sprache nicht mächtig. Auch der Kaspar Handkes ist zu Beginn des Stücks ›sprachlos‹. Er hat nur einen Satz, seinen Satz, mit dem er alles und nichts ausdrückt und der ihn von allem abgrenzt. Während des gesamten Spielverlaufs wird ihm durch die nicht sichtbaren Einsager die Sprache und mit ihr die Ordnung der sie repräsentierenden Gesellschaft eingetrichtert. Aus dem einen Kaspar werden im Stück acht, die mit Masken verkleidet völlig identisch aussehen. Geht es zunächst um den Einzelnen, steht in der

---

17 Handke, *Kaspar*, S. 7.

Folge die homogene, wenn nicht gleichgeschaltete Gesamtgesellschaft zur Diskussion. Am Ende ist Kaspar, der nun vollständige Sätze sprechen kann, gleichsam sozialisiert, untergeordnet; er vermag nun »Ich« zu sagen. Fatalerweise bedeutet Ich-Identität die völlige Anpassung in den Zwangsapparat der Gesellschaft, ihrer Verkehrsformen mit der grammatisch genormten Regelsprache. Ich zu sagen, heißt, sich völlig aufgegeben zu haben.

In Handkes Versuchsanordnung wird gleichsam ein Dressurakt gezeigt – der Autor selbst spricht von »Sprechfolterung« (7) –, in dem eine anonyme, lediglich hörbare Instanz Kaspars gesellschaftliche Identität entwickelt und ihm damit seine urgründige austreibt. Seine ursprüngliche Naivität, die allerdings keineswegs psychologisch oder biographisch definiert ist, mündet in eine kollektive Vereinheitlichung. Wenn Kaspar über die Sprache seine Umgebung benennen und damit Ordnung und Struktur der Gesellschaft erkennen lernt, so kann auch der Zuschauer die Mechanik der Sozialisation des Einzelnen nachvollziehen. Am Schluss des Stücks spricht Kaspar, zu einer »Puppe« (41), einer Marionette der Einsager geworden, »Modellsätze« (57), und die Ordnung der Gegenstände auf der einfachen Bühne (Schrank, Tisch, Stuhl) ist etabliert. Zur »Maschine« geworden, stellt er fest, dass »man« ihn »in der Hand« (100) habe.

Die Struktur des Stücks ist ebenso starr wie der zu beobachtende Vorgang. Insofern sei die Frage erlaubt, ob Handkes Offenheitspostulat in diesem Stück überhaupt eingelöst wird. Es herrscht eine Dreiteiligkeit der Vorgänge: Kaspars Spiel, sein Lernprozess – Stammeln, Nachplappern und schließlich Reden – und die technischen Stimmen von außen. Hier muss von einem simultanen Theater die Rede sein, wenn die geschilderten Vorgänge auf der Bühne zeitgleich ablaufen und sich überschneiden. Im simultanen Bild, das insofern an Pirandello anknüpft, als Maske und Sprache mit dem leitmotivischen Begriff »Ordnung« Hand in Hand gehen, wird der Vorgang so weit getrieben, dass am Ende die szenische Verkehrung stattfindet. Nun singen die Einsager, was Kaspar spricht (vgl. 90), während es zuvor darum ging, Kaspar seinen Satz auszutreiben und ihn »endlich zum Schweigen« (25) zu bringen.

Die Sprache selbst wird zum Thema des Theaterprozesses. Mit ihr stehen die Normen und (Vor-)Urteile, die Ordnung, die sie repräsentiert, zur Diskussion. Hier wirkt die sprachkritische Philosophie Ludwig Wittgensteins, der davon ausging, dass unsere Sätze Bilder der Wirklichkeit sind und die Wirklichkeit das Bild unserer Sätze, wie er im *Tractatus logico-philosophicus* ausführt. Nach seiner Theorie könne man erst über die logische Analyse der Struktur der Sprache in die Struktur der Welt der Tatsachen vordringen. Erst »im Satz wird eine Welt probeweise zusammengestellt«, schreibt er in seinem Tagebuch (29. September 1914). In seinen *Philosophischen Untersuchungen* konzentriert er sich nicht mehr auf die reine, ideale Sprache, sondern auf die Alltagssprache, die eben nicht die Wirklichkeit wiedergebe. Sie bilde vielmehr eine Zwischenwelt, durch die wir nicht die Realität, sondern ein verklärtes, durch die Sprache manipuliertes Bild von ihr sehen. Diese Gedanklichkeit stellt Peter Handke in seinem Sprachspiel dar, wenn Kaspar, der Sprache nicht mächtig, auch die Welt der Gegenstände nicht wahrzunehmen imstande ist. »Die Grenzen meiner Sprache bedeuten die Grenzen meiner Welt« (*Tractatus* 5.6). Erst mit dem Erlernen der Sprache ist ihm auch die Fähigkeit gegeben, die Ordnung der Welt zu erkennen. Während Kaspar im Schaukelstuhl sitzt und Sätze sagt wie »Die Pupille ist rund [...] Ein fetter Mann ist lebensecht« (44 f.), führen die Einsager aus:

> Sag, was du denkst. Du kannst nichts anderes sagen als was du denkst. Du kannst nichts *sagen*, was du nicht auch *denkst*. Sag, was du denkst. Wenn du *sagen* willst, was du nicht *denkst*, mußt du es im gleichen Augenblick

auch zu *denken* anfangen. Sag, was du denkst. Du *kannst* anfangen zu sprechen. Du *mußt* anfangen zu sprechen. Wenn du zu *sprechen* anfängst, wirst du zu *denken* anfangen, was du *sprichst*, auch wenn du etwas anderes *denken willst*. Sag, was du nicht denkst. Wenn du zu *sprechen* angefangen hast, wirst du *denken*, was du sagst. Du denkst, was du sagst, das heißt, du *kannst* denken, was du sagst, das heißt es ist *gut*, daß du denkst, was du sagst, das heißt, du *sollst* denken, was du sagst, das heißt sowohl, daß du denken *darfst*, was du sagst, als auch, daß du denken *mußt*, was du sagst, weil du nichts *anderes* denken darfst als das, was du sagst [...]. (54 f.)

Offenheit herrscht insofern, als das Stück keinerlei konkrete, soziologische Zuordnung setzt und der Zuschauer selbst sich ein Bild konstruieren kann. Erklärungen werden von Handke nicht gegeben, einzig der Vorgang wird zur szenischen Diskussion gestellt. Geschlossen ist dagegen das hier dargestellte omnipotente System und das die Ordnung etablierende Sprachsystem, das wie automatisch funktioniert. Szenisch sind dementsprechend die Einsager als Lautsprecherstimmen anwesend. Am Ende berichtet der sozialisierte Kaspar selbst, was mit ihm geschehen ist, wie er Sprache und Wahrnehmung ›erlernte‹. Dies geschah ganz mechanisch, ohne dass er sich dagegen wehren konnte. Lediglich Varianten von Sätzen kann er, zum »ich« geworden, abspulen, die genormte Sprache beherrscht ihn nun gleichsam. Wurden bei Ionesco Klischees denunziert, werden bei Handke die Mechanismen der Sprache erörtert und bloßgestellt; der szenische Vorgang ist bezüglich der Sprache umgekehrt. Vorschriften und Regeln hat er gelernt. Welterkenntnis aber ist bei Handke Sprachdressur. Wittgensteins Wahrnehmung der Welt der Dinge durch die Sprache wird hier exemplarisch vorgeführt. In diesem Sprachexperiment führt die langsame Wahrnehmung von Welt zur völligen Unterordnung.

Auch Handkes *Quodlibet* (1970) handelt von Sprache. Hier findet nach dem Willen des Autors eine Sprechparty statt, in der die Figuren des Welttheaters – General, Bischof oder Politiker – plaudern. Botho Strauß' Situation im Konversationsstück *Trilogie* erlebt seine radikale Umdeutung, und darüber hinaus wird in dieser Persiflage des großen Welttheaters die Offenheit forciert. Nun werden den Sprechern ihre Sätze nicht mehr zugeordnet, Rollen sind aufgehoben; nur noch indirekte Verweise, wenn es etwa um Auschwitz oder den Vietnamkrieg geht, bestimmen die Bühne. Hier hat Handke die historische Ebene der ganzen Welt thematisiert und lässt gleichsam eine kollektive, nicht verortbare Stimme zu Wort kommen. Statt von »Auschwitz« soll vom »Aus-schwitzen«[18] gesprochen werden. Es geht um die Unmöglichkeit, historische oder politische Vorgänge direkt abzubilden. Das Geschichtsdrama eines Peter Weiss oder Rolf Hochhuth wird im Sprachspiel hinterfragt.

Sprachgeflechte: Elfriede Jelinek

Die dramatische Sprache und ihre Möglichkeiten, sich immer der Sprache als Arbeitsmittel bewusst zu sein, sind auch für die österreichische Autorin Elfriede Jelinek Ausgangs- und Zielpunkt des literarischen Schaffens. Sie stellt fest:

> Ich habe niemals ein naturalistisches Dialektstück oder Mundartstück geschrieben, das interessiert mich überhaupt nicht, mich interessiert, was man aus der Mundart Neues machen kann.[19]

---

18 Handke, *Quodlibet*, S. 186.
19 Elfriede Jelinek im Gespräch mit Kurt Palm, in: *dialog. Vier österreichische Stücke*, S. 230.

Wie Handke steht sie in der Linie einer Dramatik, die die eigene Kunst reflektiert, die gegen und aus der Tradition neue Formen und Spielarten erkunden möchte. Das mit dem Namen Nestroy verbundene Wiener Volkstheater oder die auf den Bühnen vorherrschende Grillparzer-Tradition ist für die Jelinek kein gangbarer Weg mehr, um sich mit den gesellschaftlichen Verhältnissen auseinanderzusetzen. Ihr Stück *Burgtheater. Posse mit Gesang* (1982) markiert die radikale Abkehr von einem affirmativ-sinnlichen Schauspiel, das den Zuschauer unterhält oder einen positiven Wertekanon vermittelt. Im Vergleich mit Pirandellos Künstlerdrama wird Theater selbst zum Gegenstand des Spiels. Steht bei Pirandello oder Handke aber die Funktionalität des Theaters zur Diskussion, etwa die Frage der Illusionsbildung, so wird in diesem Stück über eine Burgschauspielerfamilie der Opportunismus sich anbiedernder debil-infantiler Künstler im Dritten Reich gebrandmarkt. So ist der Angriff auf die vorherrschende, den Schauspieler glorifizierende Bühnentradition auch ein genuin politischer, der viel direkter angelegt ist als bei Peter Handke.

Hierbei bekennt sich die Autorin zum experimentellen Schreiben, orientiert an der so genannten »Wiener Gruppe« der Avantgardisten Gerhart Rühm, Konrad Bayer oder Oswald Wiener. Ausdrücklich soll die Sprache im Stück nur noch Anklänge an den »echten Wiener Dialekt« haben; vielmehr will sie »eine Art Kunstsprache« sein, eine Verfremdungsinstanz, die dem Zuschauer als »Wortsymphonie« ein grotesk-bösartiges Kabinett von Typen präsentiert. Am Ende, wenn die rote Armee vor Wien steht, hat sich für diese an die Theatertradition und Verhältnisse angepassten Protagonisten in ihrem »Musikazett«[20] nichts geändert. Offensichtlich, in dieser Haltung stimmt Jelinek mit Thomas Bernhard überein, lebt der nazistische Ungeist weiter.

---

20 Jelinek, *Burgtheater*, in: Ebd., S. 8, 65.

In *Wolken.Heim* (1988) wird konsequenterweise die formale Implikation des Theaterspiels weiter demontiert: Ohne Szeneneinteilung oder fixierbare Sprecher entwickelt das Textkonglomerat in der anonymen monologischen »Wir«-Form ein Identitätsportrait deutscher Haltungen. Es geht von Hölderlin und Fichte über Heidegger bis hin zu Briefen der RAF-Mitglieder. »Wir« ist einzig das ununterscheidbare »Wir«, wenn ein monomaner, einheitlicher Ideologiediskurs variiert wird. Ob diese Form tatsächlich deutsch-nationale Denkmuster und ihre vermeintlichen Folgen theatralisch zu versinnbildlichen und kritisieren vermag, bleibt fraglich. Bewusste Künstlichkeit wird zum Treibriemen der Dramatik, die jegliche mimetische Lebensechtheit ausschließt.

Den Durchbruch erreicht die Autorin mit ihrem Stück *Stecken Stab und Stangl. Eine Handarbeit* (1995), das ihr einen mit Botho Strauß vergleichbaren öffentlichen repräsentativen Status sichert. Das Stück, das die Autorin als »ein kontrapunktisches Sprachgeflecht« beschreibt, handelt über den Sprengbombenmord an vier Roma im österreichischen Burgenland. Nicht unmittelbar wird die rechtsradikale Tat szenisch thematisiert, vielmehr sprechen ausländerfeindliche Supermarktbesucher über die Tat. Diese sind durch ihr medial geprägtes Bewusstsein bestimmt. Sie sprechen einem Kolumnisten des Boulevardblattes Kronen-Zeitung nach, welches ein Klima von Pogromhetze dargestellt wird. Anders als in Millers realistischem Drama *Hexenjagd* ist also hier der prekäre Vorgang nicht gezeigt; er ist in diesem Stück experimenteller Literatur realpolitische Voraussetzung. Auch Auschwitz als Verdrängung ist das Thema, Franz Stangl hieß der Kommandant des KZ Treblinka. So soll im Überblendungsverfahren der Autorin der Mord an den Roma-Opfern in Auschwitz und beide Verbrechen an der »Sprache der Presse«[21] gespiegelt werden.

---

21 Jelinek, »Das katastrophalste Ereignis der Zweiten Republik«, in: *Theater der Zeit* 3 (1996), S. 90.

Problematisch bleibt, dass in diesem Verfahren der literarische Signifikanzverlust virulent wird. Die szenische Strategie versucht, das Inkommensurable des Holocaust unstatthaft zu nivellieren, indem verhandelte mediale Ereignisse wie ein Pistentod oder die Geschichte eines krebskranken Mädchens in ein und demselben Stückkontext erscheinen.

Raststätte oder Sie machens alle (1994) bedient sich der stereotypen Sprache von Fernsehtalkshows sowie des Vokabulars von Kontaktanzeigen. Claudia, Isolde, Kurt und Herbert, zwei Paare, treffen sich zum Sex in einer verkommenen Raststättentoilette. Die groteske Aktion in der schmutzigen Kabine führt nicht zum gewünschten Resultat, dem pornographischen Hyper-Orgasmus, den sich die beiden Frauen aus der österreichischen Provinz erträumen. In der Pornofilmszenerie wird so auch auf die Denunziation voyeuristischer Lüste von Zuschauern gesetzt. Wieder ist das Thema ein normiert-manipuliertes, kollektives Bewusstsein, das Züge von provokativer Animalität kennzeichnet.

> Ihr solltet uns mal sehen, Mädels, wenn wir einige Stunden in euren Ärschen und Mösen zugebracht haben! [...] Klasse. Unter zwei Nummern läuft nichts! [...] Sie! Hat das spermageile Sie oder spermageile Sau im Inserat geheißen? [...] Unsere Wohnung ist geputzt, damit Herbert sie als Sumpf benutzen kann.[22]

In diesen Sentenzen wird das sprachexperimentelle Schreiben verkehrt; die normierte Syntax transportiert einen grotesken Inhalt. War Peter Handkes Antidrama *Kaspar* auf der Höhe des Modernismus, so sind Jelineks Figuren lediglich Versatzstücke eines Pornofilms, blanke Videogrößen. Das Stück entfaltet keinen ästhetischen

---

22 Jelinek, *Raststätte oder Sie machens alle*, in: Spectaculum 61, S. 210 ff.

Überschuss, und die Integration des Sexuell-Anarchischen wird nicht in Sprachsphäre umgesetzt. Der tatsächliche Warencharakter des bizarren Treffens ist in die eingängige Form der Komödie gebannt. Tatsächlich wird die traditionelle Dialogstruktur des Dramas nicht gebrochen. Der massenhafte, virtuelle Rausch bleibt nur plakative Folie, so dass der technisch-industrielle Charakter der Pornographie nur als Tabubruch erscheint. »Sie haben mich angebrunzt« (215), dröhnt es aus der Swinger-Kabine. Zwar wird das Treffen gefilmt, doch der Stellungs- und Partnerwechsel, wenn Elch, Bär oder der Mann in den Windeln auftauchen, erfolgt nicht als filmischer Schnittwechsel. Mag die Kritik an einer verflachten, veräußerlichten Zivilisation noch so zugespitzt formuliert sein, das Stück wird egalitär. »Sinn egal«, wie auch einer der Texte Jelineks heißt, könnte das Dilemma umschreiben: Mögen die Figuren nach dem Diktum ihrer Autorin auch keine Sprecher mehr sein – sie »SIND das Sprechen«[23] –, so greifen doch im plakativen, bewusst trivial gehaltenen Entwurf die selbstbezügliche, leerlaufende Beliebigkeit und der Hedonismus Platz.

Der Erfolg der Autorin, die so vehement gegen die mediale Trivialisierung unserer Welt anschreibt, mag darin liegen, dass sie sich dieser Muster in ihren Theatertexten zunehmend verschrieben hat. Es ist zu bedenken, dass der Fall Botho Strauß mit dem von Elfriede Jelinek vergleichbar ist. Wer sich in direktester Weise wie Jelinek der österreichischen Realität annimmt, muss durchaus mit dem Erfolg der wenig distanzierten und reflektierten Affirmation rechnen.

Den schmerzhaften Sinnverlust in einer sich in den neunziger Jahren zunehmend trivialisierenden postindustriellen Gesellschaft hat die Autorin, die das Sprechen und die Sprache zum Zentrum ihrer Dramen macht, in ihrer

---

23 Jelinek, »Sinn egal. Körper zwecklos«, in: *Theaterschrift* 11 (1997), S. 24.

Rede zum Heine-Preis selbst thematisiert. Der Zwang, trotz der gesellschaftlichen Verhältnisse, die Elfriede Jelinek immer mutig angegriffen hat, weiterzuschreiben, wird zum hoffnungslosen Kampf mit der vielköpfigen Hydra: »Das Geschriebene nimmt sich selbst zurück, indem es etwas sagt, und zwar, weil er in jedem Satz schon weiß, daß der Satz vergeblich gewesen sein wird.«[24]

Stimmen: Heiner Müller

Heiner Müller hat in seinem dramatischen Werk diese hier angelegte Form von einem Theater der Stimmen, die bei Handke und Jelinek zu beobachten sind, noch konsequenter entwickelt. Man kann Müllers *Hamletmaschine* (1977) und vor allen Dingen seine *BILDBESCHREIBUNG* (1984) kaum mehr mit der Gattungsbezeichnung Drama charakterisieren. In beiden Texten setzt Müller ein »artifizielles Spiel der Wörter und Stimmen«[25] in Szene. Tatsächliche, als Rolle markierte Protagonisten, das dramatische Ich, gibt es als fixe Größe nicht mehr; die Elemente aller traditionellen Dramatik wie Fabel, Dialog oder Konflikt haben keinerlei Bedeutung mehr. In *Die Hamletmaschine* erlebt der Zuschauer vielmehr einen bewusstseinsstromartigen, »polyphonen Diskurs«[26] in fünf Teilen. Dieser kann in der Aufführung von beliebig vielen Schauspielern dargestellt werden. Assoziativ scheint Shakespeares elisabethanisches Schauspiel als Geschichte des Prinzen Hamlet durch. Theo Buck führt aus, dass die dramatische Form insofern revolutioniert wird, als eine fragmentarisierte Bildfolge »an Stelle linearer Handlungsabläufe«[27] oder eines vertrau-

---

24 Jelinek, »Österreich. Ein deutsches Märchen«, in: *Theater der Zeit* 2 (2003), S. 13.
25 Eke, *Heiner Müller*, S. 136.
26 Ebd.
27 Buck, *Heiner Müller*, S. 543.

ten Zeitkontinuums steht. Programmatisch stellt der Autor – den Dialektiker Brecht kritisierend – 1977 fest:

> [...] ich denke, daß wir uns vom LEHRSTÜCK bis zum nächsten Erdbeben verabschieden müssen. Die christliche Endzeit der MASSNAHME ist abgelaufen, [...] auch die gelernten Chöre singen nicht mehr, der Humanismus kommt nur noch als Terrorismus vor, der MolotowCoctail ist das letzte bürgerliche Bildungserlebnis. Was bleibt: einsame Texte, die auf Geschichte warten.[28]

Heiner Müller formuliert den Abschied von dialektischen Fortschrittshoffnungen, wenn er Brechts belehrendes Theater zurückweist. Dies erfolgt nicht nur inhaltlich, vielmehr auch formal. Müllers *Hamletmaschine* wird zur Phantasie eines Dramas. Die Bühnenlandschaft funktioniert als entpersonalisiertes Traumtheater, das zwar in fünf Bilder gegliedert ist, aber damit einzig auf die für Müller tote Kunstform der klassischen Tragödie verweisen möchte. Versatzstücke aus der Weltliteratur, in Sonderheit Shakespeares *Hamlet*, ermöglichen dem Zuschauer, den historischen Prozess des Sozialismus zu assoziieren. Es wird auf den 17. Juni 1953, auf den Ungarnaufstand von 1956 (»PEST IN BUDA«) und Stalin angespielt. Die Rede ist von einer »Hoffnung«, die sich nicht erfüllt habe, und es wird davon erzählt, dass das »Denkmal« eines »Gehaßten und Verehrten«[29] am Boden liegt. Dies kann auch allgemein ein Bild von Revolution darstellen.

Realgeschichte wird, wie der Titel suggeriert, als eine unentrinnbare Maschinerie verstanden. Sie ist eine szenisch im Präteritum erinnerte, die, so kann assoziiert werden, in die Apokalypse (»*Eiszeit*«, 46) mündet. Hamlet, der auch ausdrücklich Hamletdarsteller heißt, zerschlägt

---

28 Müller, *Verabschiedung des Lehrstücks*, S. 37.
29 Müller, *Die Hamletmaschine*, S. 42.

Heiner Müller, *Die Hamletmaschine*
Thalia Theater, Hamburg, 1986. Regie: Robert Wilson
Foto: Elisabeth Henrichs, Berlin

mit dem Beil »die Köpfe von Marx Lenin Mao«, während er in seiner »FURCHTBAREN RÜSTUNG« steckt (46). Ophelia, die an einer Stelle als Chor oder Hamletdarsteller spricht, propagiert als Elektra im Namen der Wahrheit Hass, Verachtung, Aufstand und Tod, bevor sie, gänzlich eingehüllt in Mullbinden, reglos in ihrem Rollstuhl sitzend, zum Verstummen gebracht wird.

Ist es der Autor, der hier assoziiert, oder sein Hamletdarsteller? Hier ist der aktive Zuschauer mit seinen Erfahrungen gefordert, wenn die Figur zu einer multiplen wird. Man könnte auch meinen, dass Heiner Müller eine kollektive Erinnerung, die szenisch vergegenwärtigt wird, sprechen lässt. Im »Vorstellungsspiel«[30] führt Müllers Hamlet aus:

> Ich bin nicht Hamlet. Ich spiele keine Rolle mehr. Meine Worte haben mir nichts mehr zu sagen. [...] Mein Drama findet nicht mehr statt. Hinter mir wird die Dekoration aufgebaut. Von Leuten, die mein Drama nicht interessiert [...]. Mich interessiert es auch nicht mehr. Ich spiele nicht mehr mit. (42)

Mit diesen Sätzen vollstreckt Müller die Selbstaufhebung nicht nur der dramatischen Figur, sondern auch der dramatischen Kunst, die durch Psychologie und Handlung bestimmt war. Das dramatische Ich ist kein tatsächliches mehr. Der Darsteller tritt aus seiner Rolle heraus. Ob im Stück mit Hamlets Ausführungen das Scheitern der marxistischen Utopie dargestellt wird oder nicht, kann nicht eindeutig entschieden werden. Wie in Becketts Theaterexperiment herrscht Offenheit – hier allerdings deutlich politischer auf die Geschichte des Sozialismus anwendbar –, denn das epische Präteritum ermöglicht die freie Assoziation.

Im vierten Abschnitt des Stücks soll ein Autorenbild zerrissen werden. Es wird nicht festgelegt, wer diese metaphorische Szene vorführen soll. Wieder sind in dieser Montage von Monologen keine eindeutigen Interpretationen möglich; das Bild könnte Shakespeare darstellen oder Heiner Müller selbst. Auch die Autorenidentität wird wie das Drama in Frage gestellt. Kulturelle Versatzstücke, wie eine ihr Leiden erzählende Sprechinstanz Elektra oder

---

30 Eke, *Heiner Müller*, S. 136.

Ophelia aus *Hamlet*, markieren einen radikalen Konventionsbruch. Abbildungskonzepte werden durch einen freien, montierbaren Spieltext aufgehoben, der auf kollektive kulturelle und historische Bewusstseinszustände verweist.

In *BILDBESCHREIBUNG* wird diese experimentelle Dramaturgie weiter zugespitzt; ein langer, nur durch Satzzeichen gegliederter Satz ist keinem Sprecher mehr zugeordnet. Bekannte Namen aus der Dramengeschichte wie in der *Hamletmaschine* tauchen nicht mehr auf: »das Bild eine Versuchsanordnung«,[31] heißt es lapidar im Text. In diesem ›Drama‹ ist die Verrätselung, um was es hier denn geht, noch komplexer angelegt. Die für den Leser oder Zuschauer gültigen Kategorien von Deutung und Erklärung werden problematisch, wenn nicht ausgehebelt. Auch in diesem literarischen Material lässt sich Becketts Verfahren aus *Atem* beobachten: Der Text ist gleichermaßen ein Hör- wie Spieltext; er braucht das Rollenspiel der Bühne nicht mehr. Sein Inhalt ist schwerlich darstellbar, schon der Titel muss als Provokation betrachtet werden. Das, was hier beschrieben wird, lässt sich nicht erzählen. Die metaphorischen Bilder sind so differenziert angelegt, dass sie kaum einholbar sind, diese Bildbeschreibung ist im strengen Sinne keine tatsächliche:

> Eine Landschaft zwischen Steppe und Savanne, der Himmel preußisch blau, zwei riesige Wolken schwimmen darin, wie von Drahtskeletten zusammengehalten, jedenfalls von unbekannter Bauart, die linke größere könnte ein Gummitier aus einem Vergnügungspark sein, das sich von seiner Leine losgerissen hat, oder ein Stück Antarktis auf dem Heimflug [...]. (7)

Hier herrscht die reine Phantasmagorie, die sich auch im Konjunktiv artikuliert, die das modale Adverb »viel-

---

31 Müller, *BILDBESCHREIBUNG*, S. 13.

leicht« benutzt und durch »wahrscheinlich« den imaginären Charakter des hier Erörterten unterstreicht. Signalwörter ermöglichen dem Rezipienten reiche Assoziationen, die aber doch deutlich eine Todesmetaphorik erzeugen: »Schrecken«, »Maschine«, »Nichts«, »Asche«, »verbrannt«, »Friedhöfe«, »Explosion«, »Angst«. Am Ende der apokalyptischen Visionen, in denen auch von einer Frau, die im Geschlechtsakt einen Mann mordet, die Rede ist, gefriert ein imaginäres, unpersönliches »ICH« zum »Sturm«. Die in sich paradoxen Bilder nehmen nicht von ungefähr am Schluss des einen Satzes Abschied vom Ich.

Eine Geschichte darf sich nach Müllers Verständnis von Dramatik auf der Bühne nicht schließen; Antinomien stehen zur Diskussion, wie das Obst im Text, das »augenscheinlich eßbar«, doch möglicherweise zu einem kollektiven Sterben führt. Raum und Zeit bilden eine Einheit, wenn ein Text das Inkommensurable in Szene setzt. Von der »SONNE« ist die Rede und von einer »Vielzahl« von Sonnen. In dieser hoch metaphorischen Form experimenteller Dramatik appelliert der Dichter an ein Höchstmaß an Offenheit, denn selbst die Instanz, die diese Phantasmagorie entwirft, bleibt undeutlich. Spiegelbildliche Korrespondenz von Gesagtem und Gemeintem ist programmatisch beseitigt, dem Leser/Zuschauer/Hörer wird hier der Boden durch die literarische Bildlichkeit und deren Anordnung entzogen. Heiner Müller entwickelt in seinem Antidrama, das eine Vielzahl intertextueller Bezüge nur durchscheinen lässt, eine höchst spannende Paradoxie: Er bleibt bei seiner Begrifflichkeit in den Wortfeldern konkret. Die so entwickelte Metaphorik aber stiftet einen unbegreiflichen Kontext, der den Rezipienten überfordert. Das traditionelle Drama wird auch insofern radikal konterkariert, als im Text Sinnlichkeit und Unsinnlichkeit in einem unauflösbaren Widerspruch stehen. Ordnende Interpretation muss scheitern, wenn sie versucht, den Text zu systematisieren, mag er auch in sich noch so geschlossen sein. Müller verweigert sich aller Systematik und weist somit ein rationalistisches Weltbild zurück. Vergangenheit, Gegenwart oder eine mögliche Zukunft sind in diesem Text von der ganzen Welt im Augenblick einer möglichen Aufführung eingefangen.

Zumindest bleibt eine apokalyptische Lesart, die die Atombombe nahelegt, sehr wahrscheinlich: Nicht nur von »Wolken« ist die Rede, auch von »pilzförmig« oder »einer unbekannten [unvorstellbaren] Sonne«, vom »Sturm«, von »Steinschlag« und schließlich von einem »FEHLER«, der möglicherweise erlöst – wen auch immer. Das »große Manöver« findet im Assoziationsgeflecht der berichtenden anonymen Instanz statt. Und doch mag man lediglich an Shakespeares Drama *Der Sturm* denken oder an Odysseus' Hadesfahrt aus dem 11. Gesang bei Homer. Zumindest heißt es an prononcierter Stelle gegen Ende: »blitzhafte Verunsicherung in der Gewißheit des Schrecklichen.«

Die Verstörung durch die lange Hypotaxe, den einen zu spielenden Satz, muss aber als ein das Theater und seine Zuschauer befreiender Versuch verstanden werden. Der radikale Antirealist Heiner Müller kehrt in seinem experimentellen Theaterverfahren überwirkliche, phantastische Innenwelten gleichsam nach außen in eine sichtbare Bühnenwelt. Dieses *inside-out*-Verfahren ermöglicht auch dem Verstörten, seine eigene Theatersozialisation, seine gültigen Wahrnehmungsweisen zu hinterfragen. Es emanzipiert ihn von gängigen, internalisierten Mustern. Mag Müllers apokalyptische Vision noch so schrecklich daherkommen, der Zuschauer darf seine gesamte kulturelle Sozialisation an der Garderobe abgeben, da das gänzlich Uneigentliche zu erleben ist. Mag sein, dass Heiner Müllers revolutionäre Dramatik insofern doch einen kathartischen Charakter hat.

Die durch eine dogmatische Abbildtheorie fixierte DDR-Dramatik wurde zweifellos durch Müllers Werk in ihrem Kern radikal in Frage gestellt. Auch seine konkreteren historischen Dramen, wie *Die Schlacht* (1954/74) oder *Leben Gundlings Friedrich von Preußen Lessings Schlaf Traum Schrei* (1976), die deutlich auf die deutsche Schreckensgeschichte anspielen, zeigen artaudsche, surrealistische Züge und hinterfragen den tatsächlichen Realitätsgehalt der Doktrin des sozialistischen Realismus.

Montage: Lothar Trolle

Der noch zu entdeckende, ebenfalls aus der DDR stammende Dramatiker Lothar Trolle muss an dieser Stelle aufgrund seiner ästhetischen Vielschichtigkeit Gegenstand der Betrachtung werden. Seine sprachlich wie inhaltlich experimentellen Stücke konnten, anders als die Heiner Müllers, weder in der DDR noch in der BRD oder dem dann wiedervereinigten Deutschland auf den Theatern durchgesetzt werden. Sein unpubliziertes Drama *Geschichte vom Leben Tod und Auferstehung des Genossenschaftsbauern H. Greikemeier* (1972–74), ein Schlüsselstück zu den politischen Vorgängen des 17. Juni 1953, wurde vom Berliner Ensemble als ›unspielbar‹ abgelehnt. Das als dreiteiliges, auch Goethes *Faust* persiflierendes Großwerk geplantes, unvollendetes Stück lässt die sieben Todsünden des Sozialismus auf die Bühne treten, die den Bauern in den faulsten Menschen der DDR verwandeln. Schon hier wird das Modell des sozialistischen Realismus, das verkürzt gesprochen den positiven, der Zukunft verpflichteten Aktivisten sehen wollte, mit wuchtigen Knittelversen satirisch gesprengt.

Trolles Dramaturgie schließt nicht nur an Müller, sondern auch an die dadaistische Schule eines Kurt Schwitters oder Daniil Charms an. *Papa Mama* (1979) oder *K.s Kasperlespiele 1* (1987) zeigen eine Jarry verpflichtete Puppenspielmechanik absurder, monomanischer Übertreibungen, die in ein infantilistisches, nonsensehaftes, bloßes Funktionieren mündet. Mama wird aufgehängt, Papa hängt sich in dieser Kasperlespiel-Mechanik selbst auf. Anschließend gehen beide nach Hause, im glücklichen Ende kann die Sonntagsmahlzeit fortgesetzt werden. Trolle stellt, analog zu Müller, fest:

> Das ist ja der Witz der modernen Dramatik, daß man die Techniken der Schauspieler weiterbringt. [...] jedes Stück muß neue Techniker fordern, sonst ist es überflüssig. [...] Das ist mein Hauptimpuls, weil Theater mich interessiert, kann ich es eigentlich immer nur in Frage stellen.[32]

Trolles Statement hat die zwingende Folge, dass einzig die experimentelle Form, die etwa das gängige dialogische Spiel oder die Psychologie negiert, zur theatralischen Praxis werden darf. Er sprengt insofern das alte Muster der dramatischen Kunst, als seine Stücke tatsächlich die Theater vor das Problem der Spielbarkeit stellen. Das Ensemble muss aus dem Material erst das Rollenspiel konstruieren. Der Autor, dessen Stücke schwerlich kategorisierbar sind, kann insofern der experimentellen Schule zugerechnet werden, als er immer wieder mit Montagetechniken arbeitet. Hierbei ist stärker als in Heiner Müllers *Hamletmaschine* die Austauschbarkeit der Szenen bei der Inszenierung möglich. Dabei hat die jeweilige Einzelszene einen autonomen Charakter, sie kann nicht nur in der Reihenfolge des Stücks vertauscht werden, sie kann auch für sich stehen. Diese Variabilität erzeugt ein offenes Kunstwerk und trifft die Technik des traditionellen Dramas in seinem Kern: Der Theaterdiskurs der logischen, konstruierten Abfolge der Akte und Szenen ist aufgehoben, er

---

32 Trolle, »Ein Zettel unter der Tür durchgeschoben«, in: Trolle, *Die 81 Min. des Fräulein A.*, S. 46.

wird als zielgerichtete Handlung hinterfragt. Hier werden Zeit- oder Handlungsstrukturen beseitigt.

Waren im expressionistischen Modell die ›Charaktere‹ durch ihren dissoziativen Charakter bestimmt, so gilt dies nun für das Gesamtstück. Der Autor arbeitet in einem *work-in-progress*-Verfahren, in dem auch Szenen von einem in das andere Stück versetzt werden können. Diese Art von Ästhetik erfordert den emanzipierten Zuschauer, der gleichsam in seiner Lesart sich erst ein Stück konstruiert. Auch die Zuordnungen des Gesprochenen zu Figuren wird bei Trolle problematisiert, auch hier herrscht Variabilität. So können die Sentenzen chorisch oder technisch vorgetragen werden. Antipsychologie – Figuren sind nicht als Rollenträger einem Milieu zugeordnet –, Auflösung von Dialog-, Handlungs-, Zeit- und realistischen Ortsstrukturen, auch eine dem Bewusstseinsstrom ähnelnde monologische Form (*Ein Vormittag in der Freiheit oder Sie gestatten, Lehmann vorn mit l wie Lenin*, 1991) herrschen in Trolles experimenteller Dramatik vor. Dadurch revolutioniert Lothar Trolle die dramatische Kunst auch dahingehend, dass er einen neuen Werkbegriff inauguriert: Das dramatische Stück als entwickeltes, gestaltetes und abgeschlossenes Einzelartefakt wird aufgegeben.

In Trolles meistgespieltem Stück *Hermes in der Stadt* (1989) bündelt der Autor das hier angedeutete dramatische Verfahren. Vier scheinbar unabhängig voneinander aufgereihte Szenen variieren eine grundlegende Situation. Der Autor zeigt einen Kreislauf sinnloser Gewalt: Raub, Mord, Kindesentführung, Vergewaltigung oder Kinder, die am Telefon andere zum Suizid verführen, werden am antiken Hermes-Mythos gespiegelt. In diesem dritten Bild wird der mythologische erste Diebstahl, der Raub der Rinder des Apoll, durch Zeus' Boten direkt thematisiert. Im ersten Teil »A, B, C, usw. oder Von den Dämonen, die mit uns die Städte bewohnen« ist die Abfolge kurzer, immer wieder in Gewalt ausartender Bilder nach dem Alphabet von A bis Z geordnet. Das Material hierfür stammt aus ganz realen Vorgängen der DDR-Alltagsrealität, die in erlebter Rede lakonisch vorgetragen werden. Brechts Ratschlag folgend, sich als Dramatiker mit Krimis zu beschäftigen, sammelte Trolle darüber hinaus Zeitungsmeldungen aus der »Wochenpost«.

Und I.
wirft sich mit dem Gewicht seines Körpers gegen die Wohnungstür von J.
und fällt mit der einstürzenden Tür in den dunklen Korridor der Wohnung,
wo am Ende des Korridors mit einem Eimer Wasser in der Hand
J. versucht,
I. dadurch von sich fernzuhalten, indem sie mit dem Eimer ausholt
und I. vollschüttet mit Wasser,
doch der hat seine zur Faust geballte rechte Hand schon erhoben
und schlägt der Achtzigjährigen ins Gesicht,
und während der Eimer zu Boden scheppert,
schreit I.:
›Geld her,
oder ich bring dich um!‹[33]

Das Thema der vermassten, gewalttätigen Stadtwelt erzwingt hier eine andere dramatische Form. Die Handlungsträger bleiben ein anonymes, namenloses Kollektiv, in dem auch J. I. oder A. B. oder umgekehrt das Gleiche antun könnte. Auch wenn sich der Autor hier auf teilweise real geschehene Verbrechen in Berlin-Marzahn bezieht, die gewalttätige Stadtkultur des Jahrhunderts wird ins Bild gesetzt, für Berlin könnte auch New York oder Mos-

---

33 Trolle, *Hermes in der Stadt*, S. 143.

kau stehen. Sein Bild ist übertragbar, da die Situationen nie einen konkreten geographischen Ort konstatieren. Hierbei ist von zentraler Bedeutung, dass die mit Buchstaben bezeichneten Figuren und ihre Untaten dramatisch austauschbar sind. Die antiken Rituale von Mord und Diebstahl, die in der mythologischen Hermes-Figur symbolisch gipfeln, setzen durch diese Spiegelung im mythischen Bild einen universalistischen Charakter in Szene. Es geht dem Autor um den unmoralischen Ist-Zustand der globalen Alltagsrealität. Der Sprachduktus, der in seinem Kern das leidende Kollektiv zu Worte kommen lässt, formuliert Trolles Weltsicht. Das Regelsystem der industriellen Gesellschaft ist zerbrochen, mithin muss auch das Theater das Regelsystem seiner Ästhetik umwerfen. Theater, angereichert mit Zitaten (F. G. Jünger, Gryphius, Hebel, Klopstock, G. Heym, Stramm, Hölderlin, Kleist, Goethe, Schiller), wird wie bei Heiner Müller zur inszenierten Stimme, zum Chor der anonymen Masse.

Im zweiten Bild, mit dem konsequenten Titel »Der Gott flaniert«, raubt ein Verse deklamierender Autofahrer ein Mädchen aus, das er von der Raststätte aufgelesen hat. Die Figur referiert über das deutsche Versmaß, zitiert Klopstock oder Schillers Haltung zum Hexameter. Diese Form szenischer Verfremdung operiert völlig anders als Brecht. Die experimentellen Zitatmontagen des Bewusstseinsstroms erzeugen Brüche und wollen damit wieder Innenwelten, Erinnertes versinnbildlichen. Hier spielt unsere Kulturgeschichte eine Rolle, wenn wieder ein Totalbild von Existenz dargestellt wird. Diese Form von Montageliteratur, die die Alltagswelt als von Gewalt bestimmt betrachtet, will aber immer wieder das große Bild von Innen- und Außenwelt erzeugen. Realität, wie Lothar Trolle sie darstellt, ist offenbar auch wahnbesetzt.

Der Teil über Hermes, »Aus der Kindheit eines Gotts«, ist von Trolle in Prosa gehalten. Dieses Verfahren der Gattungsauflösung, in dem der Zuschauer assoziativ den Zu-

Lothar Trolle, *Hermes in der Stadt*
Deutsches Theater, Berlin, 1992. Regie: Frank Castorf
Foto: Wolfhard Theile, Berlin

sammenhang herstellen darf, zeigt eindringlich die Umsetzung der trolleschen Überlegung, dass das in Akten gegliederte Drama zur Weltdarstellung nicht mehr taugt. Trefflicherweise hat Trolle hier das mythische Bild gewählt, das auch eine politische Dimension der Bilder anschlägt; Hermes ist im antiken Mythos nicht nur der Gott der Diebe, sondern zugleich auch Gott des Handels, wodurch der Autor auch eine Kritik an der kapitalorientierten Marktwirtschaft anklingen lässt.

Neben der Aneignung von Geschichte im Drama bildet die Adaption des mythischen Stoffs – für Trolle ein leitmotivisches Thema – in allen Epochen ein zentrales Moment. Die jeweilige Figur, ob Herkules, Philoktet oder Parzival, wird zum Exemplum eines Problems, das Gegenwart meint. Gerade der Mythos als Urbild lebt durch seine extensive Variationsfähigkeit; er verweist auf Bekanntes aus dem Bildungshorizont und hat dadurch einen grundsätzlichen Charakter. Die rein dokumentarische Theatermimesis kann niemals diese Modellfähigkeit erreichen. Gerade die rekursive Struktur des mythischen Bildes, also die Wiederholung, und die Schicksalhaftigkeit zeigen einen unentrinnbaren Kreislauf, der immer zweckdienlich umfunktioniert wird. Zu verweisen ist in diesem Zusammenhang auf Tankred Dorsts *Merlin oder Das wüste Land* (1981) oder Christoph Heins *Die Ritter der Tafelrunde* (1989), in dem die Söhne gegen die Väter und ihre Gralsidee aufbegehren. Selbst in Friedrich Dürrenmatts *Herkules und der Stall des Augias* (1962), dem immer wieder mangelnde Geschlossenheit vorgeworfen wurde, herrscht der traditionelle Konversationston vor. Diese Stückmodelle lässt Trolle in seiner Dramaturgie hinter sich zurück.

> [...] SELBST HIER UNTER UNS AUSERWÄHLTEN HAT EHRLICHKEIT UND GERECHTIGKEIT EINEN SCHWEREN STAND. OH, ICH FÜRCHTE, sagt dann Phöbos Apollon, MIT DIESEM KNÄBLEIN IST UNS ETWAS GEBOREN, DAS UNS NOCH SCHLIMMERE UNANNEHMLICHKEITEN BEREITET, ALS DASS ES UNS AM HELLICHTEN TAG EINE HERDE KÜHE VON DER WEIDE KLAUT. [...] DOCH WAS UNS AUCH ERWARTET, UNS OLYMPIERN SOLLTE ES AM LEICHTESTEN FALLEN, FREUDE ZU FINDEN IN EINER WELT, DER, OHNE DASS WIR DABEI WAREN, NUN DIE UNSCHULD ABHANDEN GEKOMMEN IST! (165)

Hier lässt der Autor aus berufenem Munde, dem der transzendenten Götterwelt, das Ende der Utopien anklingen. Neben der formalen Gestaltung zeigt diese Passage, dass Trolle weitaus deutlicher als sein Vorbild Heiner Müller nicht nur unanfällig für ideologisches Denken ist, sondern Ideologien und Utopien von vornherein den Boden unter den Füßen entzieht, wenn er die Welt, so wie sie ist, in ihrem hermetischen Ursprung schon als schuldig verstrickt fasst. Im Urbild, das der Autor für den Titel seines Stückes auswählt, ist bereits der Charakter des Weltenlaufes bestimmt. In der *Hamletmaschine* klingt die Auseinandersetzung mit der sozialistischen Ideologie in Bildern noch deutlich an. Bei Trolle dagegen spielt dies keine Rolle mehr. Lothar Trolle sprengt inhaltlich und formal das traditionelle Drama und zeigt Möglichkeiten eines offenen, aber keineswegs beliebigen oder apolitischen Theaterdiskurses auf. Er operiert innerhalb eines experimentellen Koordinatensystems und völlig außerhalb der von Brecht oder Heiner Müller geprägten DDR-Dramatik. Am Ende wird das Fazit der global herrschenden Gesellschaft und ihrer liberalen Ideologie gezogen: »WO AAS IST, SAMMELN SICH DIE GEIER! / BESSER, / ANDERE BALBIEREN, ALS SELBST BALBIERT / ZU WERDEN!« (181) Lothar Trolle verabschiedet sich mit dieser Ästhetik von deklarativen Programmen und Konzepten, wie es in der DDR-Dramatik, die den aktiven Einzelnen zeigt, der die Gesellschaft formt und gestaltet, üblich war. Der Autor definiert sich aber genuin als Dramatiker, der für das Theater schreibt, um es zu revolutionieren. Dies hat nach Trolle Folgen für die Sprache:

> Niemand weiß heute, wohin es geht, es fehlt die Klarheit in unserer Zeit. Das liegt vor allem daran, daß man keine Sprache mehr hat, um unsere Zeit zu benennen. [...] Als ob wir noch keine eigene Sprache, keine eigenen Geschichten hätten. Natürlich muß man verfremden und kann kein naturalistisches Bild mehr von einer Gesellschaft oder einem Milieu zeichnen.[34]

---

34 Trolle, »Seismograph der Gegenwart«, in: *Theater der Zeit* 6 (1999), S. 77.

Dem Drama wird hier, auf die Tradition des Sprachexperiments verweisend, gerade bezüglich neuer Sprachmuster und einer neuen Struktur seine Eigenständigkeit zurückgegeben. Leidet die Gesellschaft an Beschreibungsimpotenz, so bekommt die dramatische Sprache insofern eine neue Wertigkeit, als einzig in ihrem Prozess die gesellschaftlich gescheiterten Utopien behauptet werden können. Dieser sprachliche Prozess soll insofern real gesellschaftliche Sprachlosigkeit konterkarieren, als das Drama seine Leser und Zuschauer verstören möchte.

Sprachkrieg: Werner Schwab

Werner Schwab, der bis Mitte der neunziger Jahre kometenhaft zu einem viel gespielten Kultdramatiker der deutschen Bühnen aufstieg, folgt einem noch radikaleren Ansatz. Schwab, schon mit Mitte dreißig gestorben, was seinen öffentlichen Mythos noch steigerte, lehnt in seiner kurzen, aber intensiven Schaffensperiode das Theater in seiner tradierten Kunstform schlicht ab.

> Was mich am Theater also auch reizt, ist sein gigantomanischer Anachronismus und meine perverse Theaterrettungsidee: Sprache in reines Menschenfleisch umzuwandeln [...] und selbstnatürlich umgekehrt. Ansonsten ist Theater eine langweilige Schweinescheiße [...].[35]

Auch Schwab ist schwerlich in eine Schule einzuordnen. Als in Graz geborener Österreicher steht er selbstverständlich in einem Zusammenhang mit der Grazer Schule, die neben Handke auch so profilierte Dramatiker

---

35 Zit. nach Allkemper/Eke, *Deutsche Dramatiker des 20. Jahrhunderts*, S. 885.

wie Wolfgang Bauer (*Magic Afternoon*, 1967) hervorbrachte. Auch lassen sich Vergleiche mit dem Volkstheater eines Nestroy, Ödon von Horváth, Martin Sperr oder Franz Xaver Kroetz ziehen. Gleichermaßen kennzeichnen Schwabs Stücke (*Volksvernichtung oder Meine Leber ist sinnlos*, 1991, oder *Pornogeographie*, 1993) deutlich absurde Züge. Doch Schwab unterscheidet sich von dem im Dialekt schreibenden Kroetz dadurch, dass er eine eigene, spezifische dramatische Sprache gefunden hat. Das Motto über seinem Drama *Faust :: Mein Brustkorb: Mein Helm* (1994) lautet:

> *Ständige* Sprache generieren: UND die ganze Scheiße noch einmal an- fertig- und niedererzählen, um sich einzulösen, weil man das muß, wenn man selber falschhaftig zusammengebaut ist. *Auf Wiedersehen*.[36]

Schon in diesen Zeilen lässt sich der Zug der die Regelgrammatik verändernden Sprachhaltung Schwabs beobachten. Begriffe werden zusammengesetzt, auseinander gerissen, verzerrt und somit neu gedeutet. Er stellt fest, dass ihn kein Stoff und keine Fabel interessiere, sondern dass seine Figuren sich einzig über Sprache definieren. Den Treibriemen seiner obszönen dramatischen Werke – er nennt sie »Fäkalienstücke« – bildet eine Kunstsprache, das ›Schwab-Deutsch‹.

Nicht nur die Sprache wird vom Autor umfunktioniert, auch die Stückkonstruktion in *Die Präsidentinnen* (1990) folgt einer experimentellen Schreibweise. Drei Frauen, Erna, die »Mindestpensionistin«,[37] Grete, die Geschmacklose mit blonder Turmfrisur, und Mariedl, die Ärmlichste, geraten in einen Sprachkrieg. Sie sitzen in Ernas grotesker Wohnküche vor einem Fernsehgerät und dialogisieren.

---

36 Schwab, *Faust*, S. 76.
37 Schwab, *Die Präsidentinnen*, S. 14.

Eine konkrete Handlung findet bis zum Schluss nicht statt; alles geschieht nur in ihrer Phantasie, in einer Scheinwelt, die sie sich konstruieren. Fiktion und erbärmliche Realität sind ineinander verwoben. In der zweiten Szene des Stücks bilden sich die drei Putzfrauen ein, sie wären auf einem Volksfest, und jede erzählt ihre Erlebnisse. Erna berichtet vom Dorfschlachter Wottila, der sie mit Selchfleischsemmeln beglückt, Grete erzählt vom strammen Gutsbesitzer Freddy, der ihr den Finger in den Hintern schiebt und einen Heiratsantrag macht; Mariedl folgt skatophilen Neigungen, findet sie ihr Behagen doch beim Wühlen im Abort. Mariedl macht's auch ohne – Handschuhe. Hat zunächst das Gespräch einen alltäglichen Charakter, so treibt die makabere Szene schließlich in den Gräuel. Mariedls Phantasien zerstören die der beiden Alten auf grausamste Weise: Herrmann, Ernas trinkender Sohn, würde diese beim Volksfest verprügeln, und Hannelore, Gretes nach Australien geflüchtete Tochter, sei zurückgekommen, um sie in die Irrenanstalt einzuweisen. Sachlich und entschlossen schneiden die frömmelnde Erna und die geile Grete daraufhin Mariedl die Kehle durch, um in der letzten Szene vom fiktiven Publikum geschlossen wieder aufzutauchen, während auf der Bühne das Stück *Die Präsidentinnen* gespielt wird. Die »Original Hinterlader Seelentröster« treten plötzlich in die Szene und tragen ein Lied vor: »Der Herrgott is a Waschmaschin / ganz automatisch wascht er dich / hast schiache Flecken in der Seele drin / dann gehts dir fürchterlich« (58).

Die Provokation Schwabs liegt zum einen in der im Stück transportierten Blasphemie: Gretes Wottila, der für sie den Traum vom bürgerlichen Glück ausmacht und von Marienerscheinungen heimgesucht wird, lässt den polnischen Papst Karol Wojtyła (Johannes Paul II.) assoziieren. Die antiklerikale Radikalität Schwabs erinnert an Oskar Panizzas Drama *Das Liebeskonzil* (1894), in dem der Borgia-Papst Alexander VI. an der von Gott geschickten Syphilis erkrankt. Neben der Katholizismuskritik zeigt Schwab in Sprache und Inhalt die völlige Verdinglichung, ja Animalisierung der Figuren, wenn z. B. Mariedl die aus dem Abort gefischte Dose Gulasch genüsslich verzehrt. Grete ist darüber hinaus diejenige, die sich gerne von den Kerlen hernehmen lässt. Dabei ist die Existenz der kleinen Leute vom bis ins Surreale getriebenen Kampf jedes gegen jeden bestimmt. Gleichsam spricht es aus ihnen heraus, und jede möchte über das Reden die Macht über die andere gewinnen und die eigene triviale Traumwelt behaupten. So transzendiert Schwabs Kunstsprache die tristen Verhältnisse am Kaffeetisch; und gleichermaßen zwingt die Sprache den beschädigten Existenzen ihre eigene Projektion auf. Das Gräuelmärchen fungiert mithin auch als Sozialstück, das die Enge der Lage am Kaffeetisch übersetzt. Macht und Ohnmacht werden in der sprachlichen Imagination sichtbar. Die Sprache ist auch insofern omnipotent, als sich die Sprechweisen der Figuren nicht voneinander unterscheiden. Sie markieren keine Haltung oder individuelle Eigenschaften; die Sprache ist vielmehr die Objektivation des Trivialen, in der keiner Figur irgendeine Entwicklung oder gar ein Ausweg zugestanden wird.

Da steht jetzt die Mariedl mit ihrem ausgesoffenen Parfümflascherl und duftet innerlich wie alle feinen Damen der Welt zusammen. Außen ist sie aber noch ganz voller Menschenscheiße und das macht sie ein wenig traurig. Meine Seele ist meine Schönheit, denkt sie sich, aber leider ist meine Seele so furchtbar innerlich. Die Seele brütet das ewige Leben aus, aber den Körper muß man ein ganzes Leben lang herzeigen. [...] Am Abort kann man sehr einsam sein, wenn man alleine ist und keine große [...] Not spürt.
[...] Sie sieht die Grete, wie sie hupft und kichert, weil ihr der blonde dicke Fettwanst mit seinem Finger schon

wieder unter den Kittel will. Sie sieht die Erna, wie sie mit einem Milchkaffee Bruderschaft trinkt mit dem Wottila. Und überhaupt haben alle Menschen eine Fröhlichkeit im Herzen und gehen fast über vor Glück, fast wie ein verstopfter Abort. Aber immer wieder spielt das Leben seine eigenen Gesetze und zaubert eine Lebensgefährlichkeit an die Lebensoberfläche. (51)

Schwabs Weltekel ist noch stärker akzentuiert als der von Thomas Bernhard, lässt er doch die Figuren in ihrem Nominalstil von sich in der dritten Person sprechen. Durch dieses sprachliche Verfahren entsteht ein Spannungsmoment, weil gerade durch die die Regelsprache verfremdende Kunstsprache die Abscheulichkeiten der Phantasien erzählt werden. Weiter herrscht ein merkwürdiger Widerspruch von Kunstsprache und Sprachlosigkeit, die eine Verständigungslosigkeit markiert. Dadurch, dass die Figuren sich über diese Sprachform artikulieren, abstrahieren sie sich von sich selbst. Grete und Erna suchen in ihrer Wunschwelt die kleinbürgerlich geordnete Idylle; sie propagieren deren Ordnungsmuster. Zynischerweise sind sie aber selbst im Zustand der völligen Deformation gezeigt. In Schwabs Stück *Volksvernichtung* wird die Denunziation kleinbürgerlicher Ordnungsvorstellungen noch weitergetrieben. Mutter und Sohn sitzen wie Ödipus und Jokaste in ihrer erbärmlichen Behausung. Sohn Herrmann malt und säuft. Er hat einen Klumpfuß und wurde von seinem Onkel Vormund vergewaltigt. Das Haus der Frau Grollfeuer, die als Gebildete oben wohnt, verkörpert eine bürgerliche hierarchische Ordnung, denn in der Zwischenetage lebt eine Bürgerfamilie. Am Ende des Stücks bringt die Grollfeuer auf ihrer Geburtstagsfeier alle um. Doch die Vergifteten stehen wieder auf, die Feier geht weiter.

Schwab, der hier eine kleine Soziologie der bürgerlichen Gesellschaft entwickelt, arbeitet mit einem Spiegelungs-

Werner Schwab, *Faust :: Mein Brustkorb: Mein Helm*
Hans Otto Theater, Potsdam, 1994. Regie: Thomas Thieme
Foto: Thomas Maximilian Jauk, Berlin

verfahren, in dem die Vorgänge verdoppelt werden. Blickt in *Volksvernichtung* das bürgerliche Publikum in seine von Gewalt bestimmte hierarchische Welt, so sind die Präsidentinnen am Schluss die Zuschauer, die ihr eigenes Stück ansehen. Schwabs aus radikalem Subjektivismus entwickeltes Sprachmodell, das immer wieder ›-keit‹-Begriffe leitmotivisch aufwirft, hat eine eigenständige und freilich eigenartig eigensinnige Linie. In *Volksvernichtung*, im Stück der zusammengesetzten Nomen, heißt es: »Eigenumnachtung aus Selbstverdrießlichkeit«.[38] Wieder wird wie in anderen experimentellen Theaterstücken die Sprache aufgewertet und über die Sprachbilder vom Zustand der Welt gehandelt. Die Bedeutung Schwabs mag darin liegen, dass er zu den wenigen Dramatikern der neunziger Jahre gehört, die tatsächlich die von Lothar Trolle eingeforderte neue Sprache gefunden haben.

Sprachwelten II

Im Allgemeinen kann zum experimentellen Drama festgehalten werden: Die Konstruktion der Stücke problematisiert die übliche Theaterfabel dadurch, dass die Wahrscheinlichkeit des Ablaufs zur Disposition steht. Handlung als solche kann ebenso eliminiert werden. Im Gegensatz sowohl zur politischen als auch zur absurden Linie ist tendenziell die Sprache Gegenstand der Stücke. Wurde bei Ionesco etwa oder auch bei Bernhard die dramatische Sprache abgewertet, so geschieht nun das Umgekehrte. Nicht nur, dass der dramatische Dialog wie in Becketts *Atem* keine Rolle mehr spielt, Sprache und ihre Funktion wird sowohl in grammatikalischer als auch in soziologischer Hinsicht (Handke, Jelinek, Schwab) zum ästhetischen Problem. Sprache wird erörtert, untersucht oder die Regel-

---

38 Schwab, *Volksvernichtung*, S. 172.

sprache (Kaiser, Göring, Schwab) verändert. Sie wird in dieser dramatischen Kunst insofern wieder aufgewertet, gerade weil sie selbst zum eigentlichen Gegenstand des Stücks wird.

Darüber hinaus wird aber auch in Teilen des experimentellen Dramas die dramatische Form oder das Theaterspiel selbst Gegenstand der Untersuchung, wenn das Drama der logisch aufeinander folgenden Akte und Szenen hinterfragt wird. Pirandello experimentiert mit der szenischen Situation; die dramatische Handlung, die sich nicht entfaltet, steht zur Diskussion und wird als Schein demaskiert. Monolog oder Bewusstseinsstrom stehen dagegen bei Heiner Müller oder Lothar Trolle für Dialog.

Manche der Experimentierer, wie Handke, Pirandello oder Müller, konnten auf dem Theater reüssieren. Dadaistische Sprachspiele, etwa Franz Jungs *Der verlorene Sohn* (1928) oder in Kurt Schwitters' Texten, konnten sich ob ihrer Sperrigkeit jedoch kaum auf der Bühne durchsetzen. Dies gilt auch für Gertrude Steins *Doktor Faustus lights the lights* (*Doktor Faustus Lichterloh*; 1938), ein dadaistisches Sprachspiel, das das goethesche deutsche Urdrama umfunktioniert.

Schlussüberlegungen

Ein Querschnitt der modernen Dramatik wurde hier in vier Linien aufgezeigt. Dabei gingen wir historisch von Alfred Jarrys Bruch mit dem traditionellen dramatischen Diskurs aus. Denn Jarrys *Ubu* kann als radikalstes Exempel der Theatermoderne betrachtet werden, zumal hier die Demontage von Figur und Handlung am pointiertesten entwickelt ist. Mögen die hier entwickelten Linien auch Konstrukte, Hilfsgrößen der Einheit des Disparaten sein; sie stellen doch grundlegend unterschiedliche Dramaturgien von Form und Inhalt zur Diskussion.

Das moderne psychologische Drama, der erste Teil unserer Überlegungen, stellt den Einzelnen in den Mittelpunkt. Es zeigt seine in der Regel negativ-neurotische Innenwelt in der Aura der intimen Privatheit, die auf die Außenwelt projiziert wird. In dieser Linie steht inhaltlich die ›kleine Welt‹, die Welt der Innenräume auf der Bühne. Das hier als politisch klassifizierte Drama wollte, ausgehend von Brechts dialektischem oder epischem Theater, die großen Fragen der Gesellschaft und ihre Defizite erörtern, ihre Veränderbarkeit oder Nicht-Veränderbarkeit zur Disposition stellen. Peter Weiss fragt, welchen Sinn die Revolution macht. Konkret als die Quellen illustrierendes Dokumentarstück (Hochhuth) oder abstrakt parabolisch (Brecht) sind die Stücke mehr oder minder realistisch gestrickt.

Inhaltliche Fragen standen in diesen zwei Linien zur Debatte; einmal der Mikrokosmos der kleinen Situation, der Familie, der Beziehungen, der kleine Ausschnitt, der den verzweifelten Einzelnen zu Worte kommen lässt (Albee, O'Neill). Bei den politischen dagegen bestimmt der Makrokosmos die Situation, das ideologische Weltbild etwa des Kapitalismus bei Brecht oder das Atomzeitalter bei Dürrenmatt.

Schlussüberlegungen

Die absurde Schule dagegen, mag sie auch, wie ausgeführt, in ihren gesellschaftlichen Befunden über das letzte Jahrhundert politisch gelesen werden, will keine sinnhaften Situationen mehr darstellen; sie verweigert schlicht die rationale Interpretation der Welt. Die durchweg noch tektonisch gebauten Stücke gehen formal und inhaltlich aber nicht so weit wie der so genannte Dadaismus. Freilich ist auch Dada, das in der Dramatik kaum eine Rolle gespielt hat, wie jede Form von Dramatik als Reaktion eines gesellschaftlichen Unbehagens zu begreifen. In der absurden Schule wird nicht wie in der Dadabewegung Un-Sinn in Szene gesetzt, sondern mit dem bewussten Mittel der Verzerrung oder Vergröberung ganz gezielt traditionelle Sinnsysteme und -muster in ihrem Kern hinterfragt. Der Diskurs will über das Theaterspiel unsere landläufigen Denkstrukturen und Sehgewohnheiten konterkarieren, auch die politische Welt erscheint in der Aura des kafkaesk Irrationalen (Gombrowicz, Jarry). Antworten wie bei Brecht werden nicht mehr angeboten. Hier liegt wohl der zentrale Unterschied etwa zwischen Brecht und Ionesco; der eine verfremdet im Glauben an die rationale Welterklärung, zweiterer verfremdet aus dem Zweifel an die Vernunft. In seinem rationalen Weltbild ist der eine, trotz aller ausgefeilten Episierung, traditioneller als der andere, der vordergründig Konversationsstücke wie *Die kahle Sängerin* vorlegt. Bond will uns die Mechanismen der Gewalt verstehbar machen, Beckett dagegen handelt vom düster illuminierten Endzustand der Zivilisation, der die totale Gleichförmigkeit der Beteiligten aufzeigt. Psychologien spielen hier keine Rolle mehr.

In der Linie des dramatischen Experiments schließlich stehen formal-strukturelle Fragen stark im Vordergrund, wenn das traditionelle Drama, sei es klassischer oder bürgerlicher Provenienz, erschüttert wird. Hier löst sich die Form des dialogischen Spiels und Gegenspiels mehr oder minder auf; dies heißt aber keineswegs, dass das zeitgenössische Drama einzig durch die Formzertrümmerung zu bestimmen wäre. Betrachten wir Pirandellos Fall, dann zeigt sich, dass die Spielart doch vordergründig an das dialogische Drama anschließt. Von solch einem Sprachzweifel, wie Pirandello oder Handke ihn in Szene setzen, ist aber bei Brecht überhaupt keine Rede. Hier, wie bei Arthur Miller oder auch Max Frisch, transportiert der Dialog die insistente Sinnfrage, bei Pirandello dagegen den nicht nur an der Verständigung zweifelnden Relativismus.

Wo steht das moderne Drama jetzt? Taugt es noch zur Reflexion der zunehmend von den Massenmedien bestimmten und verbrämten Realität? Die Linien setzen sich zweifellos fort. Georg Seidels Stück *Villa Jugend* (1986), erst im Kontext der deutschen Wiedervereinigung 1991 am Berliner Ensemble uraufgeführt, handelt von einer Lehrerfamilie. Sie verlässt ihr Haus, nimmt Abschied; die konzisen psychologischen Porträts erinnern an die Ästhetik der Dramen O'Neills oder Albees. Thomas Braschs *Frauen. Krieg. Lustspiel* (1989) erfindet eine Doppelfigur Rosa/Klara und schließt fraglos an das experimentelle Schauspiel an.

Franz Xaver Kroetz, neben Botho Strauß einer der meistgespielten Dramatiker der Bundesrepublik, setzt sein realistisch-gesellschaftskritisches, im bayerischen Dialekt geschriebenes Theater fort. In *Der Drang* (1994) entwickelt er eine klassische Dreiecksgeschichte, die die Figuren auf blanke Sexualität, den mechanischen Austausch ihrer Beziehungen, und Gewalt, die sie sich antun, reduziert. Hier spielen die Protagonisten in einem reinen Vakuum. Wie bei Sarah Kane bleibt ihnen keine Hoffnung, Zukunft oder gar Utopie. Es herrscht der völlige Ideologieverlust, kalte, triebhafte Körperlichkeit. War im klassischen Drama der Moderne, wie hier dargestellt, der Verlust verbindlicher Wertesysteme und die Konzentration auf den Einzelnen das Thema, so geht es bei Kroetz entschieden weiter: Die dekonstruierte Figur kann kaum mehr als Charakter betrachtet werden, sie gebärdet sich animalisch, was keineswegs den Theatervorgang oder das Stück entwertet. Brecht formuliert, wenn auch am Schluss seines *Sezuan*-Stücks relativierend, die Sehnsucht nach und den Sinn der Utopie; Albee etwa konstatiert mit Hilfe seiner Figuren, die auf sich selbst zurückgeworfen sind, den Verlust einer Utopie; bei Kroetz oder Kane steht diese Frage nicht mehr zur Diskussion.

Urs Widmer schreibt ein politisches Stück, *Top Dogs* (1996), das von abgewickelten Industriemanagern handelt, die sich im Therapiezimmer wiederfinden. Oder Oliver Ceslik, ein Dramatiker der jüngeren Generation, der den Terrorismus, das Attentat zum Thema (*Gaddafi Rockt*, 2000) macht, schließt inhaltlich durchaus an Sartres *Les mains sales* (*Die schmutzigen Hände*) an. Seine Figur mag in ihrem langen Monolog lediglich ein absurdes Wahngebilde sein, eine ›Kopfgeburt‹, die ihre eigenen gewalttätigen Wahnvorstellungen – in der Szene soll das Theater samt den Zuschauern in die Luft gesprengt werden – ausformuliert. Xavier Durringer (*Ganze Tage – Ganze Nächte*, 1996; *Tötet die Liebenden*, 2001) oder Biljana Srbljanovic (*Belgrader Trilogie*, 1996) – beide sind Fallbeispiele von noch zu entdeckender bühnentauglicher, dialogischer Dramaturgie. Die Ästhetik der jungen serbischen Autorin, die in drei konzise gezeichneten Parallelszenen Serben im Exil behandelt, erinnert stilistisch an Becketts *Godot*-Stück. Auch die so beschriebene absurde Linie findet in den neunziger Jahren ihren Niederschlag in Fritz Katers *keiner weiß mehr 2 oder martin kippenberger ist nicht tot* (1998). Hier hat das Drama allerdings Züge eines Comicstrip und trifft sich daher mit den Beispielen der die Sprache auflösenden experimentellen Versuche.

Kann von einer post- oder nachdramatischen Moderne gesprochen werden? Zumindest lässt sich beobachten, dass die Dramatik in den neunziger Jahren das Problem der virtuellen und massenmedialen Welten in Form und

Inhalt thematisiert. So fragt die Österreicherin Marlene Streeruwitz, ob anders als im psychologischen Drama das Individuum noch in seiner biographischen Kontinuität existiere. Fritz Kater ist ein Pseudonym, der Autor selbst wird fiktional; es herrscht eine extreme Verkünstlichung bei den spotartig zerschnittenen Bildern. Rainald Goetz' Trilogie *Festung, Kritik in Festung, Katarakt* (1993) deutet Krisensymptome der Theaterkunst an. Das Fernsehen, die Talkshow und ihre Mechanismen, werden zum Thema, die technische Simulation soll theatralisch simuliert werden. Hier will es scheinen, wie Paul Virilio feststellt, dass das Theater als mimetische Kunst, als reine Fiktion der Fiktionen untauglich wird.[1] Die beschleunigten Bilder sind von der mimetischen Bühnenkunst nicht zu ästhetisieren, vielmehr werden sie bestenfalls zur reinen Kopie, zur Nachahmung der Nachahmung der Nachahmung. Wenn das zeitgenössische Theater diesen Weg einer Thematisierung von Simulakren geht, verliert es seine einmalige Signifikanz.

---

1 Vgl. Virilio, *Rasender Stillstand*, S. 107.

Literaturhinweise

Die Bibliographie kann angesichts der weiten Themenstellung und seiner hier exemplarischen Abhandlung nur eine Auswahl bieten. In Teil A, *Primärtexte*, werden die Stücke genannt, die hier Gegenstand der Untersuchung sind. Es wurden möglichst Ausgaben benutzt, die für den Leser gut verfügbar sind. Teil B, *Dramenpoetologische Texte*, stellt theoretische Äußerungen der Dramatiker zu ihren Texten vor. Hier wurden auch Texte angegeben, die nicht erörtert wurden, aber zur weiteren Vertiefung des Materials herangezogen werden können. Teil C, *Sammlungen*, bietet Anthologien von dramenpoetologischen Texten an. Teil D, *Anthologien*, nennt Sammlungen von modernen Dramen. Teil E, *Sekundärliteratur*, enthält alle zitierten Sekundärtexte sowie eine Auswahl weiterführender Literatur zum Thema. Teil F, *Forschungsliteratur*, bietet speziellere Untersuchungen zu einzelnen Autoren an, die zur Vertiefung der Problemlage nützlich sind.

A Primärtexte

Albee, Edward: Wer hat Angst vor Virginia Woolf? In: Spectaculum 7. Sechs moderne Theaterstücke. Frankfurt a. M. 1966.
– Who's Afraid of Virginia Woolf? Stuttgart 2000. [Mit ausführlicher Bibliographie.]
Anouilh, Jean: Der arme Bitos oder Das Diner der Köpfe. In: J. A.: Werke. Bd. 5. Wien/München 1970.
Beckett, Samuel: Atem. In: Spectaculum 13. Acht moderne Theaterstücke. Frankfurt a. M. 1970.
– Endspiel. In: S. B.: Endspiel. Fin de partie. Endgame. Frankfurt a. M. 1974.
Bernhard, Thomas: Ein Fest für Boris. Die Jagdgesellschaft. In: T. B.: Stücke. Bd. 1. Frankfurt a. M. 1988.
Bond, Edward: Lear. In: E. B.: Gesammelte Stücke. Bd. 1. Frankfurt a. M. 1987.
Brecht, Bertolt: Der Gute Mensch von Sezuan. In: B. B.: Große Kommentierte Berliner und Frankfurter Ausgabe. Stücke. Bd. 6. Frankfurt a. M. / Berlin / Weimar 1989.

Büchner, Georg: Dantons Tod. In: G. B.: Werke und Briefe. Bd. 1. Frankfurt a. M. 1982.
Dürrenmatt, Friedrich: Die Physiker. Eine Komödie in zwei Akten. Zürich 1962.
Frisch, Max: Biedermann und die Brandstifter. Ein Lehrstück ohne Lehre. Frankfurt a. M. 1963.
Genet, Jean: Le Balcon. Decines 1962.
Göring, Reinhard: Seeschlacht. Stuttgart 1972.
Gombrowicz, Witold: Yvonne, die Burgunderprinzessin. Frankfurt a. M. 1982.
Handke, Peter: Kaspar. Frankfurt a. M. 1968.
– Publikumsbeschimpfung. In: P. H.: Publikumsbeschimpfung und andere Sprechstücke. Frankfurt a. M. 1966.
– Quodlibet. In: Spectaculum 13. Acht moderne Theaterstücke. Frankfurt a. M. 1970.
Hochhuth, Rolf: Der Stellvertreter. Ein christliches Trauerspiel. Reinbek 1967.
– Guerillas. Reinbek 1973.
– Soldaten. Nekrolog auf Genf. Reinbek 1970.
Ionesco, Eugène: Die kahle Sängerin. Stuttgart 1992.
– Die Stühle. Der neue Mieter. Zwei Theaterstücke. Stuttgart 1969.
– Mörder ohne Bezahlung. In: E. I.: Theaterstücke 2. Neuwied [u. a.] 1960.
Jarry, Alfred: Heldentaten und Ansichten des Doktor Faustroll, Pataphysiker. Neowissenschaftlicher Roman. In: A. J.: Heldentaten und Ansichten des Doktor Faustroll, Pataphysiker. Neowissenschaftlicher Roman. Nützlicher Kommentar zur sachgemäßen Konstruktion einer Maschine zur Erforschung der Zeit. Frankfurt a. M. 1987.
– König Ubu. Stuttgart 1996.
– Ubu roi. Stuttgart 1986. [Mit Literaturhinweisen.]
Jelinek, Elfriede: Burgtheater. Posse mit Gesang. In: dialog. Vier österreichische Stücke. Berlin (DDR) 1986.
– Raststätte oder Sie machens alle. In: Spectaculum 61. Sechs moderne Theaterstücke. Frankfurt a. M. 1996.
– Stecken, Stab und Stangl. Raststätte oder Sie machens alle. Wolken. Heim. Neue Theaterstücke. Reinbek 1997.
– Theaterstücke. Hamburg 1992.
Kaiser, Georg: Gas. Schauspiel in fünf Akten. Gas II. Schauspiel in

drei Akten. In: Günther Rühle (Hrsg.): Zeit und Theater 1913–1925. Bd.2. Frankfurt a. M. 1980.
- Von morgens bis mitternachts. Stück in zwei Teilen. Stuttgart 1979.
Kane, Sarah: Zerbombt. In: Theater der Zeit 6 (1996).
Miller, Arthur: Hexenjagd. Frankfurt a. M. 1987.
- The Crucible. A Play in Four Acts. Stuttgart 1990. [Mit ausführlicher Bibliographie.]
Müller, Heiner: Bildbeschreibung. In: H. M.: Shakespeare Factory 1. Berlin 1985.
- Die Hamletmaschine. In: H. M.: Revolutionsstücke. Stuttgart 1988. [Mit ausführlicher Bibliographie.]
O'Neill, Eugene: Eines langen Tages Reise in die Nacht. Stuttgart 1998.
- Long Day's Journey into Night. Stuttgart 1989. [Mit ausführlicher Bibliographie.]
Osborne, John: Blick zurück im Zorn. Theaterstück in drei Akten. In: J. O.: Blick zurück im Zorn. Der Entertainer. Frankfurt a. M. 1959.
Pinter, Harold: Der Hausmeister. In: H. P.: Vier Dramen. Reinbek 1969.
- Die Geburtstagsfeier. In: H. P.: Dramen II. Reinbek 1969.
Pirandello, Luigi: Sechs Personen suchen einen Autor. Stuttgart 1995.
Schnitzler, Arthur: Der Grüne Kakadu. In: A. Sch.: Anatol. Anatols Größenwahn. Der grüne Kakadu. Stuttgart 1970.
Schwab, Werner: Die Präsidentinnen. Volksvernichtung oder meine Leber ist sinnlos. In: W. Sch.: Fäkaliendramen. Graz/Wien 1991.
- Faust :: Mein Brustkorb: Mein Helm. In: W. Sch.: Dramen III. Graz/Wien 1994.
Strauß, Botho: Die Hypochonder. Theaterstück. In: B. S.: Dramen I. München 1991.
- Trilogie des Wiedersehens. Stuttgart 1978.
Trolle, Lothar: Hermes in der Stadt. In: L. T.: Hermes in der Stadt. Stücke. Berlin 1991.
Weiss, Peter: Die Verfolgung und Ermordung Jean Paul Marats dargestellt durch die Schauspielgruppe des Hospizes zu Charenton unter Anleitung des Herrn de Sade. Frankfurt a. M. 1972.

B Dramenpoetologische Texte

Albee, Edward: Which Theater Is the Absurd One? In: Kernan, Alvin B. (Hrsg.): The Modern American Theater. A Collection of Critical Essays. New Jersey 1967.
Artaud, Antonin: Das Theater und sein Double. Frankfurt a. M. 1981.
Bond Edward: Sarah Kane und Theater. In: Theater der Zeit 3 (1999).
– Nachwort. In: E. B.: Gesammelte Stücke. Bd. 1. Frankfurt a. M. 1987.
– Die Maske der Gesellschaft – Edward Bond im Gespräch mit Christian Rochow und Axel Schalk. In: Axel Schalk / Christian Erich Rochow (Hrsg.): Splitter. Sondierungen zum Theater. Frankfurt a. M. 2003.
Brecht, Bertolt: ›Katzgraben‹-Notate 1953. In: Berliner und Frankfurter Ausgabe Bd. 25. (siehe A).
– Bei Durchsicht meiner ersten Stücke. In: B. B.: Große Kommentierte Berliner und Frankfurter Ausgabe. Stücke. Bd. 23. Frankfurt a. M. / Berlin / Weimar 1989.
– Der Messingkauf. In: Ebd. Bd. 22. Frankfurt a. M. / Berlin / Weimar 1989.
– Kleines Organon für das Theater. In: Ebd. Bd. 23. Frankfurt a. M. / Berlin / Weimar 1989.
Dürrenmatt, Friedrich: 21 Punkte zu den Physikern. In: F. D.: Die Physiker. Eine Komödie in zwei Akten. Zürich 1962.
– Theaterprobleme. In: F. D.: Gesammelte Werke. Bd. 7: Essays. Gedichte. Zürich 1996.
Frisch, Max: Dramaturgisches. Ein Briefwechsel mit Walter Höllerer. Berlin 1967.
Handke, Peter: Bemerkungen zu meinen Sprechstücken. Manifest. Zur ›Publikumsbeschimpfung‹. In: Spectaculum 10. Sieben moderne Theaterstücke. Frankfurt a. M. 1967.
– Brecht, Spiel, Theater, Agitation. In: Theater im Umbruch. Eine Dokumentation aus Theater heute. Hrsg. von Henning Rischbieter. München 1970.
– Kaspars sechzehn Phasen. In: Spectaculum 7. Sechs moderne Theaterstücke. Frankfurt a. M. 1969.
– Straßentheater und Theatertheater. In: P. H.: Ich bin ein Bewohner des Elfenbeinturms. Frankfurt a. M. 1972.

Hebbel, Friedrich: Mein Wort über das Drama. In: F. H.: Werke. Bd. 1. München 1963.
Hildesheimer, Wolfgang: Über das absurde Theater. In: W. H.: Theaterstücke. Über das absurde Theater. Frankfurt a. M. 1980.
Hochhuth, Rolf: Vorwort. In: R. H.: Guerillas. Reinbek 1973.
Ionesco, Eugène: Argumente und Argumente. Neuwied [u. a.] 1962.
- Bekenntnisse. Nach Gesprächen aufgezeichnet von Claude Bonnefoy. Zürich 1969.
Jarry, Alfred: Brief an den Direktor des Théâtre de l'Œuvre Aurélien Lugné-Poe. [Beitrag zum Programmheft der Uraufführung von König Ubu am 10. Dezember 1896 im Théâtre l'Œuvre; Prolog zur Uraufführung.] In: A. J.: König Ubu. Stuttgart 1996.
- Zur Aufführung des ›Ubu Rex‹. Vorrede zu ›Ubu Rex‹. Paralipomena zu Ubu. Theaterfragen. In: Alfred Jarry: Ubu. Stücke und Schriften. Frankfurt a. M. 1987.
Jelinek, Elfriede: Das katastrophalste Ereignis der Zweiten Republik. In: Theater der Zeit 3 (1996).
- Österreich. Ein deutsches Märchen. In: Theater der Zeit 2 (2003).
- Sinn egal. Körper zwecklos. In: Theaterschrift 11 (1997). – Auch in: E. J.: Neue Theaterstücke. Reinbek 1997.
Kaiser, Georg: Vision und Figur. In: G. K.: Stücke. Erzählungen. Aufsätze. Gedichte. Köln/Berlin 1966.
Marinetti, Emilio Filippo Tommaso: Manifest. In: Experiment Theater. Dokumente. Zeugnisse. Bilder. Hrsg. von Paul Pörtner. Zürich 1960.
Miller, Arthur: The theatre essays. London 1999.
Müller, Heiner: Fatzer ± Keuner. Der Schrecken, die erste Erscheinung des Neuen. In: H. M.: Rotwelsch. Berlin 1982.
- Gesammelte Irrtümer. Interviews und Gespräche. Frankfurt a. M. 1986.
- Verabschiedung des Lehrstücks. In: H. M.: Revolutionsstücke. Stuttgart 1988.
O'Neill, Eugene: Comments on the Drama and the Theatre. A Source Book. Tübingen 1987.
Pirandello, Luigi: Der Humor. Essay. Mindelheim 1986.
- Meine Form der dramatischen Kunst. In: Franz Norbert Mennemeier (Hrsg.): Der Dramatiker Pirandello. Köln 1965.

Pirandello, Luigi: Vorrede. In: L. P.: Sechs Personen suchen einen Autor. Stuttgart 1995.

Piscator, Erwin: Vorwort. In: Rolf Hochhuth: Der Stellvertreter. Ein christliches Trauerspiel. Reinbek 1967.

– Zeittheater. ›Das Politische Theater‹ und weitere Schriften von 1915 bis 1966. Reinbek 1986.

Strauß, Botho: Versuch ästhetische und politische Ereignisse zusammenzudenken. Neues Theater 1967–1970. In: B. S.: Versuch ästhetische und politische Ereignisse zusammenzudenken. Texte über Theater. 1967–1986. Frankfurt a. M. 1987.

Tabori, George: Liebeserklärung. Dankrede. In: Jahrbuch der deutschen Akademie für Sprache und Dichtung. Darmstadt 1993.

– Unterammergau oder Die guten Deutschen. In: G. T: Unterammergau oder Die guten Deutschen. Frankfurt a. M. 1981.

Trolle, Lothar: »Seismograph für die Gegenwart«. Lothar Trolle im Gespräch mit Barbara Engelhardt. In: Theater der Zeit 6 (1999).

– Ein Zettel, unter der Tür durchgeschoben. In: L. T.: Die 81 Min. des Fräulein A. (Annas zweite Erschaffung der Welt). Berlin 1995.

Weiss, Peter: 10 Arbeitspunkte eines Autors in der geteilten Welt. Gespräch mit Peter Weiss. In: Materialien zu Peter Weiss' ›Marat/Sade‹. Hrsg. von Karlheinz Braun. Frankfurt a. M. 1967.

C Sammlungen

Brauneck, Manfred: Theater im 20. Jahrhundert. Programmschriften. Stilperioden. Reformmodelle. Reinbek 1986.

Plimpton, George (Hrsg.): Playrights at work. The Paris review. Interviews with: Albee, Beckett, Guare, Hellman, Ionesco, Mamet, Miller, Pinter, Shepard, Simon, Stoppard, Wasserstein, Wilder, Williams, Wilson. New York 2000.

Pörtner, Paul (Hrsg.): Experiment Theater. Dokumente. Zeugnisse. Bilder. Zürich 1960.

Rischbieter, Henning (Hrsg.): Theater im Umbruch. Eine Dokumentation aus Theater heute. München 1970.

Staehle, Ulrich (Hrsg.): Theorie des Dramas. Stuttgart 1973.

D Dramenanthologien

Einakter und kleine Dramen des Expressionismus. Hrsg. von Horst Denkler. Stuttgart 1980.
Minidramen. Hrsg. von Karlheinz Braun. Frankfurt a. M. 1987.
Playspotting. Die Londoner Theaterszene der Neunziger. Hrsg. von Nils Tabert. Reinbek 1998.
Spectaculum 1–73. Frankfurt a. M. 1956–2002.
Spiele in einem Akt. Hrsg. von Walter Höllerer in Zus.arb. mit Marianne Heyland und Norbert Miller. Frankfurt a. M. 1961.
Stücke der zwanziger Jahre. Hrsg. von Wolfgang Storch. Frankfurt a. M. 1977.
Theater. Theater. Anthologie. Aktuelle Stücke 1–11. Hrsg. von Uwe B. Carstensen und Stefanie von Lieven. Frankfurt a. M. 1991 ff.
Theater. Hrsg. von Rudolf Rach. Frankfurt a. M. 1986.
Theater heute. Hrsg. von Rudolf Rach. Frankfurt a. M. 1985.
Theatertexte. 2 Bde. Hrsg. von Peter Reichel. Berlin 1989–90.
Zeit und Theater. Bd. 1–6. Hrsg. von Günther Rühle. Frankfurt a. M. [u. a.] 1980.

E Sekundärliteratur allgemein

Allkemper, Alo / Eke, Norbert Otto (Hrsg.): Deutsche Dramatiker des 20. Jahrhunderts. Berlin 2000.
Andreotti, Mario: Traditionelles und modernes Drama. Eine Darstellung auf semiotisch-strukturaler Basis. Bern [u. a.] 1996.
Asmuth, Bernhard: Einführung in die Dramenanalyse. Stuttgart [u. a.] 1994.
Barthes, Roland: »Ich habe das Theater immer sehr geliebt, und dennoch gehe ich fast nie mehr hin.« Schriften zum Theater. Berlin 2002.
Bungert, Hans (Hrsg.): Die amerikanische Literatur der Gegenwart. Aspekte und Tendenzen. Stuttgart 1974.
Daus, Ronald: Das absurde Theater in Frankreich. Stuttgart 1977.
Dietrich, Margret: Das moderne Drama. Strömungen. Motive. Gestalten. Stuttgart 1963.
Enzensberger, Hans Magnus: Aussichten auf den Bürgerkrieg. Frankfurt a. M. 1994.

Esslin, Martin: Das Theater des Absurden. Reinbek 1973.
– Jenseits des Absurden. Aufsätze zum modernen Drama. Wien 1972.
Fischer-Lichte, Erika (Hrsg.): Theateravantgarde. Wahrnehmungen – Körper – Sprache. Tübingen, Basel 1995.
– Geschichte des Dramas. Epochen der Identität auf dem Theater von der Antike bis zur Gegenwart. Bd. 2. Tübingen 1990.
Freytag, Gustav: Die Technik des Dramas. Leipzig 1863.
Fricker, Robert: Das moderne englische Drama. Göttingen 1964.
Geiger, Heinz / Haarmann, Hermann: Aspekte des Dramas. Opladen 1978.
Gelfert, Hans-Dieter: Wie interpretiert man ein Drama? Stuttgart 1992.
Görner, Rüdiger: Die Kunst des Absurden. Über ein literarisches Phänomen. Darmstadt 1996.
Goetsch, Paul (Hrsg.): Das amerikanische Drama. Düsseldorf 1974.
Grimm, Reinhold (Hrsg.): Deutsche Dramentheorien. Beiträge zu einer historischen Poetik des Dramas in Deutschland. Bd. 2. Frankfurt a. M. 1971.
– Drama im Übergang: Pyramide und Karussell. In: R. G.: Essays zur deutschen Literatur. Göttingen 1963.
Hamburger, Käte: Die Logik der Dichtung. Stuttgart 1968.
Hilty, Hans Rudolf: Prolegomena zum modernen Drama. In: Akzente 6 (1958).
Hinck, Walter: Das moderne Drama in Deutschland. Vom expressionistischen zum dokumentarischen Theater. Göttingen 1973.
– (Hrsg.): Geschichte als Schauspiel. Frankfurt a. M. 1981.
Irmer, Thomas: Vielleicht ein produktives Mißverständnis. Die neuen Stücke aus Großbritannien zwischen Hype und Hoffnung auch für das deutsche Theater. In: Sprache im technischen Zeitalter 148 (1999).
Irmscher, Hans Dieter / Keller, Werner (Hrsg.): Drama und Theater im 20. Jahrhundert. Festschrift für Walter Hinck. Göttingen 1983.
Kallenberg-Schröder, Andrea: Die Darstellung der Familie im modernen amerikanischen Drama. Untersucht an ausgewählten Dramen von Arthur Miller, Tennessee Williams und Edward Albee. Frankfurt a. M. [u. a.] 1990.
Keller, Werner (Hrsg.): Beiträge zur Poetik des Dramas. Darmstadt 1976.

Kernan, Alvin B. (Hrsg.): The Modern American Theater. A Collection of Critical Essays. New Jersey 1967.
Kesting, Marianne: Panorama des zeitgenössischen Theaters. Fünfzig literarische Portraits. München 1962.
– Sprechtheater und Schautheater. In: Akzente 1 (1956).
Klotz, Günther: Britische Dramatiker der Gegenwart. Berlin (Ost) 1982.
Klotz, Volker: Geschlossene und offene Form im Drama. München 1969.
– Sprechtheater mit epischen Zügen. In: Akzente 1 (1956).
Lehmann, Hans-Thies: Postdramatisches Theater. Essay. Frankfurt a. M. 1999.
Mainusch, Herbert (Hrsg.): Europäische Komödie. Darmstadt 1990.
Melchinger, Siegfried: Drama zwischen Shaw und Brecht. Ein Leitfaden durch das zeitgenössische Schauspiel. Bremen 1963.
– Geschichte des politischen Theaters. 2 Bde. Frankfurt a. M. 1974.
Mennemeier, Franz Norbert: Das moderne Drama des Auslands. Düsseldorf 1961.
– Drama. In: Dieter Borchmeier / Viktor Zmegac (Hrsg.): Moderne Literatur in Grundbegriffen. Tübingen 1994.
– Modernes deutsches Drama. Kritiken und Charakteristiken. 2 Bde. München 1973–75.
Müller, Harald / Weiler, Christel (Hrsg.): Stückwerk 3. Arbeitsbuch. Neue deutschsprachige Dramatik. Berlin 2001.
Parker, Dorothy (Hrsg.): Essays on Modern American Drama. Williams, Miller, Albee and Shepard. Toronto/Buffalo/London 1987.
Pfister, Manfred: Das Drama. Theorie und Analyse. München 1994.
Profitlich, Ulrich (Hrsg.): Dramatik der DDR. Frankfurt a. M. 1987.
Rochow, Christian Erich: Das bürgerliche Trauerspiel. Stuttgart 1999.
Schalk, Axel: Geschichtsmaschinen. Über den Umgang mit der Historie in der Dramatik des technischen Zeitalters. Heidelberg 1989.
– Geschlossene Kreisläufe. Mythische Bilder im modernen Drama. In: Der Deutschunterricht 6 (1999).

Schalk, Axel: Virtuelles Kettensägen. Spuren in der Dramatik der neunziger Jahre. In: Sprache im technischen Zeitalter 148 (1999).
– / Rochow, Christian Erich (Hrsg.): Splitter. Sondierungen zum Theater. Frankfurt a. M. 2003.
Schnell, Ralf: Geschichte der deutschsprachigen Literatur seit 1945. Stuttgart 1995.
– (Hrsg.): Metzler Lexikon. Kultur der Gegenwart. Stuttgart/Weimar 2000.
Schnetz, Diemut: Der moderne Einakter. Eine poetologische Untersuchung, Bern 1967.
Schnierer, Peter Paul: Modernes englisches Drama und Theater seit 1945. Tübingen 1997.
Steiner, George: Der Tod der Tragödie. Ein kritischer Essay. Frankfurt a. M. 1981.
Szondi, Peter: Theorie des modernen Dramas. 1880–1950. Frankfurt a. M. 1956.
Taeni, Rainer: Drama nach Brecht. Möglichkeiten heutiger Dramatik. Basel 1968.
Virilio, Paul: Rasender Stillstand. Essay. Frankfurt a. M. 1997.
Weber, Alfred / Neuweih, Siegfried (Hrsg.): Amerikanisches Drama und Theater im 20. Jahrhundert. Göttingen 1975.
Weber, Richard (Hrsg.): Deutsches Drama der achtziger Jahre. Frankfurt a. M. 1992.
Wendt, Ernst: Moderne Dramaturgie. Frankfurt a. M. 1974.
Wittgenstein, Ludwig: Tractatus logico-philosophicus. Logisch-philosophische Abhandlung. Frankfurt a. M. 1963.

F Forschungsliteratur zu den behandelten Autoren

Albee

Baxandall, Lee: The Theater of Edward Albee. In: Alvin B. Kernan (Hrsg.): The Modern American Theater. A Collection of Critical Essays. New Jersey 1967.
Braem, Helmut M.: Edward Albee. Velber 1968.
Flasch, Joy: Games People Play in ›Who's Afraid of Virginia Woolf?‹ In: Dorothy Parker (Hrsg.): Essays on Modern American Drama. Williams, Miller, Albee and Shepard. Toronto/Buffalo/London 1987.

Goetsch, Paul: Edward Albee's ›Who's Afraid of Virginia Woolf?‹ In: P. G. (Hrsg.): Das amerikanische Drama. Düsseldorf 1974.

Beckett

Adorno, Theodor W.: Versuch das Endspiel zu verstehen. In: Th. W. A.: Versuch das Endspiel zu verstehen. Aufsätze zur Literatur des 20. Jahrhunderts. Bd. 1. Frankfurt a. M. 1973.
Busch, Günther (Hrsg.): Materialien zu Becketts ›Endspiel‹. Frankfurt a. M. 1972.
Simon, Alfred: Beckett. Frankfurt a. M. 1991. [Mit ausführlicher Bibliographie.]

Bernhard

Dittmar, Jens (Hrsg.): Thomas Bernhard Werkgeschichte. Frankfurt a. M. 1990. [Mit ausführlicher Bibliographie.]
Jürgens, Dirk: Das Theater Thomas Bernhards. Frankfurt a. M. [u. a.] 1999.
Wendt, Ernst: Sie feiern den Zerfall. Über Thomas Bernhards Theaterfiguren. In: E. W.: Wie es euch gefällt geht nicht mehr. Meine Lehrstücke und Endspiele. München 1985.

Bond

Iden, Peter: Edward Bond. Velber 1973.
Löschnigg, Maria: Edward Bond: Dialog und Sprachgestus. Heidelberg 1999. [Mit ausführlicher Bibliographie.]

Brecht

Buck, Theo (Hrsg.): Zu Bertolt Brecht. Parabel und episches Theater. Stuttgart 1979.
Delabar, Walter / Jörg Döring (Hrsg.): Bertolt Brecht (1898–1956). Berlin 1998.
Hinderer, Walter (Hrsg.): Brechts Dramen. Stuttgart 1995.
Knopf, Jan: Bertolt Brecht. Stuttgart 2000. [Mit ausführlicher Bibliographie.]
– Bertolt Brecht. Ein kritischer Forschungsbericht. Fragwürdiges in der Brechtforschung. Frankfurt a. M. 1974.

Mittenzwei, Werner: Das Leben des Bertolt Brecht oder Der Umgang mit den Welträtseln. 2 Bde. Berlin/Weimar 1986.
Rischbieter, Henning: Bertolt Brecht. 2 Bde. Velber 1970–74.

Dürrenmatt

Durzak, Manfred: Dürrenmatt. Frisch. Weiss. Deutsches Drama der Gegenwart zwischen Kritik und Utopie. Stuttgart 1972.
Jenny, Urs: Friedrich Dürrenmatt. Velber 1965.
Knapp, Gerhard P.: Friedrich Dürrenmatt. Stuttgart 1993. [Mit ausführlicher Bibliographie.]
Knopf, Jan: Der Dramatiker Friedrich Dürrenmatt. Berlin (Ost) 1987. [Mit ausführlicher Bibliographie.]
Ritter, Alexander (Hrsg.): Friedrich Dürrenmatt. Die Physiker. Stuttgart 1995. [Mit ausführlicher Bibliographie.]

Frisch

Schmitz, Walter (Hrsg.): Materialien zu Max Frisch ›Biedermann und die Brandstifter‹. Frankfurt a. M. 1979. [Mit ausführlicher Bibliographie.]
Springmann, Ingo (Hrsg.): Max Frisch. Biedermann und die Brandstifter. Stuttgart 1995. [Mit ausführlicher Bibliographie.]

Göring und Kaiser

Fäth, Dagmar: Probleme der Weltorientierung in den Dramen Reinhard Görings. Frankfurt a. M. [u. a.] 1999.
Schulz, Georg-Michael: Georg Kaiser: Von morgens bis mitternachts. In: Dramen des 20. Jahrhunderts. Bd. 1. Stuttgart 1996.
Segeberg, Harro: Simulierte Apokalypsen. Georg Kaisers ›Gas‹-Dramen im Kontext der expressionistischen Technik-Debatten. In: Götz Großklaus / Eberhard Lämmert (Hrsg.): Literatur in einer industriellen Kultur. Stuttgart 1989.
Vietta, Silvio / Kemper, Hans-Georg: Expressionismus. München 1975.
Viviani, Annalisa: Das Drama des Expressionismus. Kommentar zu einer Epoche. München 1970. [Mit ausführlicher Bibliographie.]

Gombrowicz

Bondy, François / Jelenski, Constantin: Witold Gombrowicz. Velber 1977.
– / – : Geschichte. Einleitung. In: Witold Gombrowicz: Trauung. Geschichte. Frankfurt a. M. 1983.
Dedecius, Karl: Ein Drama als Parodie eines Dramas. Über Witold Gombrowicz' ›Die Trauung‹. In: Akzente 4 (1971).
Roux, Dominique de: Gespräche mit Witold Gombrowicz. Pfullingen 1969.

Handke

Pütz, Peter: Peter Handke. Frankfurt a. M. 1982.
Scharang, Michael (Hrsg.): Über Peter Handke. Frankfurt a. M. 1973.

Hochhuth

Goldhagen, Daniel Jonah: Die katholische Kirche und der Holocaust. Eine Untersuchung über Schuld und Sühne. Berlin 2002.
Hofmeister, Reinhard (Hrsg.): Rolf Hochhuth. Dokumente zur politischen Wirkung. München 1980.
Nehring, Wolfgang: Die Bühne als Tribunal. Das Dritte Reich und der Zweite Weltkrieg im Spiegel des dokumentarischen Theaters. In: Hans Wagener (Hrsg.): Gegenwartsliteratur und Drittes Reich. Stuttgart 1977.
Raddatz, Fritz J. (Hrsg.): Summa iniuria oder Durfte der Papst schweigen? Hochhuths ›Stellvertreter‹ in der öffentlichen Kritik. Reinbek 1963.

Ionesco

Petersen, Carol: Eugène Ionesco. Berlin 1967.
Pinkernell, Gert: Eugène Ionescos ›Rhinocéros‹. Erzählung (1957) und Stück (1958) als Reflexe der politischen Situation ihrer Zeit. In: G. P.: Interpretationen. Gesammelte Studien zum romanischen Mittelalter und zur französischen Literatur des 18. und 20. Jahrhunderts. Heidelberg 1997.
Wendt, Ernst: Eugène Ionesco. Velber 1967.

Jarry

Bondy, François: Von Ubu zu Behringer. In: Herbert Mainusch (Hrsg.): Europäische Komödie. Darmstadt 1990.
Breton, André: Alfred Jarry. Initiator und Aufklärer. In: Alfred Jarry: Das Weite suchen. Reden und Essays. Frankfurt a. M. 1989.
Völker, Klaus: Jarrys Panoptikum des wissenschaftlichen Zeitalters. In: Akzente 4 (1959).

Jelinek

Annuß, Evelyn: Im Jenseits des Dramas. Zur Theaterästhetik Elfriede Jelineks. In: Heinz Ludwig Arnold (Hrsg.): Text + Kritik. Zeitschrift für Literatur. Elfriede Jelinek. München 1999. [Mit ausführlicher Bibliographie.]
Caduff, Corina: Elfriede Jelinek. In: Alo Allkemper / Norbert Otto Eke (Hrsg.): Deutsche Dramatiker des 20. Jahrhunderts. Berlin 2000.
Hass, Ulrike: Grausige Bilder. Große Musik. Zu den Theaterstücken Elfriede Jelineks. In: Text + Kritik. Zeitschrift für Literatur. Elfriede Jelinek. München 1999.

Miller

Brigsby, Christopher William Edgar: Tennessee Williams, Arthur Miller, Edward Albee. A critical introduction to twentieth-century American Drama. Cambridge 1989.
Martin, Robert A.: Arthur Miller's ›The Crucible‹. Background and Sources. In: Dorothy Parker (Hrsg.): Essays on Modern American Drama. Williams, Miller, Albee and Shepard. Toronto/Buffalo/London 1987.
Miller Budick, E.: History and Other Spectres in ›The Crucible‹. In: Harold Bloom: Arthur Miller. Modern Critical Views. New York/Philadelphia 1987.

Müller

Buck, Theo: Heiner Müller. In: Alo Allkemper / Norbert Otto Eke (Hrsg.): Deutsche Dramatiker des 20. Jahrhunderts. Berlin 2000.

Eke, Norbert Otto: Heiner Müller. Stuttgart 1999. [Mit ausführlicher Bibliographie.]
Schulz, Genia: Heiner Müller. Stuttgart 1980.

O'Neill

Bloom, Harold: Eugene O'Neill's ›Long Day's Journey into Night‹. New York [u. a.] 1987.
Braem, Helmut M.: Eugene O'Neill. Velber 1965.
Grabes, Herbert: Das amerikanische Drama nach O'Neill. In: Hans Bungert (Hrsg.): Die amerikanische Literatur der Gegenwart. Aspekte und Tendenzen. Stuttgart 1974.
Grimm, Reinhold: O'Neills Aufhebung der europäischen Moderne. Naturalismus und Nietzscheanismus in ›Long Day's Journey into Night‹. In: Hans Dieter Irmscher / Werner Keller (Hrsg.): Drama und Theater im 20. Jahrhundert. Festschrift für Walter Hinck. Göttingen 1983.
Hoffmann, Gerhard: Auffassungsweisen und Gestaltungskategorien der Wirklichkeit im Drama: Zum Tragischen, Komischen, Satirischen und Grotesken bei O'Neill. In: Alfred Weber / Siegfried Neuweih (Hrsg.): Amerikanisches Drama und Theater im 20. Jahrhundert. Göttingen 1975.
Zapf, Hubert: Drama und Postmoderne. Zur Aktualität Eugene O'Neills. In: Forum Modernes Theater 2 (1988).

Osborne

Rosefeldt, Paul: The Absent Father in Modern Drama. New York [u. a.] 1996.
Taylor, John Russell: Zorniges Theater: eine Analyse des englischen Dramas seit Osborne. Reinbek 1965.

Pinter

Drechsler, Ute: Die »absurde Farce« bei Beckett, Pinter und Ionesco. Vor- und Überleben einer Gattung. Tübingen 1988.
Esslin, Martin: Harold Pinter. Velber 1967.

Pirandello

Mattaei, Renate: Pirandello. Velber 1972.
Mennemeier, Franz Norbert (Hrsg.): Der Dramatiker Pirandello. Köln 1965.
Rössner, Michael: Pirandello Mythenstürmer. Fort vom Mythos. Mit Hilfe des Mythos. Hin zum Mythos. Wien [u. a.] 1980.
Schenk, Imbert: Luigi Pirandello – Versuch einer Neuinterpretation: Über das Verhältnis von Phantasie und Ideologie in der literarischen Produktion. Frankfurt a. M. 1983.

Strauß

Denkler, Horst: Botho Strauß: Trilogie des Wiedersehens. In: Harro Müller-Michaels (Hrsg.): Deutsche Dramen. Interpretationen zu Werken von der Aufklärung bis zur Gegenwart. Bd. 2. Königstein i. T. 1981.
Kazubko, Katrin: Der alltägliche Wahnsinn. Zur ›Trilogie des Wiedersehens‹. In: Heinz Ludwig Arnold (Hrsg.): Text + Kritik. H. 81: Botho Strauß. München 1984. [Mit ausführlicher Bibliographie.]
Keller, Werner: Dramaturgie der ›gemischten Gefühle‹. Anmerkungen zur ›Trilogie des Wiedersehens‹ von Botho Strauß. In: Hans Dieter Irmscher / Werner Keller (Hrsg.): Drama und Theater im 20. Jahrhundert. Festschrift für Walter Hinck. Göttingen 1983.

Schwab

Orthofer, Ingeborg, Stefan Schwar: Werner Schwab. In: Alo Allkemper / Norbert Otto Eke (Hrsg.): Deutsche Dramatiker des 20. Jahrhunderts. Berlin 2000.
Preece, Julian: Form, Structure, and Poetry in the Varied Plays of Werner Schwab. In: Centre Stage: Contemporary Drama in Austria. Ed. Frank Finlay, Ralf Jeutter. Amsterdam [u. a.] 1999.
– The use of language in the plays of Werner Schwab. In: Arthur Williams / Stuart Parkes / Julien Preece (Hrsg.): Contemporary German Writers. Their Language and aesthetic. New York [u. a.] 1996.

Schlaffer, Hannelore: Die Wörter des grotesken Körpers. Der Dramatiker Werner Schwab. In: Merkur 3 (1994).
Schödel, Helmut: Seele brennt. Der Dichter Werner Schwab. Wien 1995.

Tabori

Pott, Sandra: »Ecce Schlomo«. Mein Kampf – Farce oder theologischer Schwank? In: Hans Peter Bayerdörfer / Jörg Schönert (Hrsg.): Theater gegen das Vergessen: Bühnenarbeit und Drama bei George Tabori. Tübingen 1997.
Strümpel, Jan: Vorstellungen vom Holocaust. George Taboris Erinnerungsspiele. Göttingen 2000. [Mit ausführlicher Bibliographie.]

Weiss

Braun, Karlheinz (Hrsg.): Materialien zu Peter Weiss' ›Marat/Sade‹. Frankfurt a. M. 1967.
Schulz, Genia: Die Verfolgung und Ermordung Jean Paul Marats dargestellt durch die Schauspieltruppe des Hospizes zu Charenton unter Anleitung des Herrn de Sade. In: Dramen des 20. Jahrhunderts. Interpretationen. Bd. 2. Stuttgart 1996.
Vormweg, Heinrich: Peter Weiss. München 1981.

Der Verlag Philipp Reclam jun. dankt für die Reproduktionsrechte den Rechteinhabern, die durch den Bildnachweis oder einen folgenden Genehmigungs- oder Copyrightvermerk bezeichnet sind. In einigen Fällen waren die Inhaber der Rechte nicht mehr festzustellen; hier ist der Verlag bereit, nach Anforderung rechtmäßige Ansprüche abzugelten.

Personenregister

Kursive Seitenzahlen beziehen sich auf Bildlegenden

Adorno, Theodor W. 48, 161 f., 167
Albee, Edward 20, 41–46, *43*, 47, 155, 159, 172, 175, 228, 230 f.
Anouilh, Jean 22, 24
Apollinaire, Guillaume 139
Aristoteles 20, 55, 57, 74, 97, 101, 135, 137, 158
Arrabal, Fernando 176
Artaud, Antonin 75 f., 153 f., 158, 179, 212

Barlach, Ernst 181
Barthes, Roland 157 f.
Baudelaire, Charles 33
Bauer, Wolfgang 221
Bayer, Konrad 201
Beckett, Samuel 17, 27, 126 f., 148, 159–164, 165 f., 168 ff., 176, 177–180, 208 f., 226, 229, 231
Benjamin, Walter 62
Bernhard, Thomas 164–174, *173*, 176, 201, 224, 226
Bond, Edward 17, 101–110, 111 ff., 123, 229
Brasch, Thomas 230
Brecht, Bertolt 9, 15, 21, 54–64, *61*, 66 ff., 69, 72, 75, 79 f., 88, 97, 100, 107 ff., 122 f., 125, 130–134, 167, 174, 193, 195 f., 206, 215 f., 219, 228 ff.
Bronnen, Arnolt 38
Bruckner, Ferdinand 16
Büchner, Georg 13, *14*, 15, 75, 77, 145, *145*

Camus, Albert 17, 127
Celan, Paul 154
Ceslik, Oliver 231
Chaplin, Charlie 148
Charms, Daniil 212

Diderot, Denis 10
Dorst, Tankred 218
Dürrenmatt, Friedrich 16, 88–101, *95*, 108, 122 f., 128, 130, 218, 228
Durringer, Xavier 231

Edschmid, Kasimir 9
Eliot, Thomas Sterne 45
Enzensberger, Hans Magnus 111
Euripides

Fichte, Johann Gottlieb 202
Foucault, Michel 48
Freud, Sigmund 44, 172
Frisch, Max 64–68, 72, 101, 107, 114, 123, 230

Gatti, Armand 17
Genet, Jean 17, 45, 76, 88, 159
Göring, Reinhard 180–185, 227
Goethe, Johann Wolfgang 60, 150, 212, 216, 227
Goetz, Rainald 232
Gombrowicz, Witold 17, 140–146, *145*, 152, 154, 167, 169, 176, 229
Grabbe, Christian Dietrich 74
Grillparzer, Franz 201
Gryphius, Andreas 216

Habermas, Jürgen 84 ff.
Handke, Peter 17, 47, 74, 177, 194–200, 201, 203, 205, 220, 226 f., 230
Hasenclever, Walter 19, 38
Hauptmann, Gerhart 12, 27
Hebbel, Friedrich 75, 216
Heidegger, Martin 202
Hein, Christoph 218
Herzl, Theodor 147
Heym, Georg 216
Hildesheimer, Wolfgang 17, 176

Personenregister

Hochhuth, Rolf 114–125, 200, 228
Hölderlin, Friedrich 202, 216
Hofmannsthal, Hugo von 191
Homer 211
Horváth, Ödön von 221

Ibsen, Henrik 8, 10, 12 f., 21, 26 f., 188, 192
Ionesco, Eugène 17, 27, 57, 66, 129–134, 137, 154–159, 160, 176, 188, 199, 226, 229

Jahnn, Hans Henny 14, 98
Jandl, Ernst 74, 196
Jarry, Alfred 12, 19, 134–140, *135*, 142 ff., 148, 152, 154, 212, 228
Jelinek, Elfriede 200–205, 226
Johnson, Uwe 188
Jünger, Friedrich Georg 216
Jung, Franz 227

Kafka, Franz 27, 134, 229
Kaiser, Georg 19, 54, 180–185, 227
Kane, Sarah 110–114, 230 f.
Kant, Immanuel 99
Kater, Fritz 231 f.
Kipphardt, Heiner 114
Kleist, Heinrich von 72, 142, 216
Klopstock, Friedrich Gottlieb 216
Kluger, Martin 188
Kokoschka, Oskar 19
Kraus, Karl 54
Krausser, Helmut 110
Kroetz, Franz Xaver 17, 221, 230 f.,
Kühn, Dieter 176

Lessing, Gotthold Ephraim 9 ff., 12, 16, 18
Luhmann, Niklas 179

Mann, Thomas 154
Marinetti, Emilio Filippo Tommaso 184
Miller, Arthur 19, 68–74, 107, 114, 167, 202, 230

Mrozek, Slawomir 176
Mueller, Harald 98, 129
Müller, Heiner 17, 205–212, *207*, 213, 216, 218 f., 227

Nestroy, Johann Nepomuk 201, 221
Nietzsche, Friedrich 13, 29, 33

O'Neill, Eugene 28–35, 39 ff., 46, 50, 159, 228, 230
O'Reilly, Kaite 110
Osborne, John 35–41, 42, 50

Panizza, Oskar 222
Pinter, Harold 17, 23–28, 35, 40, 50
Pirandello, Luigi 14, 77, 92, 97, 185–193, 194, 196 f., 201, 227, 230
Piscator, Erwin 118, 124

Rabelais, François 137
Ravenhill, Mark 110
Rubiner, Ludwig 54
Rühm, Gerhart 201

Sartre, Jean-Paul 45, 63 f., 88, 159, 231
Saussure, Ferdinand de 158
Schiller, Friedrich 17, 74, 124, 159, 193, 216
Schnitzler, Arthur 21, 27, 76 f.
Schubert, Franz 168
Schwab, Werner 220–227, *225*
Schwitters, Kurt 212, 227
Seidel, Georg 230
Shakespeare, William 13, 30, 74, 101 ff., 106 ff., 136 f., 205 f., 208, 211
Sophokles 8, 66, 188
Sperr, Martin 221
Srbljanovic, Biljana 231
Stein, Gertrude 227
Stramm, August 216
Strauß, Botho 46–52, *51*, 53, 131, 194, 200, 202, 204, 230

Streeruwitz, Marlene 232
Strindberg, August 8, 13, 21, 45, 181

Tabori, George 147–152, *151*, 154, 176
Tieck, Ludwig 13
Toller, Ernst 19, 54
Trolle, Lothar 212–220, *217*, 226 f.
Tschechow, Anton P. 27, 46, 89, 168

Virilio, Paul 232

Walser, Martin 46
Washington, George 45
Weiss, Peter 17, 74–88, *79*, 92 f., 97, 100, 107, 114, 167, 182, 200, 228
Wesker, Arnold 45, 53, 114
Widmer, Urs 231
Wiener, Oswald 201
Wilder, Thornton 21
Williams, Tennessee 34 f.
Wittgenstein, Ludwig 198 f.

Zuckmayer, Carl 98

Zum Autor

AXEL SCHALK studierte Germanistik, Geschichte, Pädagogik und Philosophie in Hamburg und Berlin. Promotion bei Walter Höllerer an der TU Berlin: *Geschichtsmaschinen. Über den Umgang mit der Historie in der Dramatik des technischen Zeitalters.* Lebt und arbeitet in Berlin, Lehrbeauftragter für Literaturwissenschaft und modernes Theater an der Universität Potsdam; Kritiker, Dramaturg. Aufsätze zum modernen Drama, modernen Roman, zuletzt publiziert: *Splitter. Sondierungen zum Theater* (2003, zusammen mit Christian Erich Rochow); *Bewohnte Schrecken. Zur Metaphorik des Inkommensurablen* (2004).